读懂中国保险

擘画保险蓝图 重塑美好保险

陈辉◎著

Understanding China's Insurance System

中国经济出版社
CHINA ECONOMIC PUBLISHING HOUSE
北京

图书在版编目（CIP）数据

读懂中国保险：擘画保险蓝图　重塑美好保险／陈辉著．—北京：中国经济出版社，2023.6（2025.3 重印）

ISBN 978-7-5136-7372-3

Ⅰ．①读…　Ⅱ．①陈…　Ⅲ．①保险业－经济发展－研究－中国　Ⅳ．① F842

中国国家版本馆 CIP 数据核字（2023）第 112436 号

责任编辑　张梦初　高　鑫
责任印制　马小宾
封面设计　久品轩

出版发行　中国经济出版社
印 刷 者　北京建宏印刷有限公司
经 销 者　各地新华书店
开　　本　710mm×1000mm　1/16
印　　张　19
字　　数　300 千字
版　　次　2023 年 6 月第 1 版
印　　次　2025 年 3 月第 2 次
定　　价　88.00 元
广告经营许可证　京西工商广字第 8179 号

中国经济出版社　**网址** www.economyph.com　**社址** 北京市东城区安定门外大街58号　**邮编** 100011

本版图书如存在印装质量问题，请与本社销售中心联系调换（联系电话：010-57512564）

“中国与世界保险观察”序言
让世界了解中国保险，让中国保险走向世界

中国的迅速崛起改变了全球政治、经济、外交和战略格局，中国带给世界新的秩序观。中国与世界保险业的关系日益错综复杂、相互交融、相互依存，这无疑是当今全球保险业最重要、最令人兴奋和最值得关注的问题。面对新的机遇和挑战，研究和分析中国与世界保险业的变革和发展，有着重大和深远的意义。

2020年，根据中央财经大学建设世界一流大学（学科）方案要求以及“打造具有一流影响力的中国财经高端智库”的宏伟蓝图，中国精算研究院联合中国金融科技研究中心等机构组建了“中国与世界保险研究工作组”（Center for China in the World Insurance，CCWI），它以“联接中外、沟通世界”为定位，以“让世界了解中国保险，让中国保险走向世界”为愿景，以“全球视野、战略前瞻、服务决策”为使命，独树一帜，以政策研究为导向，以政策影响为驱动，汇集学术界、政府和企业优秀资源，从世界角度观察和研究中国保险的现实政策问题，建设性地参与政策讨论和政策评估，为政府机构提供了富有洞察力的学术新知和政策建议。

与此同时，CCWI从中国发展和改革的实践出发，与国际学术界、政策界对话交流，思辨政策难题，把握时代脉络，升华学术智慧，推动中国保险政策研究及相关领域的建设：形成说明中国风险观和保险学的“说明书”，建立解释中国风险观与保险学的“解释学”，给世界提供研究中国风险观和保险学的基础

知识和方法的“方法论”、让世界认识中国保险业和保险市场创新与发展的“实践课”。

《中国与世界保险观察》（*China and World Insurance Affairs*）是CCWI策划出版的图书或研究报告，集中关注和深入探讨当代中国与世界保险所面临的战略性、挑战性问题，为决策取向提出思考和建言。

《中国与世界保险观察》所打造的“中国与世界保险观察书系”[①]，将全面展示中央财经大学保险精算学科的特色，充分发挥中央财经大学保险精算学科的优势，努力走出一条具有鲜明学科特色的保险精算智库建设之路，成为国内国际具有一流影响力的保险精算思想库和智囊库。

中国精算科技实验室

2023年3月

① “中国与世界保险观察书系”编审委员会秘书处设在中央财经大学中国精算研究院（邮箱：wethink@yangcai.org），由CCWI联合央财国际研究院（www.yangcai.org）等团队策划统筹编辑，由中央财经大学“双一流”建设项目、中央财经大学中央商校基本科研业务费专项资金、教育部人文社会科学重点研究基地重大项目（No.22JJD790090）、诺亚荣耀保险经纪等资助。

序

我与陈辉先生相识多年，也是他的粉丝之一，拜读过他的许多保险方面的著作。作为保险行业的践行者，陈辉先生一直致力于研究中国保险的发展及走向，希望能为年轻的保险行业之发展贡献个人的力量。“周虽旧邦，其命维新”，是中国如今的真实写照，更是中国保险业的现实。新的时代，新的征程，中国保险业要承接过去，立足现实，拥抱未来，勇敢接过历史的重担，踔厉奋发。与时代同行，与国家同行，再续保险业新篇章。

中国保险业从1978年改革开放到2022年，长达44年的时间里，实现了年均25%的增长率，约是GDP年均增长率的3倍，是世界保险发展史上的一个奇迹。当人们习惯于这个高速增长之后，对中国保险业2018年以来增长减速，容易产生疑惑。当前对中国保险前景的误判，源于错误的观察方法和偏颇的理论依据。一旦将这些错误方法论予以澄清，必将拨开悲观论调的重重迷雾，重新看到中国保险前景的一片光明。

《读懂中国保险》，其目的是揭开中国保险的神秘面纱，描绘中国保险的未来蓝图，以开创保险服务中国式现代化新局面。追寻中国现代保险，中国保险业取得了哪些优异的成绩？创想中国保险，中国保险业将走向何方？这成为当下中国保险业必须思考和解决的问题。重塑美好保险，中国保险业将走向“中国好保险”；突破保险边界，中国保险业将走向“金融好中介”。

《读懂中国保险》，是“中国与世界保险观察书系”的“中国篇”。陈辉博士作为诺亚荣耀保险经纪的特聘顾问，是“荣耀行业观察”的策划人和主编，致力于推动“中国与世界保险研究”。《读懂中国保险》，是陈辉博士《保险思政课》一书的延续。本书系统、全面地阐释了中国保险业的“金融力量”和中国保险业的“中国故事”，并在此基础上从创想未来保险、重塑美好保险和突破保险边界三个层面擘画了“中国保险”。

《读懂中国保险》，从中国保险故事迈向中国未来保险，这是一座陌生的迷雾森林，没有人是土生土长的向导。众人都试图极目远眺，寻找穹顶的北极星，并确定前进的方向。面向未来，本书将带领我们开启一个“认知革命”的故事，一个“预见未来”的故事。

是为序。

诺亚荣耀保险经纪执行董事　黄朝晞

2023年3月

前　言

病毒还在肆虐，战火仍在蔓延……我们开始明白自己处在一个“不确定时代”，其实已经是“超级不确定时代”，整个时代出现了系统的不确定性，这个时代更像一个“动荡时代”。全球金融市场剧烈动荡，中国经济形势存在很大不确定性……这些正在增强中国金融市场和保险市场的动荡。在此背景下，读懂中国经济、读懂中国金融、读懂中国保险，成为中国保险业开创保险服务中国式现代化新局面的首要任务。

读懂中国保险，是一个任务，更是一个问题，这背后隐含着中国保险业需要回答的问题：我们在哪里？我们去哪里？我们如何去？回顾中国保险业的发展，当前正处在一个转折点上，这意味着我们要做出困难的抉择，放弃所依赖的路径，擘画未来保险。

读懂中国保险，不需要我们去定义未来保险，我们也无法定义未来保险，我们所能做的是去厘清未来保险发展脉络，去提升对未来保险的认知，去改变我们的思维方式，去升华我们的智慧。正如，阿尔伯特·爱因斯坦所言：“我这辈子用很长时间悟得了一个道理，那就是我们所有的科学在被用于衡量现实时，都是原始而天真的——然而迄今为止这是我们最值得珍惜的财富。”

从“中国金融业中的中国保险”到“中国产险业的‘中国故事’”和“中国寿险业的‘中国故事’”，再到“创想未来保险”“重塑美好保险”“突破保险边界”，内容不仅涵盖了中国保险业过去20年的变革与发展，还涵盖了当下和未来中国与世界保险的变革与发展。这些都表明，如果我们囿于利益而不敢在思想观念上有所突破，中国保险业的变革与发展就不可能破冰前行。正是在这个意义上，当今中国保险业仍然处于一个需要思想创新、观念突破的时代。本书尝试帮助保险人激发好奇心、开拓新视野、启发独立思考、加深对中国与世界保险的理解，成为催生思想观念创新的重要机制。衷心希望本书能够成为这个过程的一部分。

本书顺着“需求—矛盾—拐点”脉络，进程中的中国式现代化（新经济）、涌现中的中国金融力量（新金融）、岔路中的中国保险路径（新保险），慢慢浮现在我们的眼前，我们会缓慢揭开中国保险的神秘面纱，会逐步理解中国保险的金融力量，会徐徐描绘中国保险的未来蓝图，进而开创保险服务中国式现代化新局面。

笔者在《数说保险》《漫谈保险》《闲叙保险》《保险思政课》的基础上撰写了《读懂中国保险》，是《保险思政课》的姊妹篇。本书系统、全面地阐释了中国保险的未来之美、未来之道、未来之魅、未来之巅，揭示了中国保险的格局在变化、逻辑在更新、未来在演进。重新审视我们的时代，中国保险的未来蓝图，尽管仍笼罩在迷雾中，但其已经开始在我们脑海中浮现出整体的轮廓。面向未来，本书将带领我们开启一个“认知革命”的故事，一个“预见未来”的故事。

本书是“中国与世界保险观察书系”规划内容，已出版《中国保险业可持续发展报告（2020）》《中国保险业可持续发展报告（2021）》《中国保险业可持续发展报告（2022）》等。本书由陈辉策划和撰写，央财国际研究院提供数据支持。本书部分内容由微信公众号“小城不小”进行连载，可通过该微信公众号进行讨论。

本书在撰写过程中，参考了国际国内的相关著作、论文、报告和案例，中央财经大学中国精算研究院的多位专家学者提出了许多有益的修改意见，在此一并表示感谢。由于时间紧迫和笔者水平有限，书中疏漏、错误之处在所难免，敬请读者批评指正。

最后，再次重申，本书观点难免偏颇，但笔者只想透过问题看本质，且仅代表个人观点，欢迎讨论。

中央财经大学中国精算研究院　陈辉

2022年3月于北京

目　录

第一篇　中国金融业中的中国保险

沉舟侧畔千帆过，病树前头万木春。

——《酬乐天扬州初逢席上见赠》（唐·刘禹锡）

一部新中国金融史，也是新中国社会与经济发展的缩影。在70多年的历史进程中，新中国前进的每一步，都有金融力量在背后强助攻。保险作为金融体系的重要组成部分，中国保险业可以“跳出保险做保险”，但不能“跳出金融做保险”。

党的十八大以来，我国党和政府高度重视金融在经济发展和社会生活中的重要地位和作用。2017年4月25日，习近平总书记主持中共中央政治局第四十次集体学习时强调：“金融是现代经济的核心。保持经济平稳健康发展，一定要把金融搞好。改革开放以来，我们对金融工作和金融安全始终是高度重视的，我国金融业发展取得巨大成就，金融成为资源配置和宏观调控的重要工具，成为推动经济社会发展的重要力量。”

党的二十大报告指出：“全面建成社会主义现代化强国，总的战略安排是分两步走：从二〇二〇年到二〇三五年基本实现社会主义现代化；从二〇三五年到本世纪中叶把我国建成富强民主文明和谐美丽的社会主义现代化强国。”可以预见，随着党的二十大报告提出的发展目标逐步实现，保险将进一步融入人们生产生活的方方面面，成为保障人民群众美好生活的重要制度安排。为此，作为风险管理者、风险承担者和投资者统一的保险，要厘清其与人民、与国家、与人类的关系；要梳理其与中国观、与全球风险观、与新世界观的联系。

2021年末，我国保险密度为3179元，仅为北美地区的6%、欧盟的16%；保险深度为3.9%，是北美地区的1/3、欧盟的1/2。相比于欧美发达国家，中国保险市场潜力巨大。同时，我们发现此时正经历着一场大众对保险的信任危机。为此，我们迫切需要“读懂中国保险”，一是回顾历史，系统总结新时代中国保险业发展实践经验，这是服务中国式现代化建设的需要，意义重大，影响深远；二是展望未来，要回答如何才能实现“中国好保险”，这是回答中国之问、人民之问，同时为世界保险业提供中国智慧、中国方案，回答世界之问、时代之问。

新的时代，中国保险业要在服务国家经济社会发展大局中再定位，要在把握金融保险行业发展大趋势中再定位，要按照立足中国、借鉴国外、面向未来的思路，着力构建中国保险业的战略定位。

中国金融业的金融力量

一、金融的力量

2001年12月，当世界贸易组织（WTO）向中国敞开大门时，中国的金融体系步履蹒跚。而占据了金融业资产规模半壁江山的银行业，由于资本充足率严重不足，被国际社会描述为“濒临破产”；同样，对于保险业、证券业来说，好像也处于“破产的边缘”。

彼时的金融业，好像已成为经济社会发展的“包袱”，让我们把目光投向2021年。

2021年，全国金融业机构总资产为381.95万亿元，其中，银行业机构总资产为344.76万亿元，证券业机构总资产为12.30万亿元，保险业机构总资产为24.89万亿元；金融业增加值9.12万亿元，同比增长8.49%，占GDP比例为7.97%。

此时的金融业，俨然成为中国经济社会发展的“动力”，让我们把目光投向“金融力量”（Financial Muscle）。

何谓金融力量?《华尔街：金融的力量》一书的简介就是最好的阐释：“不管你是爱华尔街，还是恨华尔街，你都要去接触它，了解它。因为它与一个国家的崛起休戚相关，它与每一个人的财富休戚相关，它又与一个国家的强大和尊严紧密相连。如果你放弃华尔街，就意味着放弃了一条发展经济的道路。华尔街给予我们了很多，同样，华尔街没有给予我们的还是很多……”

新中国成立伊始，我们白手起家，迅速建立了统一的法定货币制度，有效平抑了物价，稳定了新中国经济秩序。20世纪50年代至70年代计划经济时期，金融机构比较少，只有中国人民银行一家机构。从1979年起，陆续恢复建立农业银行、中国银行、建设银行、工商银行等国有专业银行，开始打破人民银行“大一统”的银行体系。1994年，成立国家开发银行、中国进出口银行、中国农业发展银行3家政策性银行，承接四大国有专业银行原来的政策性业务，四大国有专业银行开始真正向商业银行转变，多层次银行体系逐步形成。

目前，我国金融业已形成了覆盖银行、证券、保险、基金、期货等领域，种类齐全、竞争充分的金融机构体系。截至2021年底，我国有银行业金融机构4602家、证券公司140家、基金公司137家、期货公司149家、保险公司

235家。

新中国成立以来，在中国共产党的坚强领导下，金融业始终坚持以人民为中心，服务经济建设和社会发展大局，取得了历史性成就。新中国成立之初，百废待兴，金融业筹集社会资金，支持国民经济恢复重建。改革开放后，金融业的活力和潜力得到极大释放，迎来大发展大繁荣时期。党的十八大以来，金融系统以习近平新时代中国特色社会主义思想为指导，适应经济高质量发展要求，加快深化金融供给侧结构性改革，金融业综合实力进一步增强。

这就是金融力量，伴随着1992年10月中国证监会成立、1998年11月中国保监会成立、2003年4月中国银监会成立，以及2018年4月中国保监会与中国银监会合并成立中国银保监会，中国的金融业发生了翻天覆地的变化。在这个过程中，我们见证了中国金融的成长，见证了中国金融的力量。中国金融力量，背后是“三驾马车”在拉动，分别是银行业、保险业、证券业。

二、金融业概况

2021年，是中国共产党建党100周年，是“十四五”开局之年，是开启全面建设社会主义现代化国家新征程的第一年。这一年，面对百年变局和新冠疫情起伏反复的严峻考验，中国经济以韧克艰、迎难而上，经济发展和疫情防控保持全球领先。这一年，金融业认真贯彻落实党中央、国务院和“一委一行两会”关于金融业改革发展的决策部署，应对各种风险挑战、承压而上，保持平稳运行的良好态势。

2021年末，我国金融业机构总资产为381.95万亿元，同比增长8.1%。其中，银行业机构总资产为344.76万亿元，同比增长7.8%；证券业机构总资产为12.30万亿元，同比增长21.2%；保险业机构总资产为24.89万亿元，同比增长6.8%。

2021年末，金融业机构负债为346.58万亿元，同比增长7.9%。其中，银行业机构负债为315.28万亿元，同比增长7.6%；证券业机构负债为9.35万亿元，同比增长24.4%；保险业机构负债为21.96万亿元，同比增长6.9%。

2021年末，金融业机构净资产为35.37万亿元，同比增长10.5%。其中，银行业机构净资产为29.48万亿元，同比增长10.7%；证券业机构负债为2.95万亿元，同比增长12.2%；保险业机构净资产为2.93万亿元，同比增长6.5%。

2001年12月，中国正式加入世界贸易组织，中国金融业进入快速发展期。中国金融业总资产从2002年的24.88万亿元增加到2021年的381.95万亿元，年均增长15.46%；总负债从2002年的23.86万亿元增加到2021年的346.58万亿元，年均增长15.12%；净资产从2002年的1.02万亿元增加到2021年的35.37万亿元，年均增长20.50%（如图1–1所示）。

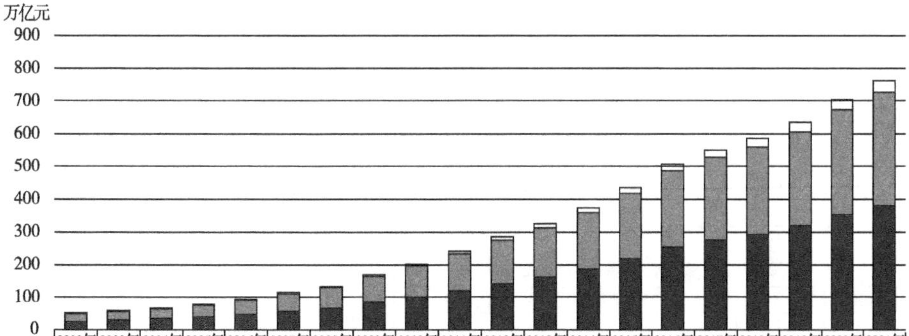

	2002年	2003年	2004年	2005年	2006年	2007年	2008年	2009年	2010年	2011年	2012年	2013年	2014年	2015年	2016年	2017年	2018年	2019年	2020年	2021年
□金融业净资产	1.0	1.2	1.4	1.8	2.5	3.8	4.3	5.3	6.9	8.4	10.2	11.8	14.6	18.3	20.8	23.3	25.6	29.3	32.0	35.4
■金融业总负债	23.9	27.8	31.7	37.5	44.1	53.4	62.5	79.6	94.4	112.5	132.5	150.0	172.0	199.9	232.4	252.0	267.9	289.4	321.2	346.6
■金融业总资产	24.9	29.1	33.1	39.3	46.6	57.2	66.8	84.9	101.3	120.9	142.7	161.7	186.6	218.1	253.2	275.3	293.5	318.7	353.2	382.0

图1–1　2002—2021年中国金融业资产负债情况

这就是中国的金融业，在一片“狼来了”的惊呼中，通过变革不断提升金融力量。站在新的历史起点上，中国金融系统正在以习近平同志为核心的党中央坚强领导下，提高服务实体经济能力，增强金融风险防控能力，深化金融改革开放，再创金融改革发展新辉煌。

三、金融业结构

在金融市场建设方面，我国金融市场从无到有稳步发展，并伴随着经济体制转轨，逐步建立了功能相互补充、交易场所多层次、交易产品多样化的金融市场体系，配置资源和服务实体经济的能力持续增强。

2021年末，我国金融业机构总资产为381.95万亿元，其中银行业占比90.26%，保险业占比6.52%，证券业占比3.22%，这就是中国金融业的结构。图1-2给出了2002—2021年中国金融业总资产中银行业、保险业、证券业的占比情况。总体来看，保险业总资产占比稳步提高，银行业总资产占比逐年下降，在资本市场不好的年份占比略有提高，与证券业总资产占比趋势正好相反。

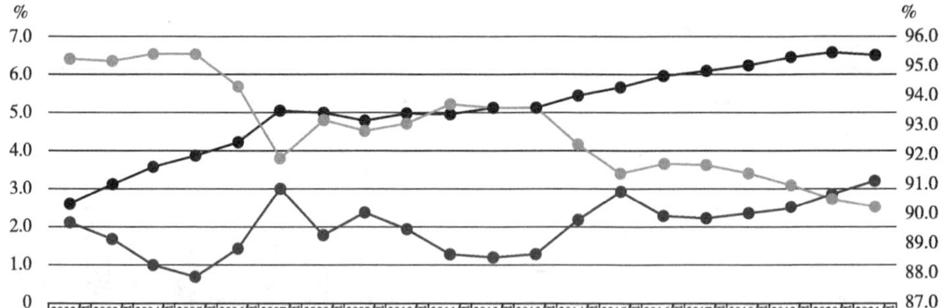

	2002年	2003年	2004年	2005年	2006年	2007年	2008年	2009年	2010年	2011年	2012年	2013年	2014年	2015年	2016年	2017年	2018年	2019年	2020年	2021年
保险占比	2.6	3.1	3.6	3.9	4.2	5.1	5.0	4.8	5.0	5.0	5.2	5.1	5.4	5.7	6.0	6.1	6.2	6.2	6.6	6.5
证券占比	2.1	1.7	1.0	0.7	1.5	3.0	1.8	2.4	1.9	1.3	1.2	1.3	2.2	2.9	2.3	2.2	2.4	2.5	2.9	3.2
银行占比	95.3	95.2	95.4	95.4	94.3	91.9	93.2	92.8	93.1	93.7	93.6	93.6	92.4	91.4	91.7	91.7	91.4	91.0	90.5	90.3

图1-2　2002—2021年中国金融业各业态总资产占比情况

这就是中国金融业总资产结构的现状，银行总资产占比虽有下降，但仍然超过90%，可见未来保险、证券的路还很长。

四、金融业杠杆

“给我一个支点，我就能撬动地球！”这是古希腊物理学家阿基米德家喻户晓的一句名言，他在《论平面图形的平衡》一书中最早提出了杠杆原理。金融杠杆简单地说来就是一个乘号，就是净资产所撬动的总资产倍数，如图1–3所示。通过图1–3可以看出，中国金融业的杠杆倍数（总资产/净资产）在逐年下降，从2002年的24.34倍下降到2021年的10.80倍；资本覆盖系数（净资产/总负债）在逐年上升，从2002年的4.28%上升到2021年的10.21%。

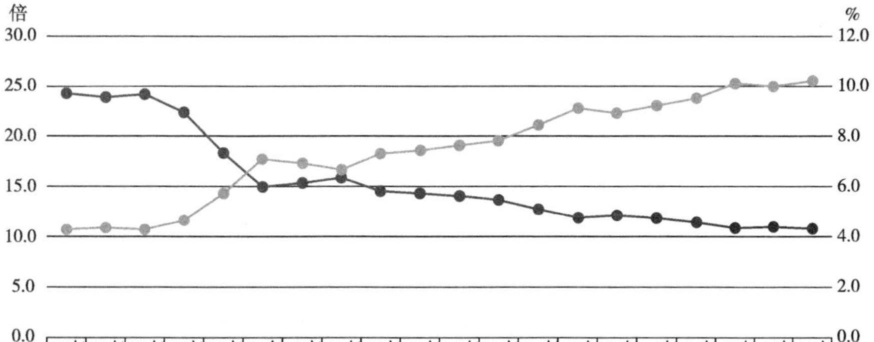

	2002年	2003年	2004年	2005年	2006年	2007年	2008年	2009年	2010年	2011年	2012年	2013年	2014年	2015年	2016年	2017年	2018年	2019年	2020年	2021年
金融杠杆倍数	24.3	24.0	24.2	22.4	18.4	15.0	15.4	16.0	14.7	14.4	14.0	13.7	12.8	11.9	12.2	11.8	11.5	10.9	11.0	10.8
资本覆盖系数	4.3	4.4	4.3	4.7	5.7	7.1	6.9	6.7	7.3	7.5	7.7	7.9	8.5	9.1	8.9	9.2	9.6	10.1	10.0	10.2

图1–3　2002—2021年中国金融业杠杆倍数和资本覆盖系数

自2016年开始，我国一系列防控金融风险的政策相继颁布实施，“去杠杆”成为高频词汇，金融业的杠杆倍数逐年下降，资本充足率逐年提高，金融的“肌肉”正在形成，正在夯实“金融力量”。

五、金融业发展

谈到发展，一定要有参照物，我们不妨以GDP和M2供应量为参照物。图1–4给出了中国金融业增加值增长率与GDP名义增长率之间的关系，总体来看，金融业增加值增长率高于GDP增长率，部分暴露了中国金融业发展“脱实向虚”问题。2016年以后，随着金融业的“去杠杆”，金融业总资产增长率开始趋同于GDP增长率。同时，图1–4给出了金融业增加值在GDP中的占比，从2002年的4.56%增加到2021年的7.97%。

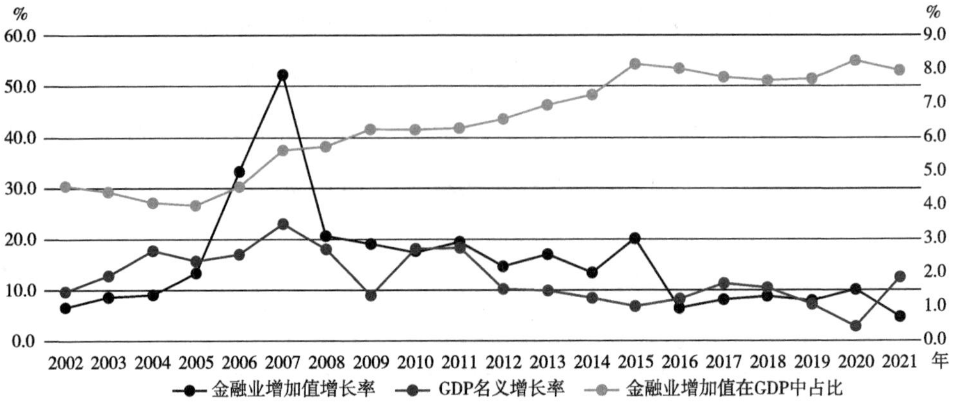

图 1-4　中国金融业增加值增长率与 GDP 增长率对比

（左坐标为金融业增加值增长率、GDP 名义增长率，右坐标为金融业增加值在GDP中占比）

图1-5给出了中国金融业总资产增长率与M2供应量增长率之间的关系，总体来看，金融业增长率与M2供应量增长率趋同。

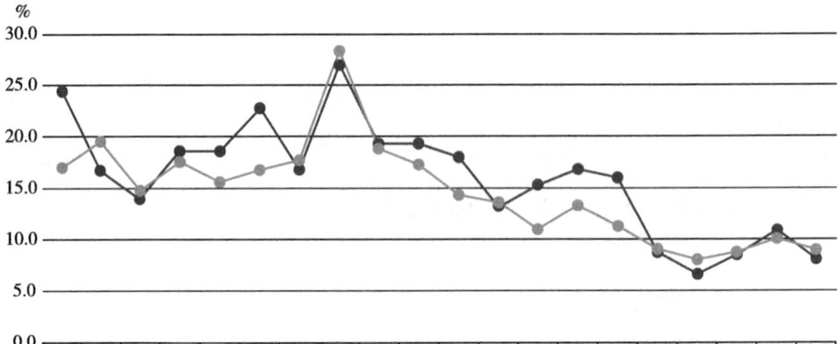

	2002年	2003年	2004年	2005年	2006年	2007年	2008年	2009年	2010年	2011年	2012年	2013年	2014年	2015年	2016年	2017年	2018年	2019年	2020年	2021年
金融业总资产增长率	24.4	16.8	14.0	18.6	18.7	22.8	16.8	27.0	19.3	19.3	18.1	13.3	15.4	16.9	16.1	8.7	6.6	8.6	10.8	8.1
M2供应量增长率	17.1	19.6	14.9	17.6	15.7	16.7	17.8	28.4	18.9	17.3	14.4	13.6	11.0	13.3	11.3	9.0	8.1	8.7	10.1	9.0

图 1-5　中国金融业总资产增长率与 M2 供应量增长率对比

随着金融市场化程度的提高，金融市场业务已成为M2重要的派生渠道，并在一定程度上加剧了M2的波动，影响到货币供应量目标的稳定性。从全球范围看，主要经济体M2均呈大幅波动态势，与名义GDP之间的相关性较弱。随着中国金融业的发展，注定与反映实体经济的GDP脱钩，与M2相关性越来越大。

这就是中国金融业，金融监管强化可能导致信用创造过度萎缩，从而波及实体经济，因此我们需把握好金融监管的力度和节奏。

六、重新认识金融的力量

1948年12月1日，伴随着解放战争的胜利和为了迎接新中国的诞生，人民银行在河北石家庄宣布成立。1979年，国家外汇局成立，由人民银行管理。1983年，人民银行开始专门行使中央银行职能，履行宏观调控、金融监管、金融服务等职责。1992年，国务院证券委和中国证监会成立。1998年，国务院证券委并入中国证监会，同年中国保监会成立。2003年，中国银监会成立。2008年，国际金融危机爆发后，金融监管协调进一步强化；2013年，人民银行牵头建立金融监管协调部际联席会议制度。

2017年7月14—15日，第五次全国金融工作会议召开，会议决定设立国务院金融稳定发展委员会，统筹金融改革发展与监管，加强宏观审慎管理，防范化解系统性金融风险，由人民银行承担国务院金融稳定发展委员会办公室职责。2018年，中国银监会和中国保监会实现职能整合，组建中国银保监会。目前已形成了国务院金融稳定发展委员会抓总统筹，“一行”“两会”“一局”和地方分工负责的金融监管架构。

从人民银行“大一统”监管模式，到“一行三会”分业监管，再到“一委一行两会”的综合监管，我国金融监管体系随着市场的发展不断进行调整和自我完善，严守坚持不发生系统性风险的红线，成功地应对了一次次挑战。

中国已经成为世界第二大经济体，此时的金融问题与加入WTO时的金融问题相比，已经不能同日而语，更不能墨守成规。李稻葵在《中国金融业的三大超前和未来发展趋势》一文中提出：“当前中国金融业的问题可以用三大‘超前’

来总结：第一，金融体系的流动性超过了实体经济的实际需要；第二，部分金融服务超前于实体经济的发展；第三，整个金融市场的发展超前于监管体系和法律体制的约束力。”

同样，重温美国的金融史，其金融体系也一定是在经济发展过程中，不断地被定义、重塑。回顾中国金融业的发展，我们知道金融不是模糊的，金融也不应该是模糊的，金融更不应该是风口……显然“金融不是你我喜欢与否的问题”“金融更不应该是你我的口头禅”，我们需要根据经济社会的发展重新定义金融、重新科普金融、重新认识金融……

回首过去，那些新中国金融发展史上浓墨重彩的历史性改革，注定成为新中国辉煌历史进程中不可忽视的注脚。放眼未来，改革仍将继续，中国金融力量必将为实现中华民族伟大复兴提供坚强有力的支撑。

中国金融业的业态分析

一、银行业分析

（一）银行业金融机构

中国金融力量，背后是“三驾马车”在拉动，其中“带头大哥”就是银行。“银行”一词源自意大利语“banco”，与现在的英语“bank”接近。这个词的意思就是英文的“bench”，即“长板凳”。

近代银行产生于中世纪的意大利，那时没有飞机也没有高速公路，交通都靠船运，威尼斯凭借其特殊的地理位置，成为当时的贸易中心。也正是由于各地贸易需要对来自几十个国家和地区的货币进行鉴别、估价、存管，同时放账，孕育了第一代的近代银行。

但银行家和“长板凳”有啥关系？那时的街市上，各地的商人要找银行家非常好找，每个人带一个长板凳，就在长板凳上进行交易。一个大口袋装着所有的单据和契约，另一个大口袋装着各种各样的货币——“坐在长板凳上的人”就是最早的银行家。

有的人一船货遇到海难，货没了，欠了别人的钱到时间也兑现不了，大家找银行家；有的银行家经营不善，风险掌握得不好，在这种情况下人们就把他的长板凳砸了。于是就出来一个英文词语叫“bankruptcy”，这就是“破产”的来源。这里包含了两个深层含义：第一，早在11世纪就已经出现，直到今天我们都应“顶礼膜拜”的金融契约精神——借钱的人必须保证连本带息全额及时偿还，放账的人相信借钱者以后有能力、有意愿来承诺自己的债务，这是双方面的契约精神，也是市场上彼此信任的重要来源。第二，这表明“有限责任”的概念雏形在那时已经出现，商业因此得以延续。当众羞辱你，把你的板凳砸了，从此在威尼斯和佛罗伦萨，你别再想进银行业。但是我们并没有把你杀了，因为这是有限责任。

中国银保监会公布的数据显示，截至2021年底，我国银行业金融机构达到4602家，其中开发性金融机构1家、政策性银行2家、国有大型商业银行5家、国有控股大型商业银行1家、股份制商业银行12家、城市商业银行128家、民营银行19家、外资法人银行41家、住房储蓄银行1家、农村商业银行1596家、农村信用社577家、农村合作银行23家、村镇银行1651家、农村资金互助社39家、贷款公司13家、信托公司68家、金融资产管理公司5家、金融租赁公司71家、企业集团财务公司255家、汽车金融公司25家、消费金融公司30家、货币经纪公司6家、其他金融机构33家。

（二）银行业概况

中国银行业总资产从2002年的23.70万亿元增加到2021年的344.76万亿元，

年均增长15.13%；总负债从2002年的22.79万亿元增加到2021年的315.28万亿元，年均增长14.83%；净资产从2002年的0.91万亿元增加到2021年的29.48万亿元，年均增长20.09%（如图1–6所示）。

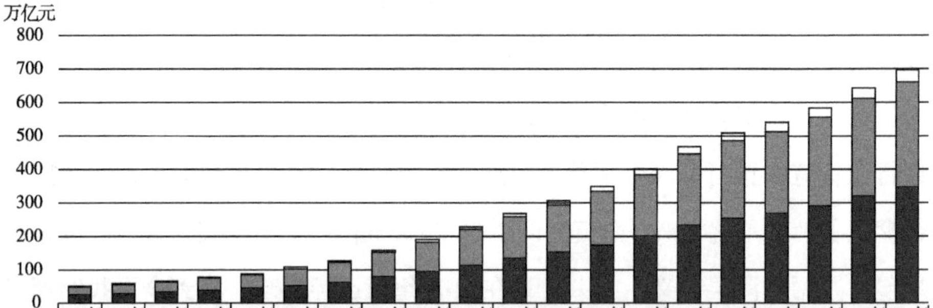

	2002年	2003年	2004年	2005年	2006年	2007年	2008年	2009年	2010年	2011年	2012年	2013年	2014年	2015年	2016年	2017年	2018年	2019年	2020年	2021年
□银行业净资产	0.9	1.2	1.4	1.8	2.5	3.8	4.3	5.3	6.9	8.4	10.2	11.8	14.6	18.3	20.8	23.3	25.6	29.3	32.0	29.5
■银行业总负债	22.8	26.6	30.3	35.8	41.7	49.6	58.6	74.3	88.4	106.1	125.0	141.2	160.0	184.1	214.8	232.9	246.5	265.5	293.1	315.3
■银行业总资产	23.7	27.7	31.6	37.5	43.9	52.6	62.3	78.8	94.3	113.3	133.6	151.4	172.3	199.3	232.3	252.4	268.2	290.0	319.7	344.8

图1–6 中国银行业资产负债情况

这就是中国银行业，金融业的“带头大哥”，有时候需要思考一下“带头大哥”意义何在。

（三）银行业效率

金融效率，是指金融部门的投入与产出之间的关系，也就是金融部门对经济增长的贡献。金融效率是一个综合性很强的指标，按照不同金融机构在经济中的作用，我们可以将其划分为宏观金融效率、微观金融效率和金融市场效率三种。

对于银行业效率，本书使用银行业与金融业总资产增长率、净资产增长率之间的关系进行分析，如图1–7所示。因为银行业总资产占比一直在90%以上，所以我们看到银行业与金融业总资产增长率、净资产增长率基本保持一致。

这就是中国银行业，银行业的风吹草动直接影响整个金融业，银行业的每一个事件放到保险业、证券业都是“灰犀牛”。银行业是宏观金融效率、微观金融效率和金融市场效率的重要决定力量。

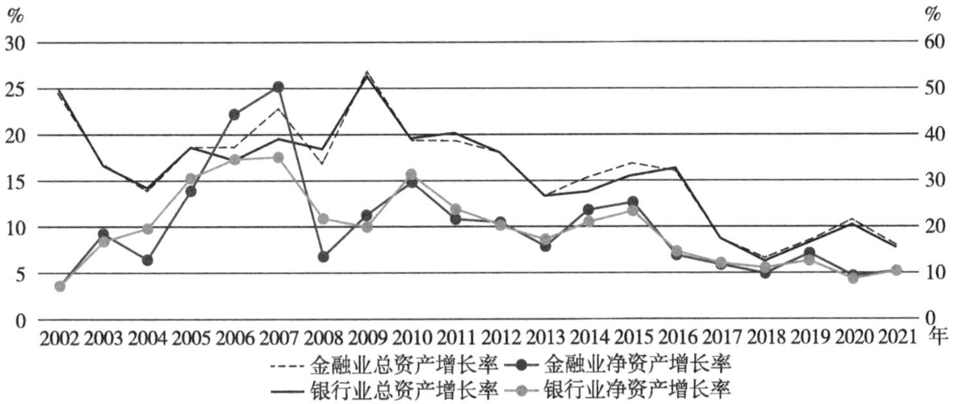

图 1-7　中国金融业和银行业总资产和净资产增长情况

注：左坐标为总资产增长率，右坐标为净资产增长率。

（四）银行业杠杆

银行杠杆率的计算方式为一级资本除以总资产，包括表内和表外资产。虽然杠杆率指标计算简单，但其有效性也依赖其在金融体系中应用的广泛性。由于银行混业经营的趋势不断深入，金融机构拥有越来越多复杂的表外结构，更加复杂的衍生产品交易等使杠杆率的准确计算存在相当困难。

本书使用杠杆倍数（总资产/净资产）和资本覆盖系数（净资产/总负债）进行近似分析。通过图 1-8 可以看出，中国银行业的杠杆倍数（总资产/净资产）在逐年下降，从 2002 年的 26.04 倍下降到 2021 年的 11.69 倍；资本覆盖系数（净资产/总负债）在逐年上升，从 2002 年的 3.99% 上升到 2021 年的 9.35%。

近年来，随着银行资产规模的不断扩大，单独依靠银行内源资本积累的银行资本补充已不足以支撑其发展需求。再加上 2016 年金融严监管以来，影子银行等表外资产回归表内，对银行资本补充带来了更大压力。这就是中国的银行业，经济的下行和资本市场的低迷，对于银行业的资本充足率提出了更高的要求。

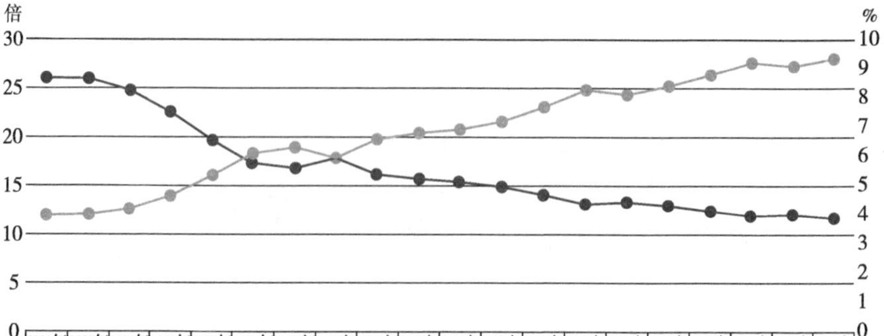

	2002年	2003年	2004年	2005年	2006年	2007年	2008年	2009年	2010年	2011年	2012年	2013年	2014年	2015年	2016年	2017年	2018年	2019年	2020年	2021年
金融杠杆倍数	26.0	26.0	24.8	22.5	19.6	17.4	16.9	17.8	16.2	15.7	15.4	14.9	14.0	13.1	13.3	12.9	12.4	11.9	12.0	11.7
资本覆盖系数	4.0	4.0	4.2	4.6	5.4	6.1	6.3	6.0	6.6	6.8	6.9	7.2	7.7	8.3	8.1	8.4	8.8	9.2	9.1	9.4

图 1-8　中国银行业的杠杆倍数和资本覆盖系数

（五）银行业发展

谈到发展，一定要有参照物，我们不妨以GDP和M2供应量为参照物。图1-9标示出了中国银行业总资产增长率与GDP名义增长率之间的关系。总体来看，银行业增长率高于GDP增长率，特别是GDP增长率下降时，银行业总资产增长率却在上升，部分暴露了中国金融业发展“脱实向虚”的问题。另外，它也说明经济下行时，国家所采取的一些货币政策基本都流向了金融业，比如2008年的“4万亿元”。

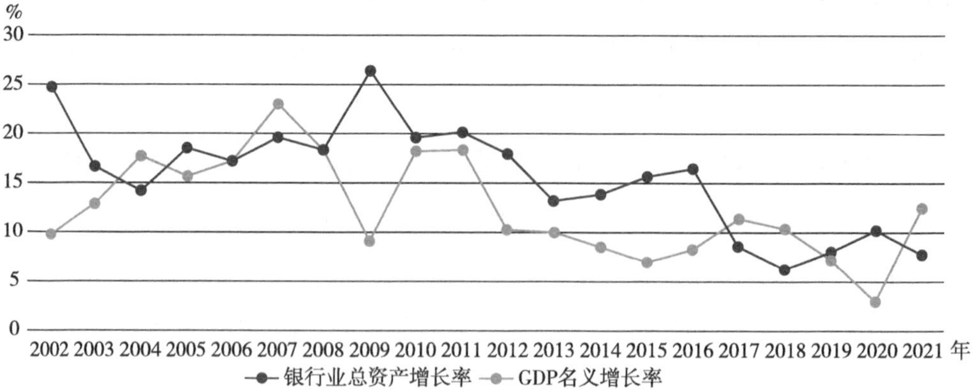

图 1-9　中国银行业总资产增长率与 GDP 名义增长率的关系

图1–10标示出了中国银行业总资产增长率与M2供应量增长率之间的关系。总体来看，银行业增长率与M2供应量增长率趋同。随着金融市场化程度的提高，金融市场业务已成为M2重要的派生渠道，并在一定程度上加剧了M2波动，影响到货币供应量目标的稳定性。

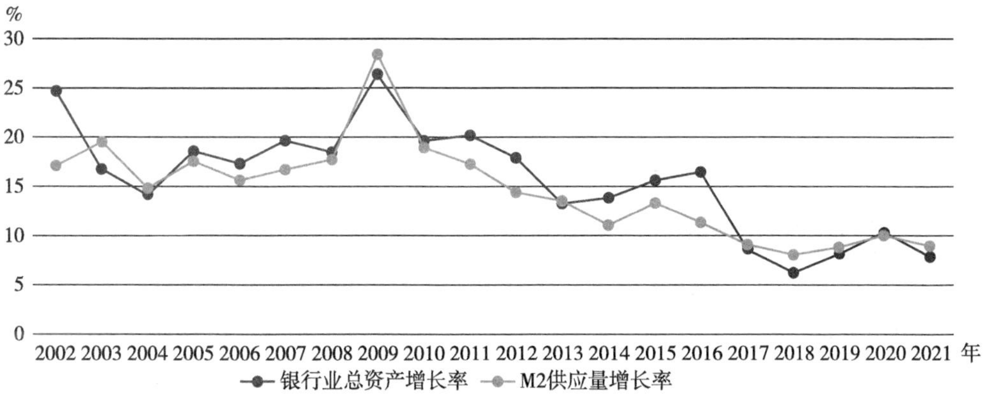

图1–10　中国银行业总资产增长率与M2供应量增长率的关系

这就是中国的银行业，我们要密切关注银行监管强化等可能导致信用创造过度萎缩，从而波及实体经济，需把握好银行监管的力度和节奏。从全球范围看，主要经济体M2均呈大幅波动态势，与名义GDP之间的相关性较弱。随着中国金融业的发展，注定与反映实体经济的GDP脱钩，与M2相关性越来越大。

（六）重新认识金融力量

近年来，随着中国经济的快速发展，银行业在国民经济增长中的地位和作用越来越突出，而且国内外的众多经济学论著中很早就开始探讨银行业的地位和作用，其中约瑟夫·熊彼特曾言：运营良好的银行，可以通过发现最有可能成功实施产品创新和工艺创新的企业，为其提供资金，激励其技术创新；银行具有信用创造的能力，正是这种创造能力，推动了经济的快速稳定发展。

1978年之前的数十年，中国的银行业务都是由中国人民银行经营的，1979

年恢复了中国农业银行，分设中国银行，1983年和1984年中国建设银行和中国工商银行成立。此后，股份制银行、城市商业银行（早期称合作银行）、政策性银行等相继成立，银行业务持续发展和壮大。1978年中国国家银行的全部资产1850亿元，2021年底达到344.76万亿元，银行业金融机构数达到4602家。

可见，在现代市场经济中，金融业是一切经济活动的核心，发达的金融业可以极大地提升经济的核心竞争能力，强有力地支持经济发展。

党的二十大报告就金融服务中国式现代化新局面提出了九大部署，分别为：金融体制改革和金融功能深化与金融监管、金融服务实体经济、金融支持乡村振兴、金融助力区域协调发展、金融市场开放（金融服务业和金融资本项目）、金融赋能科技成果转化、共同富裕是金融工作的出发点和着力点、绿色金融支持经济社会绿色发展、金融安全是国家安全的重要组成部分。为此，银行业需要围绕中国式现代化建设的需要，深化银行业内部改革，努力服务国家经济社会发展战略。

另外，我国已经对国际社会宣布，取消对银行的外资持股比例限制，内外资一视同仁；允许外国银行在我国境内同时设立分行和子行；对商业银行新发起设立的金融资产投资公司和理财公司的外资持股比例不设上限，大幅度扩大外资银行业务范围。

二、证券业分析

（一）证券业金融机构

谈到中国证券业，虽然发展历史仅有30多年，但我们对“泡沫”一词一点也不陌生。“泡沫”这个词要从郁金香泡沫、南海泡沫与1929年美国股票危机谈起，这三大著名投机风潮改变了全球证券业的发展。

郁金香泡沫（Tulip Bubble），又称郁金香效应（经济学术语），源自17世纪荷兰的历史事件。作为人类历史上有记载的最早的投机活动，荷兰的“郁金香泡沫”昭示了此后人类社会的一切投机活动，尤其是金融投机活动中的各种要素和环节：对财富的狂热追求、羊群效应、理性的完全丧失、泡沫的最终破灭和千百万人的倾家荡产。

南海泡沫（South Sea Bubble），是经济学上的专有名词，指的是在1720年春天到秋天，脱离常规的投资狂潮引发的股价暴涨和暴跌，以及之后的大混乱。1689年到1714年，英国政府因为打仗欠了1000万英镑的债务，英国政府找南海公司，大量发行股票，换成钞票。南海公司将股价拉高，投资人见有利可图，就争相抢购。1720年5月，在英国股市的南海风潮中，物理学家艾萨克·牛顿也买入了南海公司的股票。在早期的上涨阶段他及时卖掉了股票，获利5000英镑。后来他又重新买入，最后亏损了20000英镑。牛顿叹说：“我能算准天体的运行，却无法预测人类的疯狂。”

1929年美国股票危机（1929 American Stock Crisis）是指1929年10月29日，被称作“黑色星期二”，这是美国证券史上最黑暗的一天，是美国历史上影响最大、危害最深的经济事件。其影响波及西方国家乃至整个世界，导致了未来一段时间的“大萧条”。

郁金香泡沫、南海泡沫与1929年美国股票危机之后，特别是美国股灾后，美国开始反思股市崩溃的原因，采取了一些措施来稳定市场：通过了在金融监管史上具有里程碑意义的《格拉斯—斯蒂格尔法案》，要求投资银行和商业银行分业经营，避免股市崩溃直接冲击商业银行体系，进而导致连锁反应；放弃原先自由不干预的政策，相继通过《1933证券法案》和《1934证券交易法案》，并成立美国证券交易委员会（SEC），构建了一整套证券监管体系。

经历了泡沫的洗礼，才有了全球证券业的规范发展。1990年12月上海证券交易所正式营业，1991年7月3日深圳证券交易所正式营业，截至2021年底，从事证券业务的机构包括证券公司140家、公募基金管理公司137家、期货公司149

家。另外，还有证券交易所、证券登记结算公司、证券投资咨询机构等；沪深A股上市公司达到4603家。在这个过程中，我们见证了中国证券业的发展，同时也见证了中国证券业的泡沫。中国金融力量，背后是“三驾马车”在拉动，其中的晴雨表就是证券。

（二）证券业概况

中国证券业总资产从2002年的0.53万亿元增加到2021年的12.30万亿元，年均增长18.01%；总负债从2002年的0.42万亿元增加到2021年的9.35万亿元，年均增长17.74%；净资产从2002年的0.11万亿元增加到2021年的2.95万亿元，年均增长18.96%（如图1–11所示）。

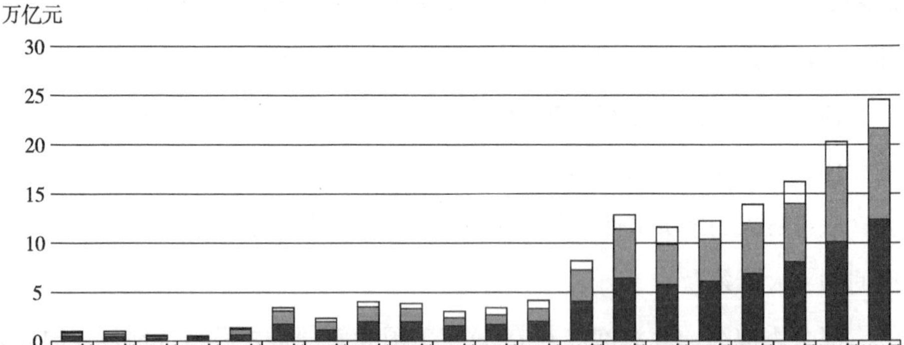

	2002年	2003年	2004年	2005年	2006年	2007年	2008年	2009年	2010年	2011年	2012年	2013年	2014年	2015年	2016年	2017年	2018年	2019年	2020年	2021年
□证券业净资产	0.1	0.1	0.1	0.1	0.1	0.3	0.4	0.5	0.6	0.6	0.7	0.8	0.9	1.5	1.6	1.9	1.9	2.3	2.6	3.0
■证券业总负债	0.4	0.4	0.3	0.2	0.6	1.4	0.8	1.5	1.4	0.9	1.0	1.3	3.2	5.0	4.2	4.3	5.1	5.8	7.5	9.4
■证券业总资产	0.5	0.5	0.3	0.3	0.7	1.7	1.2	2.0	2.0	1.6	1.7	2.1	4.1	6.4	5.8	6.1	7.0	8.1	10.2	12.3

图1–11　中国证券业资产负债情况

中国证券业作为中国经济发展的晴雨表，为什么其发展滞后于经济的发展，更滞后于整个金融业的发展？这是因为，证券业作为中国经济发展的晴雨表是有前提的，即必须是一个完善成熟的证券市场。证券市场必须是强势有效的市场，它能够反映市场上的所有信息，只有这样的证券市场才能够完整地反映每一家上市企业的经营状况，才能够成为经济发展的晴雨表。所以，中国证券业的发展还有很长的路要走，要有“壮士断腕”的决心和魄力，才能走向成熟。

这就是中国的证券业，经济发展的晴雨表。虽然我们看不到晴雨表的逻辑，但不代表其脱离了实体经济。我们相信随着证券市场的完善，经济发展的晴雨表会发挥其应有作用。

（三）证券业效率

证券业效率，主要是指证券业与金融业总资产增长率、净资产增长率之间的关系，如图 1–12 所示。因为证券业发展具有波动性（或者说股票市场具有波动性），我们看到证券业的总资产增长率、净资产增长率围绕金融业总资产增长率、净资产增长率上下波动。

这就是中国的证券业，2021 年末，证券业总资产虽然仅占金融业总资产的 3.22%，但证券业背后的沪深 A 股 4603 家上市公司的总市值达到 99.10 万亿元，占 2021 年 GDP 的 86.65%，占 2021 年金融业总资产的 25.95%。所以，相对于银行业、保险业，证券业更要关注经济发展问题，是经济宏观发展效率、微观发展效率和金融市场效率的重要决定力量。

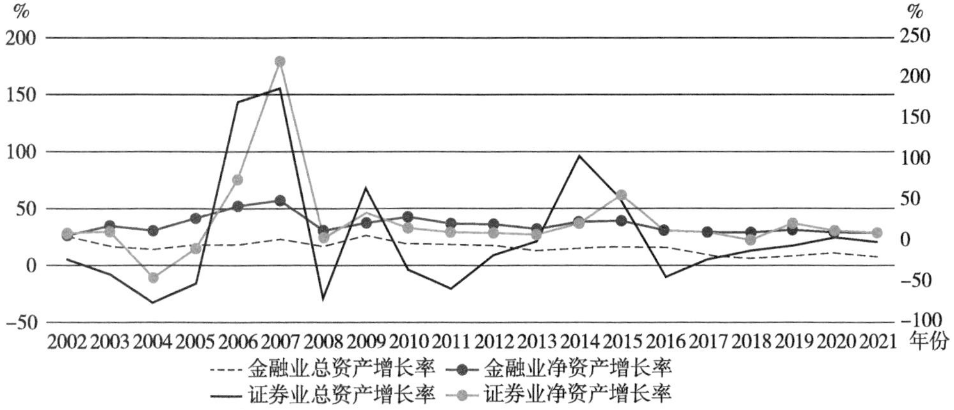

图 1–12　中国证券业与金融业总资产和净资产增长情况

注：左坐标为总资产增长率，右坐标为净资产增长率。

（四）证券业杠杆

根据《关于修改〈证券公司风险控制指标管理办法〉的决定》（中国证券监督管理委员会令第125号），证券公司必须持续符合下列风险控制指标标准：风险覆盖率不得低于100%；资本杠杆率不得低于8%；流动性覆盖率不得低于100%；净稳定资金率不得低于100%。延续前面的分析方法，本书使用杠杆倍数（总资产/净资产）和资本覆盖系数（净资产/总负债）进行近似分析。

通过图1–13可以看出，中国证券业的杠杆倍数（总资产/净资产）波动比较大，总体上在下降，从2002年的4.86倍下降到2021年的4.17倍；资本覆盖系数（净资产/总负债）波动也比较大，总体上在上升，从2002年的25.91%上升到2021年的31.55%。

《证券公司风险控制指标管理办法》发布之时，证监会相关部门测算，按资本杠杆率指标8%的监管标准，并结合流动性指标要求，券商的财务杠杆率为6倍左右。可见，目前国内券商杠杆水平整体较低，除了政策约束，也包括负债渠道、资金需求业务方面的原因。未来提升杠杆的途径包括：丰富融资渠道、降低融资成本、增强使用资产负债表为客户提供综合服务的能力。

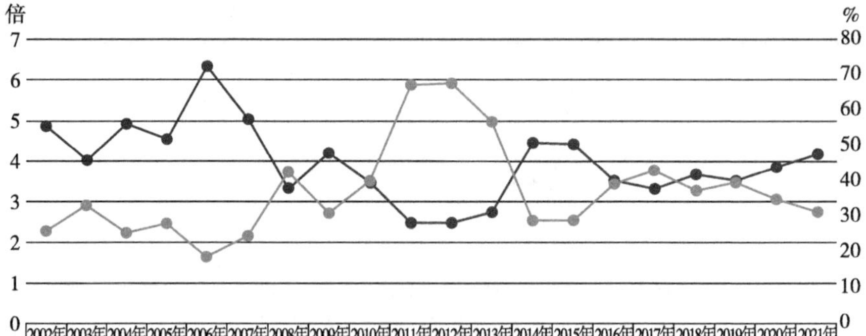

	2002年	2003年	2004年	2005年	2006年	2007年	2008年	2009年	2010年	2011年	2012年	2013年	2014年	2015年	2016年	2017年	2018年	2019年	2020年	2021年
金融杠杆倍数	4.9	4.0	4.9	4.5	6.3	5.0	3.3	4.2	3.5	2.5	2.5	2.8	4.4	4.4	3.5	3.3	3.7	3.5	3.9	4.2
资本覆盖系数	25.9	33.2	25.5	28.2	18.8	24.8	42.6	31.3	40.3	67.1	67.7	56.8	29.0	29.2	39.5	43.1	37.4	39.8	35.0	31.6

图1–13　中国证券业的杠杆倍数和资本覆盖系数

且随着经济的下行和资本市场的低迷，中国证券业的杠杆率达到了新低。1975年佣金自由化后，美国投行杠杆水平大幅提升，驱动了ROE提升。以高盛为例，金融危机前权益乘数维持在15倍以上，金融危机以后被动降杠杆，但杠杆仍在10倍左右。

（五）证券业发展

谈到发展，一定要有参照物，我们不妨以GDP、M2供应量和沪深300指数为参照物。图1–14标示出了中国证券业总资产增长率与名义GDP增长率之间的关系，总体来看，证券业增长率与GDP增长率没有关系，经济发展晴雨表功能没有任何体现。

图1–15标示出了中国证券业总资产增长率与M2供应量增长率之间的关系。总体来看，证券业增长率与M2供应量增长率也没有关系，金融发展晴雨表功能也没有任何体现。

图1–16标示出了中国证券业总资产增长率与沪深300指数增长率之间的关系。总体来看，证券业增长率与沪深300指数增长率趋同，股市发展晴雨表功能好像得到了体现。

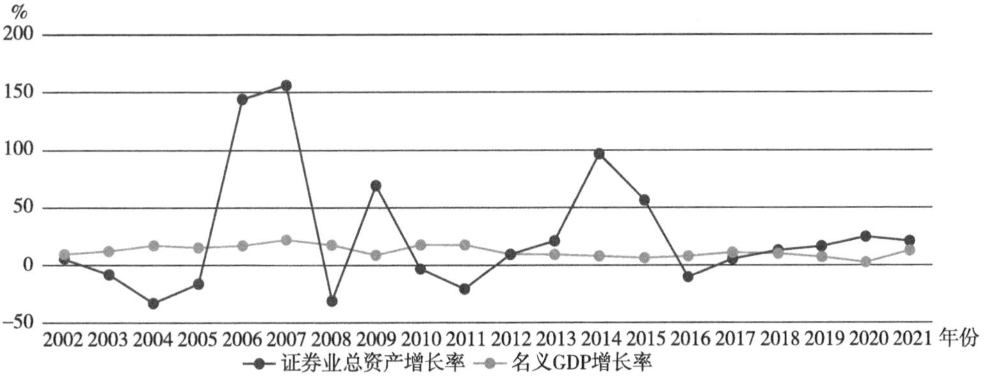

图1–14　中国证券业总资产增长率与名义GDP增长率的关系

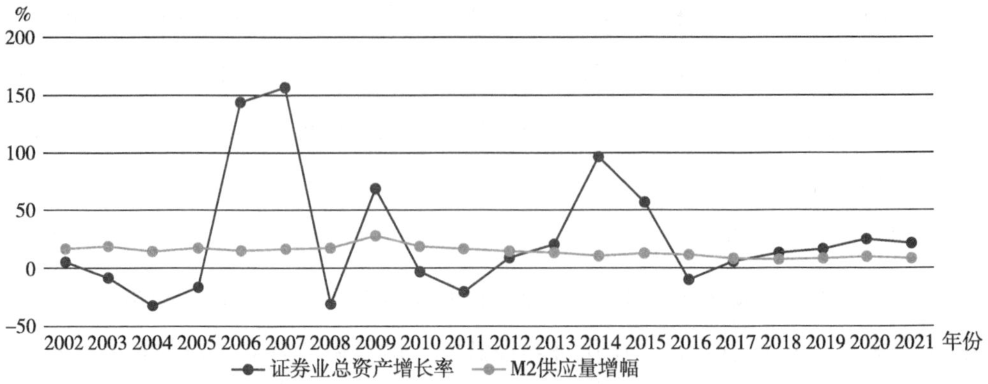

图 1-15　中国证券业总资产增长率与 M2 供应量增长率的关系

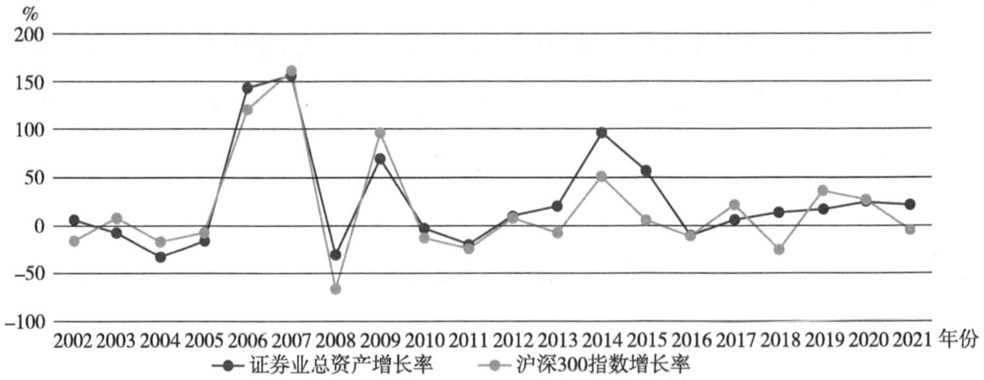

图 1-16　中国证券业总资产增长率与沪深 300 指数增长率的关系

由此可见中国证券业，不是经济发展的晴雨表，也不是金融发展的晴雨表，而是股市发展的晴雨表。从全球范围看，主要经济体证券业的发展基本能体现经济发展，至少体现了经济发展的预期，证券业的周期性波动与经济的周期性波动基本一致，反观我们的证券业却与GDP脱钩，与金融业脱钩。

（六）重新认识金融力量

1990年，在浦江饭店孔雀厅内，一声响亮的锣声宣告了上海证券交易所的成立，也引发了全国上下的热烈讨论。

1992年，邓小平在南方谈话时指出："证券、股市，这些东西究竟好不好，有没有危险，是不是资本主义独有的东西，社会主义能不能用？允许看，但要坚决地试。"这一番话打破了束缚，成为资本市场发展的转折点。

上海证券交易所和深圳证券交易所的成立，标志着证券市场建设有了质的飞跃。1992年10月，国务院证券管理委员会和中国证监会的成立，标志着资本市场开始正式建立全国统一的监管框架。1992年之后，我国计划经济向市场经济转轨，也为证券市场的进一步发展提供了巨大的机遇和空间。

我国资本市场发展步伐快速而稳健，只用了短短30多年，就取得了西方资本市场200年的建设成就。面向未来，我们需要重新思考"30多年"和"200年"的过程、成就和教训，显然"30多年"成就不了"200年"，因为我国资本市场与经济发展还没有"相辅相成"，谈何经济发展的晴雨表。

三、保险业分析

（一）保险业金融机构

从1979年恢复国内保险业务开始，保险市场不断发展壮大，逐步建立了由保险公司、保险中介机构、再保险公司、保险资产管理公司等市场主体组成的保险市场体系，形成了覆盖人寿保险、财产保险、健康保险、养老保险、农业保险、再保险等多领域的产品体系。该体系在风险分担、服务民生、促进经济发展等方面发挥了重要作用。

截至2021年底，中国多层次保险市场体系初步形成，保险法人机构有235家，其中保险集团和控股13家、再保险7家（信利保险已变更为信利再保险，不含外国再保险公司分公司7家）、产险88家（含安邦财险，其已经重组为大家财险）、人身险91家（含安邦寿险，其已经重组为大家寿险，其中寿险公司75家、养老保险公司9家、健康险公司7家）、保险资产管理33家、农村保险互助社3

家；保险专业中介机构2610家、保险兼业代理机构2万余家。另外，境外保险机构在华设立66家外资保险机构、84家代表处和17家保险专业中介机构。

“保险”刚进入中国时，曾有个非常诗意的名称——“燕梳”（insurance音译）。如此轻巧的一个名字，却背负着中国保险200多年的历史。

虽然19世纪初，保险就进入中国，但是对保险思想的引入却在鸦片战争之后。1841年，魏源受林则徐之托，根据林则徐在广东组织翻译的《四洲志》等资料，撰写了《海国图志》，望国人能师夷长技攻夷、制夷。书中介绍了世界各地人文、地理、历史等，其中谈到了“船担保”（即水险）、“宅担保”（即火险）及“命担保”（即寿险）三大“担保会”（即保险公司）及其运作。《海国图志》启蒙了中国人的保险思想，但由于当时中国尚处于自给自足的封建经济阶段，商品经济发展程度较低，还不足以产生中国自己的保险业，因此并没有促使民族保险业的兴起。

中国自1805年成立第一家保险公司以来，已经走过了200多年的历史。自1949年中华人民共和国成立以来，中国保险业也经历了初步发展（1949—1958年）、停办（1958—1979年）、恢复发展（1979年至今）三个大的阶段。中国保险业自1979年恢复以来，获得了快速发展。尤其是近年来，党中央、国务院十分重视保险业发展，在多份重要文件中提出要大力发展保险业，出台了一系列促进保险业改革发展的政策措施，我国保险业实现了长足发展。中国金融力量，背后是“三驾马车”在拉动，其中“朝阳行业”就是保险。

（二）保险业概况

中国保险业总资产从2002年的0.65万亿元增加到2021年的24.89万亿元，年均增长21.16%；总负债从2002年的0.65万亿元增加到2021年的21.96万亿元，年均增长20.39%；净资产从2002年的333亿元增加到2021年的2.93万亿元，年均增长42.88%（如图1–17所示）。

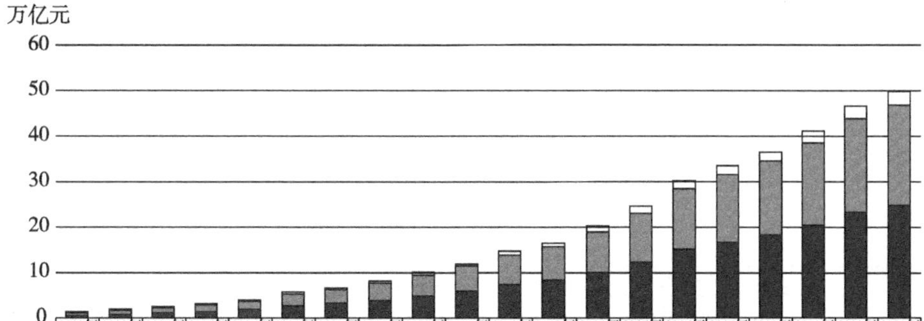

	2002年	2003年	2004年	2005年	2006年	2007年	2008年	2009年	2010年	2011年	2012年	2013年	2014年	2015年	2016年	2017年	2018年	2019年	2020年	2021年
□保险业净资产	0.0	0.0	0.0	0.0	0.2	0.4	0.3	0.4	0.5	0.6	0.8	0.8	1.3	1.6	1.7	1.9	2.0	2.5	2.8	2.9
■保险业总负债	0.7	0.9	1.2	1.5	1.8	2.5	3.1	3.7	4.5	5.5	6.6	7.4	8.8	10.8	13.4	14.9	16.3	18.1	20.5	22.0
■保险业总资产	0.7	0.9	1.2	1.5	2.0	2.9	3.3	4.1	5.0	6.0	7.4	8.3	10.2	12.4	15.1	16.7	18.3	20.6	23.3	24.9

图 1–17　中国保险业资产负债情况

为什么说保险业是朝阳行业？因为2002年以来保险业总资产增长率、总负债增长率、净资产增长率都是最高的，都在领跑金融业的发展。这就是中国的保险业，金融业的“朝阳行业”“明日之星”。30年前说下海能赚钱的人，被认为是骗子；20年前说炒股能赚钱的人，被认为是骗子；15年前说保险能帮到大家的，被认为是骗子；10年前马云说互联网能改变人们的生活，也被认为是骗子。经济发展到不同程度，消费者有不同的金融需求。顺应经济发展潮流，保险业正在成为金融业的弄潮儿，成为金融业的“明日之星”。

（三）保险业效率

保险业效率，是指保险业与金融业总资产增长率、净资产增长率之间的关系，如图1–18所示。因为保险业是朝阳行业，所以我们看到无论是总资产增长率，还是净资产增长率，保险业都远远高于整个金融业。

这就是中国的保险业，虽然其总资产仅占金融业的6.52%，但保险业为全社会提供风险保障是12146.20万亿元，是GDP的106.20倍，是金融业总资产的31.80倍。所以，相较于银行业，保险业更要关注社会治理问题，是社会宏观风控效率、微观风控效率和风控市场效率的重要决定力量。

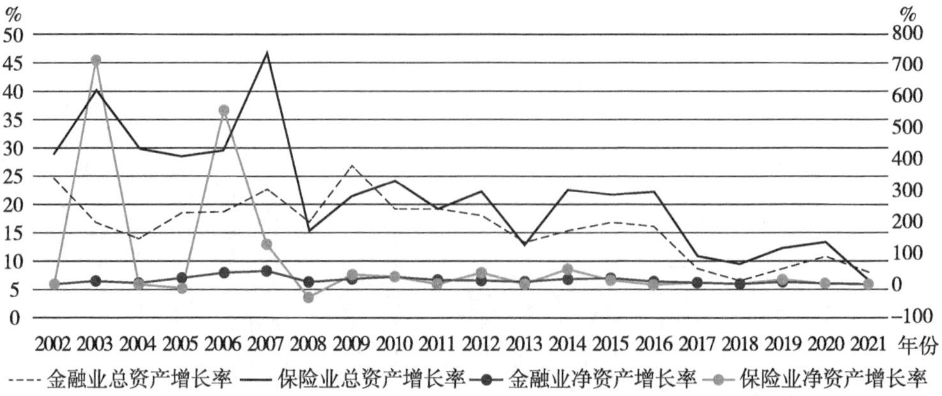

图 1-18　中国保险业总资产和净资产增长情况

注：左坐标为总资产增长率，右坐标为净资产增长率。

（四）保险业杠杆

按照《中华人民共和国保险法》（以下简称《保险法》）的规定，我们所理解的保险杠杆率的计算方式为保费收入除以净资产、保险金额除以净资产。

《保险法》第一百零二条规定："经营财产保险业务的保险公司当年自留保险费，不得超过其实有资本金加公积金总和的四倍。"经营人身保险业的保险公司，其当年自留保险费不受此限制。主要是因为财产保险的保险事故发生不规则，缺乏稳定性，经营风险大于人身保险业务，因而保险准备金的数额要求也大。

《保险法》第一百零三条规定："保险公司对每一危险单位，即对一次保险事故可能造成的最大损失范围所承担的责任，不得超过其实有资本金加公积金总和的百分之十；超过的部分应当办理再保险。"危险单位专指一次保险事故发生可能造成的最大损失范围，它直接关系到保险金支付的数额和再保险业务的进行。如果任由保险公司自己来计算危险单位，易发生故意缩小危险单位、盲目扩大业务、过量收取保险费等现象。为此，《保险法》第一百零四条规定，"保险公司对危险单位的划分方法和巨灾风险安排方案，应当报国务院保险监督管理机构备案”，否则其计算办法和结果无效。延续前面的分析方法，使用杠杆倍数（总资产/净资产）和资本覆盖系数（净资产/总负债）进行近似分析。

通过图1-19可以看出，中国保险业的杠杆倍数（总资产/净资产）在逐年下降，从2002年的194.96倍下降到2021年的8.49倍；资本覆盖系数（净资产/总负债）在逐年上升，从2002年的0.52%上升到2021年的13.34%。

可见，2002年中国保险业已经处于“破产边缘”，经过近20年的发展，中国保险业的偿付能力充足率已经得到了彻底的改善。

这就是中国的保险业，肩负支持社会治理体系和治理能力现代化重任，这对于保险业的资本充足率提出了更高的要求。面对未来的不确定性，不应该是一副“随机漫步”的态势，因为毕竟你不是“随机漫步的傻瓜”。中国的保险业，有时候需要思考一下“保险”二字背后的“意义”绝非诗意。

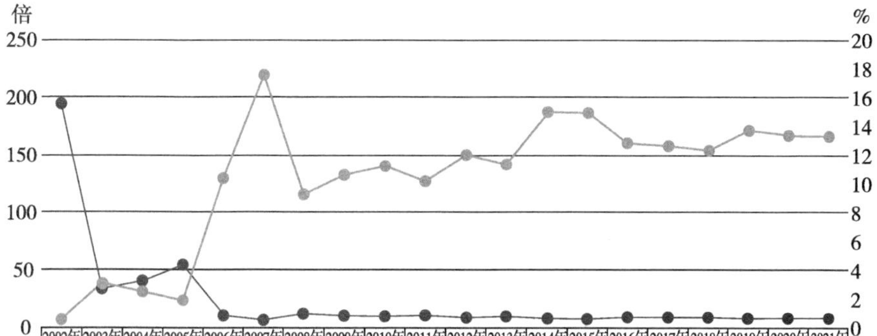

	2002年	2003年	2004年	2005年	2006年	2007年	2008年	2009年	2010年	2011年	2012年	2013年	2014年	2015年	2016年	2017年	2018年	2019年	2020年	2021年
金融杠杆倍数	195.0	33.5	41.0	54.3	10.6	6.7	11.8	10.4	9.9	10.8	9.3	9.8	7.7	7.7	8.8	8.9	9.1	8.3	8.5	8.5
资本覆盖系数(%)	0.5	3.1	2.5	1.9	10.4	17.6	9.3	10.6	11.2	10.2	12.1	11.4	15.0	15.0	12.9	12.7	12.4	13.7	13.4	13.3

图1-19　中国保险业的杠杆倍数和资本覆盖系数

（五）保险业发展

谈到发展，一定要有参照物，我们不妨以GDP和M2供应量为参照物。图1-20标示出了中国保险业总资产增长率与名义GDP增长率之间的关系。总体来看，保险业总资产增长率远远高于名义GDP增长率，基本上是名义GDP增长率的2倍。

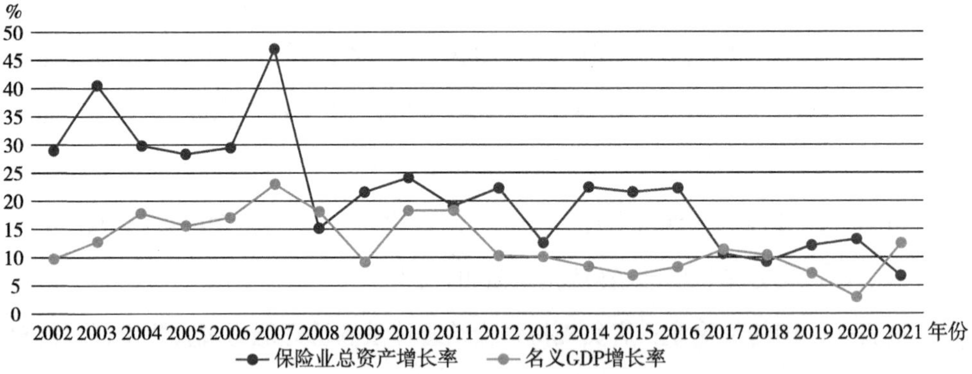

图1–20　中国保险业总资产增长率与名义GDP增长率的关系

图1–21标示出了中国保险业总资产增长率与M2供应量增长率之间的关系。总体来看，保险业增长率也远远高于M2供应量增长率。

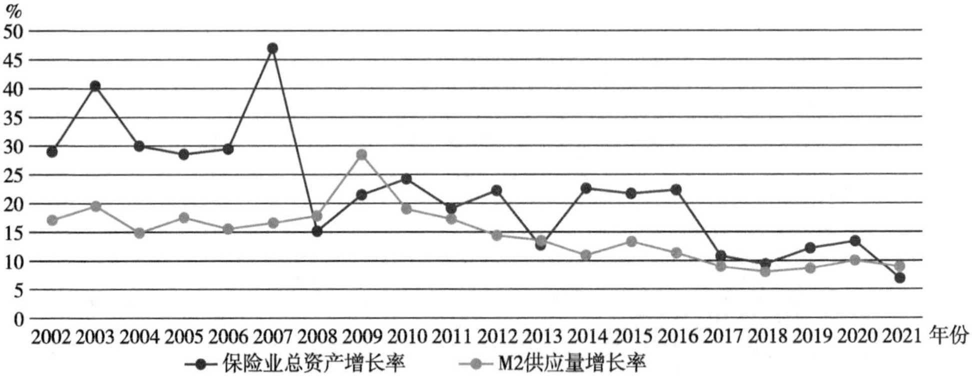

图1–21　中国保险业总资产增长率与M2供应量增长率的关系

由此可见，我们要密切关注保险监管强化等可能导致保险创新过度萎缩，从而波及保险业未来发展，需把握好保险监管的力度和节奏。从全球范围看，保险业的发展和经济发展水平、社会财富、家庭财富的变化具有紧密联系，我们要寻找其中的规律，进行有目的的引导。随着中国金融业的发展，保险业注定与反映实体经济的GDP脱钩，与M2相关性越来越大。

（六）重新认识金融力量

自1949年中华人民共和国成立，到今年已经70多年。而我国的保险业也和新中国一起走过了70多年的奋斗历程。现在，中国已经成为世界第二大经济体、第一大工业国、第一大货物贸易国、第一大外汇储备国，中国保险市场也已成为全球第二大保险市场。

1949年9月，中央召开第一次全国保险工作会议，批准成立中国人民保险公司。同年10月20日，中国人民保险公司成立，这是中华人民共和国成立后第一家国有保险公司，标志着中国的保险事业进入一个新的历史发展时期。

1958年10月，全国财贸工作会议提出，人民公社化后，保险工作的作用已经消失，除国外保险业务必须继续办理外，国内保险业务应立即停办。同年12月，在武汉召开的全国财政会议正式做出“立即停办国内保险业务”的决定。之后，中国保险业进入了延续到1978年的20年漫长停摆期。中国保险业的员工数也从停业前的几万人变为只剩几个人。

1979年，随着改革开放春风到来，全国保险工作会议在北京举行，政府决定恢复保险业务。沉睡了20年的中国保险业开始进入复苏及对外开放试点的第二阶段。

中国保险业的年保费收入从复业之后1980年的4.60亿元，增加到2021年的44900.17亿元，年均增长速度25.11%，速度惊人。保险业发展70多年，中国从保险大国走向保险强国。我国保险市场规模已经先后超过德国、法国、英国、日本，全球排名升至第二位。

中国银保监会原副主席周延礼曾言：“中国保险业要从大到强，需要进一步推进行业转型升级，提升核心竞争力。这些核心竞争力包括：以满足消费者保险保障需求为中心；以改革创新推动保险业高质量发展，强化科技在保险行业中的应用；以保险供给侧结构改革促服务实体经济能力提升；推动保险业回归本源以及有序化解存量风险，严控增量风险，以防范系统性金融风险促进行业高质量发展。”

中国保险业的变革发展

一、中国保险业的发展历程

保险是一种舶来品。尽管文献记载的中国保险有200多年的历史，但真正作为国家经济社会中的一种损失补偿机制，用于人生过程中的生、老、病、死、残的一种健康管理方式，则是改革开放后的事情，实践经验的时间为40多年。

保险市场发展初期，西方的商业保险理论为我们打开视野，使我们懂得一些保险的基本知识和基本技能，但鉴于中国国情的特殊性，这样的保险理论和知识不能满足建立国家保险制度的需要。

为了找到适合自己的保险发展道路，中国进行了大胆的尝试，尝试过变革和停办，经历过胜利和失败。中国保险业的发展经历可以简称为“一二四”，即10年的变革、20年的停办、40多年的发展。1949年至1958年，中国用10年时间进行了新旧保险制度转换，形成了属于自己的国有保险制度体系。1959年至1979年，由于特殊的国家政治背景，保险业被搁置了20年。1980年至今是中国保险业发展的有效经验期，40多年的有效经验期又分为四个阶段。

第一阶段是“摸着行走”阶段。其行为方式就是“摸着石头过河”，走一步看一步。这样的市场行为方式由于成本太高而被迫放弃。

第二阶段是“跟着行走”阶段。从中国加入世贸组织开始，外资保险公司或发达国家的保险市场被视为中国保险业的老师。学生围着老师转，老师教什么、学生学什么，老师怎么教、学生怎么做，成了这个阶段保险人的“当然思维”。后来，因为金融危机的爆发，一些世界著名的保险公司及其他金融机构，一夜之间轰然倒下，老师的话失去灵验，学生一时茫然，不知所措。

第三阶段是“自个儿行走”阶段。2008年金融危机之后，突如其来的事件暗示着中国保险人，今后的路需要自己来选择。“自个儿行走”的结果是忘记了保险的本源，结局是“保险姓保、监管姓监”的整改再出发。

第四阶段是“与国同行”阶段。2017年第五次全国金融工作会议之后，中国保险业开始回顾本源、突出主业，开始进入稳发展、强监管、防风险阶段，开始勇担保险使命、助力国家治理体系和治理能力现代化。从某种意义上说，中国“与国同行”的保险业发展经历，是从2017年全国金融工作会议之后开始的，只有短短的5年多时间。

2017年第五次全国金融工作会议上，习近平总书记站在全局和战略的高度，科学阐释了金融在经济社会发展和国家安全中的重要作用，深刻分析了金融业面临的形势和任务，系统阐述了做好金融工作的指导思想和重要原则，全面论述了提高金融服务实体经济效率和水平、防范化解金融风险、深化金融改革开放等一系列重大问题。这些重要思想和论述，为我国保险业做好新形势下的保险工作提供了根本遵循和行动指南，对今后一个时期我国保险改革、发展、稳定具有重大而深远的意义。

党的十九届五中全会站在党和国家事业发展全局的高度，描绘了面向未来的“十四五”以及2035年远景发展蓝图，审议通过了《中共中央关于制定国民经济和社会发展第十四个五年规划和二〇三五年远景目标的建议》（以下简称《“十四五”规划建议》），提出了“十四五”时期经济社会发展指导思想和必须遵循的原则；第十三届全国人民代表大会第四次会议审查通过了《中华人民共和国国民经济和社会发展第十四个五年规划和二〇三五年远景目标纲要》（以下简称《“十四五”规划纲要》），明确了“十四五”时期经济社会发展的发展环境、指导方针和发展目标。对照《“十四五”规划建议》和《“十四五”规划纲要》，我们需要进一步完善保险制度，需要重新思考保险的十大属性和十大空间。

二、中国保险业的十大属性

我国保险业已经走过了200多年的历史；新中国保险业经历了初创、停办和恢复三个阶段，也经历了70多年的发展。过去20年间，各级政府高度重视发挥保险在经济发展和社会保障体系中的作用，国务院先后两次颁布保险发展的“国十条”，“保险”被写入国家的一系列重要文件，交强险和农业保险相关条例的出台，为保险业的发展奠定了良好的基础，促进了保险业的持续健康发展。

2019年末，中国银保监会发布了《中国银保监会关于推动银行业和保险业高质量发展的指导意见》（银保监发〔2019〕52号）。何谓保险业高质量发展？如何实现保险业高质量发展？关键是厘清保险的国家属性、社会属性、经济属性、金融属性、思想属性、风险属性、科技属性、数据属性、历史属性、未来属性（具体论述参见笔者《闲叙保险》一书）；重点是理解保险属性的微观、中观、宏观变化，以及这些变化背后的历史逻辑；目标是实现中国保险业由高速增长阶段转向高质量发展阶段。

（1）从保险国家属性的高度理解保险业高质量发展，保险变成了一种治理术、一种治理的方式，而不是一套“政府”机构。

（2）从保险社会属性的高度理解保险业高质量发展，保险变成了一种上层建筑结合体，一种自然形态，而不是“上层建筑”本身。

（3）从保险经济属性的高度理解保险业高质量发展，保险变成了一种人与财富的结合体，一种“人的欲望、努力、满足”的外在表现，其目的是使人的获得感、幸福感、安全感得以提升。

（4）从保险金融属性的高度理解保险业高质量发展，保险变成了一种金融资产，金融属性是其所具备的共性和差异性特征的具体体现，这种具体体现是一种“货币现象”。

（5）从保险思想属性的高度理解保险业高质量发展，是人们关于保险的系统化、理论化认识，是人们关于保险“互助、共享、合作”核心理念的认同。保险归根结底是资源的优化配置。

（6）从保险风险属性的高度理解保险业高质量发展，保险公司提供的是风险管理服务，对个体或机构而言可以减少风险成本和减弱恐惧影响，对整个经济而言可以减少资源浪费和改进资源配置。

（7）从保险科技属性的高度理解保险业高质量发展，保险公司的科技战略是“保险+科技”战略，而不是“科技+保险”战略，其目的在于通过科技赋能“风险服务”，为消费者带来“满足感”。

（8）从保险数据属性的高度理解保险业高质量发展，保险是“从数据中来，到数据中去”的过程，数据是保险经营的科学基础，更是驱动保险经营模式变革的重要力量。

（9）从保险历史属性的高度理解保险业高质量发展，保险是现实的和未来的，千真万确；保险不只是现实的和未来的，也不容置疑，因为保险也是历史的。

（10）从保险未来属性的高度理解保险业高质量发展，保险就是在适应未来社会的复杂性和群体的多样性基础上，构建的面向未来的金融网和安全网。

随着中国步入风险型社会，保险型社会的保障因素几乎无形地、广泛地渗透到人民生产生活中，人们就会将它视作社会生活的基础，并最终成为新形态社会中社会正义的一种基石。或者说，当保险从一种经济现象转变为一种社会范畴，当社会契约成为一种类似保险合同的关系时，保险处于现代社会的核心，社会也就迈进了现代社会。

不管承认与否，未来已来。相信在不久后，保险将会从四面八方渗透到人们的日常生活当中，也将通过多种方式参与到我国经济社会转型与社会治理创新中。到那时，保险服务也将自然而然地成为人们生活的一部分，进而使保险真正成为社会与经济发展的助力引擎。

保险是现实的和未来的，千真万确。保险不只是现实的和未来的，也不容置疑，因为保险也是历史的。保险除了国家属性、社会属性、经济属性、金融属性、风险属性、科技属性、数据属性以外，还有思想属性、历史属性、未来属性等“非保险”性。只有充分认识到这一点，我们才能够把握住保险的特质和保险的边界，找到保险业高质量发展的道路。

在新时期新形势下，要充分认识保险属性，只有这样才能发挥保险对社会经济协调发展的作用，才能有利于拓宽保险发展空间，使保险业在更深层次和更广领域参与到国民经济和社会发展的全局工作中，提升保险业在社会经济中的地位。

三、中国保险业的十维空间

保险十大属性的背后是其所形成的十维空间，国家属性、社会属性、经济属性、金融属性、思想属性、风险属性、科技属性、数据属性、历史属性、未来属性背后分别对应了国家空间、社会空间、经济空间、金融空间、思想空间、风险空间、科技空间、数据空间、历史空间、未来空间。

（1）从国家空间的高度理解保险业高质量发展。保险已经提升到“国家保险理论”，国家更加重视保险的治理体系或治理能力，包括保险对避免社会剧烈动荡的重要作用。随着保险的普及，保险以经济契约关系重组社会间人与人原本较为孤立的相互关系，由此带来“社会联结本质”发生根本性的转变。保险通过精算技术，将风险社会化，实现损失赔偿社会化，使得每个个体成为社会整体的一部分。

（2）从社会空间的高度理解保险业高质量发展。站在新的历史时期，国家对保险业提出了更高的要求。2019年12月30日，国务院常务会议审议通过了《关于促进社会服务领域商业保险发展的意见》，这是继《关于保险业改革发展的若干意见》《国务院关于加快发展现代保险服务业的若干意见》后再一次对保险业进行定位，明确了新时代下保险业的历史责任。

（3）从经济空间的高度理解保险业高质量发展。作为世界第二大经济体，2020年我国人均GDP突破1万美元以及总人口突破14亿，这些为我国保险业描绘了美好蓝图，如2025年健康险年化保费收入将突破2万亿元；2025年末累计为参保人积累6万亿元养老保险责任准备金。

（4）从金融空间的高度理解保险业高质量发展。2021年末，我国金融业机构总资产为381.95万亿元，其中银行业占比90.26%，保险业占比6.52%，证券业占比3.22%。总体来看，保险业总资产占比稳步提高，银行业总资产占比逐年下降，证券业总资产占比基本和股票市场波动同步。

（5）从思想空间的高度理解保险业高质量发展。党的十八届五中全会通过的“十三五”规划建议，描绘了我国未来五年经济社会发展的壮丽宏伟蓝图，提出了创新、协调、绿色、开放、共享的新发展理念，保险的“互助、共享、合作”思想契合了国家对新时代保险业的要求，保险的“互助思想、共享主义、合作思想”归根结底是社会资源的优化配置。

（6）从风险空间的高度理解保险业高质量发展。在全球化发展背景下，由于人类实践所导致的全球性风险占据主导地位，在这样的社会环境中，各种全球性风险对人类的生存和发展构成严重的威胁。由于技术发展和制度创新带来的巨大变革，社会、经济、文化环境越来越复杂，主体间的交互关系更加紧密、多元，整个社会的不确定性急剧提升，新兴风险不断涌现，传统的风险管理体系遭到挑战。新兴风险除了具有传统风险的不确定性、复杂性和模糊性以外，还具有陌生性、系统性和极端性，对社会影响巨大。

（7）从科技空间的高度理解保险业高质量发展。未来科技在潜移默化的发展中，给保险业带来了巨大的进步，也给我们从事保险的思维、逻辑等带了新的冲击与活力。未来科技在改变保险的同时，保险也在改变着未来科技，二者相辅相成，相互促进、相互发展。当前未来科技已经渗透到保险的各个领域，极大提升了保险服务社会的能力。

（8）从数据空间的高度理解保险业高质量发展。保险数据应用中，大能与小数据量化的自我保持高度一致，小能与大数据预见的未来保持一致，既不能见小不见大，也不能见大不见小。对于保险数据属性，从数据中来，到数据中去，既要见大，也要见小，以小带大、小中见大，才能真正用好数据。

（9）从历史空间的高度理解保险业高质量发展。中国保险业的独特国情，我们需要思考保险经济学的范式创新，使保险域观经济学得以建立和发展。而且，中国所面临的需要解决的保险发展问题，也对保险经济学范式创新提出了紧迫性需要。中国保险经济学的升华可以有两个主要的突破方向——攀登保险经济学的高地山巅（实际上，在40多年里读懂500年的保险历史，看透500年的保险真谛，是一件颇有难度的事情）和开拓保险经济学范式变革的创新蓝海，这都是中国保险经济学发展需要努力的方向。而对于中国保险业的互助共济使命而言，后一个努力方向恐怕更具现实紧迫性和更可能做出重大学术贡献。

（10）从未来空间的高度理解保险业高质量发展。展望未来，互联网（5G）、物联网、云计算、人工智能、区块链等新兴技术迅速走向规模化商用，保险的未来以及面向未来的转型正进入深水区，以“万物节点、万物感知、万物智能、万物互联”为特征的心智社会即将来临。连接，是一切可能性的基础。未来，基于“互联网+保险”“物联网+保险”“智能网+保险”“心智网+保险”的未来保险生态将构建在万物节点、万物感知、万物智能、万物互联的基础之上。

面向未来，我国保险市场总体将呈现转型与迭代发展的趋势；同时，不确定性将成为新常态，社会治理现代化、老龄化社会保障和人们生活水平的提高，均为保险业的发展营造了良好的环境，我国保险业将继续保持较快的发展速度，且高质量发展、可持续发展、自适应发展将成为迭代发展的重要特征和驱动因素。为此，中国保险业要以习近平新时代中国特色社会主义思想为指导，切实把党的二十大精神贯彻落实到“开创保险服务中国式现代化新局面”中去，加强前瞻思考、全局谋划、战略布局、整体推进，绘就新时期中国保险业发展新蓝图。

四、中国保险业的发展前瞻

党的二十大胜利召开，开启了新的中心任务，我们进入全面建成社会主义现代化强国、实现第二个百年奋斗目标、推进中华民族伟大复兴的新时代新征程。党的二十大报告指出：“中国式现代化，是中国共产党领导的社会主义现代化，既有各国现代化的共同特征，更有基于自己国情的中国特色。中国式现代化是人口规模巨大的现代化，是全体人民共同富裕的现代化，是物质文明和精神文明相协调的现代化，是人与自然和谐共生的现代化，是走和平发展道路的现代化。”这一定义指出了中国式现代化的本质与精髓，即中国式现代化是具有整体性、均衡性（有序性）、全面性（关联性）和动态性的复杂系统（Complex Systems），是具有开放性、复杂性、涌现性、层次性、巨量性的开放复杂巨系统（Open Complex Giant Systems），具体来看其主要特征如图1-22所示。

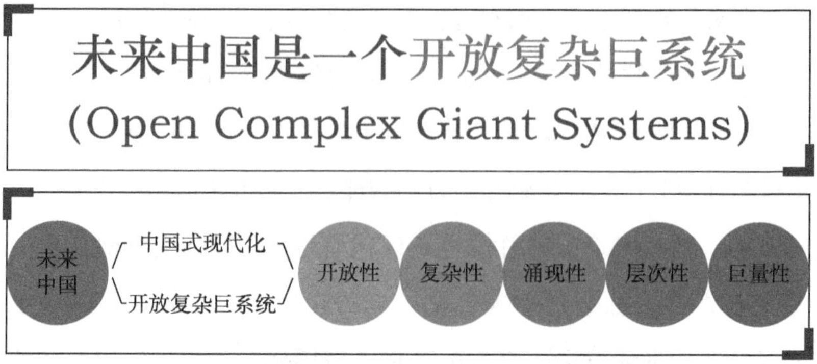

图 1–22　中国式现代化的开放复杂巨系统特征

纵观全球，与现代化相伴随的是风险社会（Risk Society）的到来，高风险成为现代社会的典型特征之一。保险作为风险管理者、风险承担者和投资者的统一，要自发地融入中国式现代化建设，要自觉地发挥风险治理、价值创造和资源配置职能，服务国家经济社会发展。

风险本身具有自反现象（Reflexivity）和内爆现象（Implosion），德国社会学家乌尔里希·贝克（Ulrich Beck）把此问题称为“自反性现代化”（Reflexive Modernization），相应的风险社会、保险型社会和国家保险等理论得到了发展。中国式现代化的开放性（人、信息、制度、贸易、金融、文化的开放等）、复杂性（国际形势、国内环境、区域平衡、人口结构、经济结构、能源结构的复杂等）、涌现性（环境的变化、风险的进化、问题的激化、发展的恶化、文化的西化、矛盾的异化等）、层次性（风险治理、灾害防御、养老保障、健康服务、共同富裕、协调发展的层次等）、巨量性（人口规模、经济总量、地域分布、自然灾害、金融风险、地方债务的巨量等）等特征进一步加剧了风险的自反性和内爆性。因此，随着中国式现代化的推进，中国保险业要在服务中国式现代化大局中再定位，要在把握保险业发展大趋势中再定位。

面向未来，中国保险业要以习近平新时代中国特色社会主义思想为统领，结合中国独特的历史、文化、国情，立足中国共产党领导中国革命、建设、改革的伟大历程和辉煌成就，认真总结新中国成立以来、改革开放以来特别是党的十八大以来中国特色社会主义取得的实践经验，着眼于用中国特色社会主义市场经济理论引领贯穿保险学知识体系，通过跨领域、跨学科、综合性研究和协同攻关，形成说明中国风险观和保险学的“说明书”，建立解释中国风险观与保险学的“解释学”，给世界提供研究中国风险观和保险学的基础知识和方法的“方法论”，让世界认识中国保险业和保险市场创新与发展的“实践课”。

为此，中国保险业要重新认识保险，顺应保险学科发展趋势，推动保险理论与实践的创新，促进“保险保障、资金融通和社会管理”传统功能向保险“风险治理、价值创造和资源配置”的现代功能转变（如图1–23所示），推进保险业的变革与发展，使保险成为经济增长的“助推器”与社会发展的“稳定器”，成为国家经济社会高质量、可持续、自适应发展的重要金融工具。

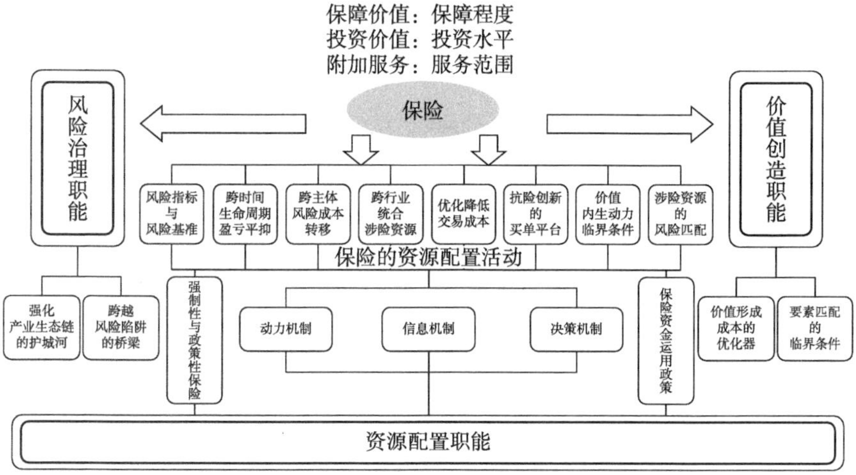

图1–23 保险服务中国式现代化的三大职能

综上，基于保险服务中国式现代化的三大职能，保险业要通过高质量发展、可持续发展、自适应发展三个维度来开创服务中国式现代化新局面。

（一）保险业高质量发展推进中国式现代化

从高质量发展的角度，中国保险业要从保险的十大属性以及背后的十维空间两个维度助力中国式现代化建设（如图1–24所示）：

一是要正确认识保险业和保险属性的关系。厘清保险的国家属性、社会属性、经济属性、金融属性、思想属性、风险属性、科技属性、数据属性、历史属性、未来属性；重点是理解保险属性的微观、中观、宏观变化以及这些变化背后的历史逻辑；目标是实现中国保险业由高速增长阶段转向高质量发展阶段。

二是要正确认识保险业和保险空间的关系。明确保险的国家空间、社会空间、经济空间、金融空间、思想空间、风险空间、科技空间、数据空间、历史空间、未来空间；重点是理解保险属性和非保险属性的相互制约关系，理顺政策、法制、制度框架等影响到保险业发展的外部环境；目标是使保险的密度、深度、广度等与我国的社会、经济、文化、体制沿革相适应，拓宽保险发挥作用的空间。

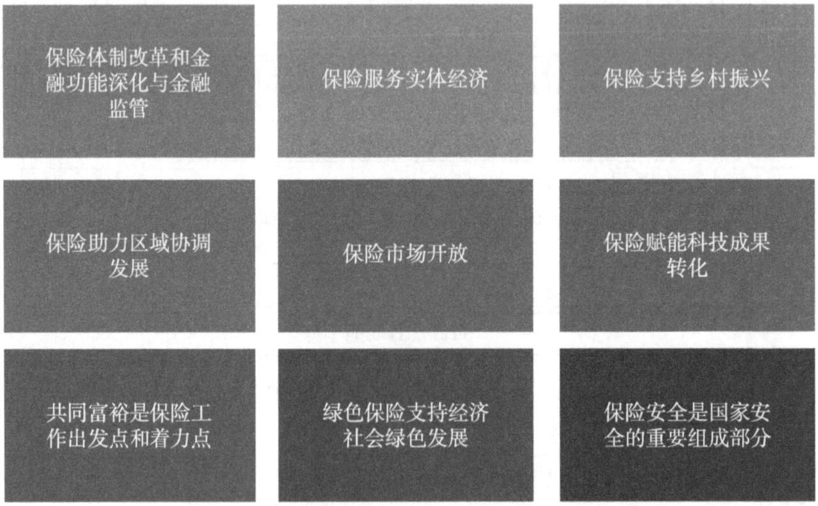

图1–24　保险服务中国式现代化的高质量发展路径

（二）保险业可持续发展推进中国式现代化

从可持续发展的角度，中国保险业要从纵向和横向两个维度上助力中国式现代化建设（如图1–25所示）：

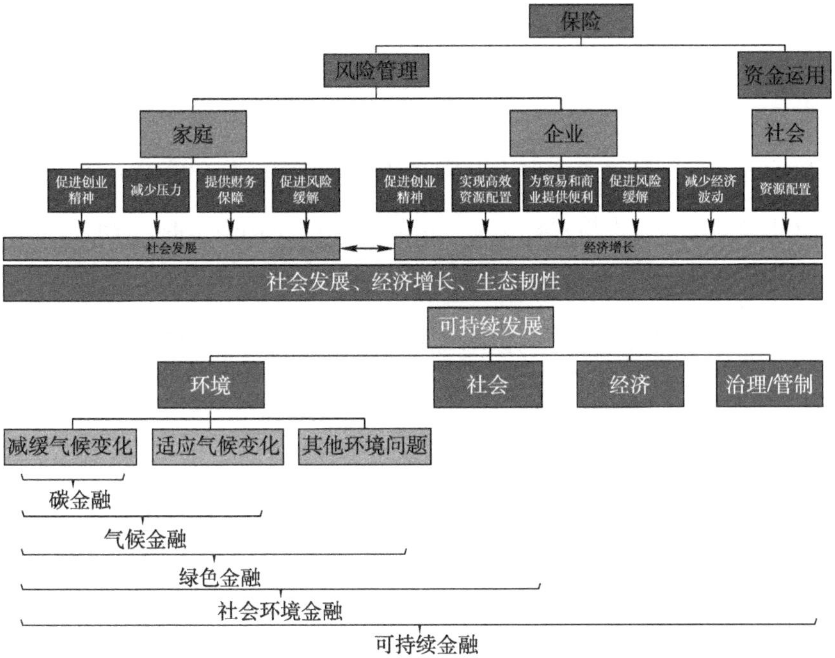

图1–25　保险服务中国式现代化的可持续发展路径

（1）从纵向上看，保险助力中国式现代化体现在三个层面：一是微观上的人民，主要是保险如何助力"人民的获得感、幸福感和安全感"；二是中观上的国家，主要是保险如何应对风险型社会，如何上升到国家保险的高度来构建国家安全网；三是宏观上的人类，主要是保险如何成为可持续金融，通过赋能可持续发展助力构建人类命运共同体和人类卫生健康共同体。

（2）从横向上看，保险助力中国式现代化也体现在三个层面：一是可持续保险（Sustainable Insurance）问题，将保险导入人类可持续发展的重要领域，如环境污染责任保险、巨灾保险、突发公共卫生事件公共责任保险、普惠保险等；二是负责任投资（Responsible Investment）问题，引导保险资金投向可持续发展领域，同时要求保险资金运用时要将环境、社会和治理（Environmental，Social and Governance，ESG）纳入投资决策；三是可持续金融（Sustainable Finance）问题，将保险和可持续发展结合在一起，旨在将保险导入人类可持续发展的重要领域，如中国的现代化产业体系建设、乡村振兴、区域协调发展、多层次风险治理体系、多层次养老保障体系、多层次健康服务体系、碳达峰和碳中和目标（“3060”目标）及联合国可持续发展目标（Sustainable Development Goals，SDGs）等。

（三）保险业自适应发展推进中国式现代化

从自适应发展的角度，中国保险业要从纵向和横向两个维度上助力中国式现代化建设（如图1–26所示）：

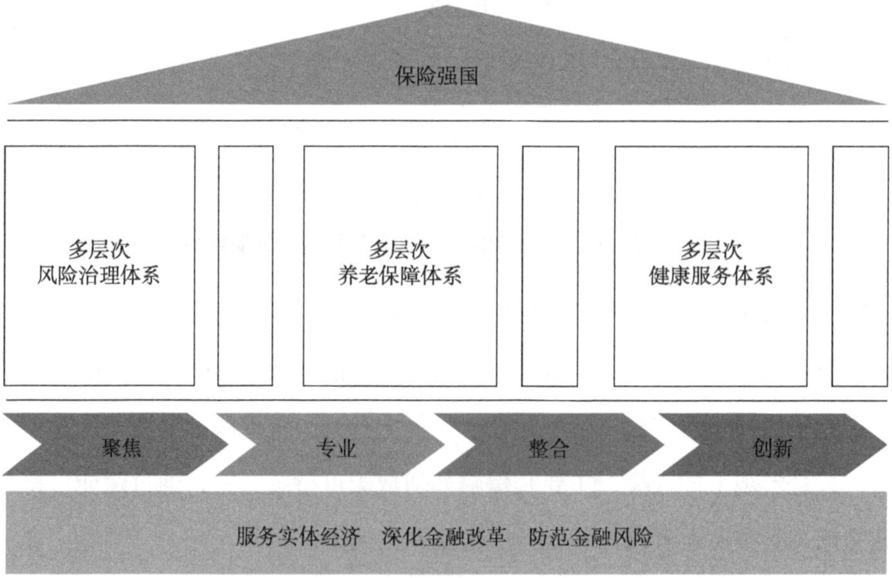

图1–26　保险服务中国式现代化的自适应发展路径

一是重新认识保险。保险是一种看似简单、实为复杂的客观事物。在40多年里读懂500年的保险历史，看透500年的保险真谛，是一件颇有难度的事情，这就注定了中国保险业的发展是一个自适应过程，是一个不断逼近目标的过程。

二是重新定位保险。着眼于国际国内经济社会发展中的重大问题，充分发挥保险发展基础，实施“现实需求引领计划”，聚焦于“服务实体经济、深化金融改革、防范金融风险”现实问题开展保险业发展的再定位、再规划、再出发，提升保险服务中国式现代化的能力，助推中国多层次风险管理体系建设，包括多层次风险治理体系、多层次养老保障体系、多层次医疗保障体系等，为中国式现代化发展贡献力量。

“十四五”时期，是我国由全面建成小康社会向基本实现社会主义现代化迈进的关键时期，我们要深刻认识我国社会主要矛盾变化带来的新特征新要求，深刻认识错综复杂的国际环境带来的新矛盾新挑战，增强机遇意识和风险意识，立足社会主义初级阶段基本国情，保持战略定力，办好自己的事，认识和把握发展规律，发扬斗争精神，树立底线思维，准确识变、科学应变、主动求变，善于在危机中育先机、于变局中开新局，抓住机遇，应对挑战，趋利避害，奋勇前进。

千磨万击还坚劲，任尔东西南北风。进入新时代，对于中国保险业来说，要居安思危、增强忧患意识，要清醒地看到日趋激烈的国际竞争带来的挑战更加严峻，要清醒地看到前进道路上的困难和风险更加复杂，要坚持用习近平总书记新时代中国特色社会主义思想武装头脑，要增强“四个意识”、坚定“四个自信”、做到“两个维护”、经受“四个考验”、防范“四个危险”，不为任何风险所惧，不为任何干扰所惑，使中国保险业道路越走越宽广，让中国保险业制度越来越完善。

第二篇　中国产险业的“中国故事”

山重水复疑无路，柳暗花明又一村。

——《游山西村》（宋·陆游）

党的二十大报告共16次提及风险，包括“风险挑战”“重大风险”“系统性风险底线”“系统性安全风险”等，涉及“环境风险”“金融风险”“安全生产风险”等领域，并指出要提高“防范风险”“化解风险”“风险监测预警”“风险专项整治”的“风险能力”和“风险本领”。随后发布的《中共中央关于认真学习宣传贯彻党的二十大精神的决定》在贯彻部分强调了四个方面的内容，其中之一就是“防范化解风险挑战”。因此，中国财产保险业（以下简称“产险业”或“财产保险业”）必须正视中国式现代化进程中的风险，积极助推中国多层次灾害治理体系建设，为中国式现代化建设贡献保险力量。

回顾中国产险业的发展，虽然取得了显著成绩，但尚未进入高质量、可持续、自适应发展阶段，有时我们不禁反问“产险到底怎么了”？这不是一个问题，真正需要产险公司回答的问题是：我们在哪里？我们去哪里？我们如何去？

“产险存在的突出问题与成因分析”，虽然没有面面俱到，但是如果我们选择“再定位、再规划、再出发”，就要进行“祛病”“减肥”“提质”。

“风险的多样性与产险公司的单一性”，87家产险公司所表现的共性难以适应我国风险型社会的到来，保险监管部门要考虑放开财产保险主体的准入。

“过去20年产险公司靠什么活着？”，时过境迁，今日之保险已非昨日之保险，如果我们选择“再定位、再规划、再出发”，就要靠自己活着。

“过去20年产险公司失去了什么？”，“塞翁失马，焉知非福”，逝去的已然失去，活下来就要面向未来。

“过去20年产险公司收获了什么？”，无论是成就还是失败，这些将决定未来20年我们如何走，因为“当下的经验，包含着过去与将来”，同时“经验，制造一切未来；经验，是所有过去的成果”。

“过去20年产险公司缺少了什么？”，既不是“金木水火土，有缺又相克”，也不是“柴米油盐酱醋茶，般般都在别人家”，关键还在于我们学习什么，如何学习。

“未来5/10/20年产险公司怎么办？”，未来5/10/20年，产险业要实现崛起，需要满足四个条件：一是强化保险优势，二是补齐风险短板，三是挖掘科技潜力，四是构建新的科技、风险和保险体系。为实现上述四个条件，当前需要做好这三件事：再定位，未来20年再创业；再规划，专业型发展策略；再出发，轻而精运营体系。再定位、再规划、再出发，一切都是为了重塑美好保险！

“未来5/10/20年产险公司的‘再定位’”，再定位一定是基于价值的再定位，产险公司的再定位是什么我不知道，但不是什么我们应该知道：不是“博弈思维”、不是“零和游戏”、不是“风口理论”。

“未来5/10/20年产险公司的‘再规划’”，就是走“另外的路”，产险公司要绕开“地狱模式”去开启“天堂模式”；同时，产险的再规划没有捷径可循，因为“世界上最难走的路就是捷径”，更因为“现在的捷径，就是你未来的弯路”。

“未来5/10/20年产险公司的‘再出发’”，回顾过去20年产险的历史进程，犹如不断向前的列车，满载着岁月的积累和契机。再定位、再规划正是面向未来5/10/20年关键节点的停驻，更是面向未来5/10/20年重要时刻的启程，这一切都是为了一场崭新的再出发。

产险存在的突出问题与成因分析

一、财产保险业发展到底怎么了？

2021年9月2日，中国银保监会办发布《关于推动财产保险专业化、精细化、集约化发展的指导意见》，就财产保险业的发展问题给出了具体的指导意见。回顾产险业过去20年的发展，笔者的第一反应是“财产保险业务发展到底怎么了？”。2019年以来，无论是从国家层面，还是从财产保险业层面，一系列文件相继发布。

2019年5月，中央全面深化改革委员会第八次会议审议通过并印发了《关于加快农业保险高质量发展的指导意见》（财金〔2019〕102号），对农业保险的高质量发展提出了指导意见。

2019年12月，中国银保监会印发《关于推动银行业和保险业高质量发展的指导意见》（银保监发〔2019〕52号），提出了保险业高质量发展的目标。

2020年1月，中国银保监会等十三部门联合印发《关于促进社会服务领域商业保险发展的意见》（银保监发〔2020〕4号），其重要性类比于《国务院关于加快发展现代保险服务业的若干意见》（国发〔2014〕29号）。

2020年5月，中国银保监会印发《关于推进财产保险业务线上化发展的指导意见》（财险部函〔2020〕110号），提出2022年基本建成功能完善、运行高效、基础完备，与银行业保险业高质量发展进程相适应，与广大人民群众财产保险需求相契合的线上化体系，线上化率达到80%以上。鼓励具备条件的公司探索保险服务全流程线上化。

2020年8月，中国银保监会发布《推动财产保险业高质量发展三年行动方案（2020—2022年）》（银保监办发〔2020〕68号），是落实《关于推动银行业和保险业高质量发展的指导意见》的举措。

2021年9月，中国银保监会发布《关于推动财产保险专业化、精细化、集约化发展的指导意见》（银保监办便函〔2021〕1029号），明确了财产保险业2023年的发展目标。

还有2020年1月印发的《关于加快推进意外险改革的意见》、2020年5月印发的《信用保险和保证保险业务监管办法》、2020年9月印发的《关于实施车险综合改革的指导意见》、2020年12月印发的《责任保险业务监管办法》……

面向“十四五”和2035年，对照《“十四五”规划建议》和《“十四五”规划纲要》，中国财产保险业如何自发地融入国家发展大局，如何自觉地服务国家经济社会发展，这直接关系中国财产保险业的未来发展。

面向“十四五”和2035年，中国财产保险业将何去何从？这涉及财产保险业、涉及87家财险公司，涉及14大险种，涉及国家宏观经济政策，涉及“双循环”“共同富裕”“乡村振兴”“碳达峰和碳中和”“中国式现代化”……当然，最重要的是财产保险业如何“把握新发展阶段，贯彻新发展理念，构建新发展格局”。

二、财产保险业存在的突出问题

“十三五”期间，对中国财产保险业而言，是全面市场化发展的五年，是快速发展的五年。在这一发展时期，一方面我国财产保险业实现了快速和跨越式发展，另一方面传统粗放式发展的问题和矛盾凸显。中国产险业虽然取得了可喜的成绩，但从行业发展的视角看，仍存在一些突出问题，其中一些属于基础性问题。面向“十四五”的新形势和新挑战，财产保险也面临较为严峻的挑战，其中理念、能力和文化层面的问题更为突出：

（1）在理念方面，主要表现在科学和创新发展理念不够清晰，整个行业在经营管理中存在模糊、矛盾和冲突的地方，贯彻和落实经营理念缺乏行之有效的举措，尚未形成科学和创新发展的行业氛围和能力。

（2）在目标方面，主要表现在战略研究职能缺位，发展目标和路径不清晰。自身发展，特别是专业能力缺乏定位，对标国际产险业乃至国内寿险业发展的研究不足，基本停留在传统发展思维和模式上，没有形成特色发展的思路和模式。

（3）在业务方面，主要表现在业务结构问题突出，在专业化能力不足的背景下，产险业整体业务结构相对单一，业务发展不平衡，客户群和营销渠道相对有限，业务发展空间有局限，经营的稳定性相对较弱，承保亏损问题较为突出。

（4）在能力方面，主要表现为专业和创新能力不足，产险的发展、创新和盈利能力相对较弱，部分产险公司、产险业务和产险渠道运营管理标准化程度较低，业务管控、费用管理等较为粗放，在运营效率、管理质量和风险管控，尤其是成本控制等方面存在较大提升空间。

（5）在组织和人员方面，主要表现为组织协同能力和专业优势方面的问题。产险公司普遍存在部门职责划分不清、垂直指导能力不足、精细管理缺乏手段、考核机制导向不清等问题。人力资源发展缺乏规划，责任落实缺乏机制，专业人才队伍培养、储备不足。

（6）在文化层面，主要表现为行业文化建设的落实力度不足，文化建设重视不够，专业精神缺失，专业能力还有待改善。行业文化建设仍停留在抽象和口号层面，未能与行业发展有机融合，未能形成具有中国文化特色的经营能力和优势。

三、财产保险业问题的成因分析

纵观财产保险业“十三五”期间存在问题的成因，既有外部因素，更有内部因素；既有客观因素，更有主观因素。为了确保“十四五”期间实现科学的发展，其前提和基础是认真和系统分析存在问题的成因。

（一）客观和外部因素

一是全球产险业处于相对不景气周期，导致财产保险竞争激烈，保费充足度不足，再保险市场供给不足且价格上扬，使得财产保险市场面临较大挑战。

二是我国保险市场仍处于发展的初级阶段，市场不规范，乃至恶性竞争问题较为突出，财产保险公司从“依靠车险”转向“大力发展非车险”的经营目标，在一定程度上扰乱了市场秩序，导致行业的总体盈利水平低下，对发展和盈利形成了双重压力。

三是监管制度相对滞后，简单的“保姆式监管”，限制了产险创新发展和专业化经营的空间，导致难以通过市场竞争形成有序的市场。

四是在市场经济发展的大环境下，资本开始对产险公司失去兴趣，这直接制约了产险业未来的发展，特别是处于初创期的产险公司，缺少了资本所形成的强有力的支持。

（二）主观与内部因素

一是大多数产险公司作为风险管理者、风险经营者，无论是管理层，还是全体员工，对专业化发展的理念，特别是对“新发展理念、新发展阶段、新发展格局”经营理念的认识不足，落实不力，并未真正形成专业化发展的共识，缺乏相应的能力。

二是大多数产险公司开拓创新和艰苦创业的精神不足，进取、开拓和责任意识存在弱化现象。在产险发展过程中，尤其是面临困难和挑战时，更多地强调客观和外部因素，未能形成积极进取、攻坚克难的行业文化和精神，没有形成具有该行业中国特色的发展模式和道路。

三是大多数产险公司缺乏战略思维能力，对产险整体市场观察、认识和研究不足，未能形成可持续发展的核心竞争力，以及公司发展的整体和阶段性战略。发展目标缺乏中长期合理规划和科学考核支撑，战略驱动力不足。

四是大多数产险公司经营管理体系不够健全，管理模式相对粗放，管理制度科学性、规范性和专业性不足，尚未形成真正意义上的专业能力。具体表现为：业务和渠道结构较为单一，业务增长更多依赖费用拉动，缺乏有效营销模式，市场拓展能力较弱，理赔和客户服务的专业化水平不高，内控制度落实不够有力，信息技术和科技能力相对较弱，运营效率和管理效能有待提升。

五是大多数产险公司和人员的市场和专业能力锻造相对滞后，影响了行业的发展战略和专业化定位目标的实现，也导致了行业不得不陷于低水平竞争局面，尚未形成行业专业化能力打造的长期和有效机制。

六是大多数产险公司品牌建设意识相对薄弱，由于缺乏品牌和行业文化建设意识，重视程度和投入相对有限，导致产业的知名度和美誉度均存在建设不足和影响不大的情况，在一定程度上影响了行业长期发展的核心能力。

综合来看，当前对于我国财产保险市场，尤其是对于中小财产保险公司来说，面临的市场环境已经形成：一是就发展空间而言，人身保险行业的机遇相对更大，导致产险业面临更大的挑战；二是大型保险公司的市场优势将得到进一步强化，挤压中小保险公司的发展空间；三是地方系财产保险公司面临商业模式探索创新的艰巨任务；四是地方系中小财产保险公司聚焦于专业化和本地化面临较大的挑战。

面向“十四五”，产险公司要以贯彻落实党的二十大精神为契机和抓手，认真分析形势，特别是强化优势，解决劣势，把握机遇，迎接挑战，坚持科学发展观，继续以“新发展理念、新发展阶段、新发展格局”为引领，遵循保险行业的内在规律，深刻理解行业及变化趋势，准确制定公司战略，继承和创新相结合，挖掘行业价值、提升盈利能力，将公司打造成为“专业化、精细化、集约化”的公司。

风险的多样性与产险公司的单一性

一、财产保险市场主体概况

截至2021年底，中国财产保险市场，共有87家产险公司，经营14大类险种，无论是远观还是近观，其表征基本一致：全国性财产保险公司，或者正在成为全国性财产保险公司；综合性财产保险公司，或者正在成为综合性财产保险公司；集团性财产保险公司，或者梦想成为集团性财产保险公司；车险公司，或者正在被车险抛弃的财产保险公司；其他保险公司，或者正在成为其他保险的财产保险公司；大数法则公司，或者正在被大数法则抛弃的财产保险公司……保险公司，或者正在被保险抛弃的财产保险公司。

另外，财产保险市场的发展寄希望于互联网，却从来没有思考保险为互联网贡献了什么？互联网又为保险贡献了什么？寄希望于保险科技，却从来没有思考保险为科技贡献了什么？科技又为保险贡献了什么？

显然，87家产险公司所表现的共性难以适应我国风险型社会的到来态势，国家是时候考虑放开财产保险主体的准入了。中国财产保险业需要更多的市场主体来“物竞天择”，中国市场经济需要更多的市场主体来“保驾护航”。

二、财产保险市场风险的多样性

当今社会是一个高度信息化的社会，科学技术不断革新，信息和信息技术革命在全球展开，其发展趋势已经成为不可逆转的历史潮流，改变着世界的面貌和格局。与此同时，我们面临的风险也随着科技化、信息化、全球化而变得更具复杂性和多样性。

高风险已经成为中国当前的典型特征之一，或者说我们已经步入风险社会（Risk Society），主要原因如下：

（1）风险是种自反现象（Reflexivity）。风险固然也是危险，但不同于一般的“客观”危险，因为危险古来有之，不足为奇。风险是由于主体自身的选择而带来或引发的危险，所以是“自反性”的问题。这表明，风险问题是“二阶”的，不是自然本身就有的。但是，因为人总得活动，而活动必然要选择，选择就有对错，所以对于具有主体选择能力的人而言，风险是永在的，也就是行动的一种本体论现象。问题在于，为什么古代社会没有“风险”一说？那是因为古代社会发展缓慢，其状况相当于牛顿力学的惯性系（惯性参照系），其变数和影响可以忽略不计。而现代社会由于发展“越来越快”，人对自然的参与越来越多，干预度越来越大，风险也就随之成正比增长。所以，风险是个典型的现代性问题，是发展引发的二次“浪潮”，是发展问题。

（2）风险是发展的内爆现象（Implosion）。一般说来，风险也是有“级别”的。小的具体的风险正是目前保险所关注的对象；对于事关人类命运的全局性的巨灾风险，还没有触及财产保险的经营问题。问题在于，究竟什么样的自反性能够引发大风险呢？这就涉及工业社会以来由社会发展或现代化引出的大问题，风险作为发展中的重大危险和灾难等大问题，是发展本身的内爆现象，是“现代性”问题的集中体现。

随着中国步入风险型社会，相应的保险保障因素也需要无形地、广泛地渗透到人们的生产生活中，因为保险需要慢慢成为人们社会生活的基础，并最终成为新形态社会中社会正义的基石。或者说，保险需要从一种经济现象转变为一种社会范畴，因为只有当社会契约成为一种类似保险合同的关系时，保险才能处于现代社会的核心，中国社会也才能真正迈进现代社会。

当前，我国财产保险业显然还没有准备好，没有准备好成为现代社会的核心，更没有准备好助推中国迈进现代社会。这么重大的历史使命，87家产险公司根本无法承担，我们需要更多的市场主体来保障风险的多样性。如果20年之后，我们再来思考这个问题，那时将比“商业养老保险如何参与多层次养老保障体系建设”这个问题还要复杂，所以建议尽快研究放开财产保险市场主体准入问题。

三、财产保险市场主体的单一性

（一）中美保险市场主体比较

截至2021年底，中国共有保险法人机构235家，其中保险集团和控股13家、再保险7家（不含外国再保险公司分公司7家）、产险88家、人身险91家、保险资产管理33家、农村保险互助社3家。

美国保险监督官协会（NAIC）公布的数据显示，截至2020年末美国共有5929家保险公司，其中寿险和年金（Life/Annuities）843家、财产和意外险（Property/Casualty）2476家、健康险（Health）996家、互助救济保险/兄弟会（Fraternal）81家、产权保险（Title）62家、风险自留集团（Risk Retention Group）245家、其他（Other）1227家。2001年至2020年美国国内保险公司数量变化趋势如图2-1所示。

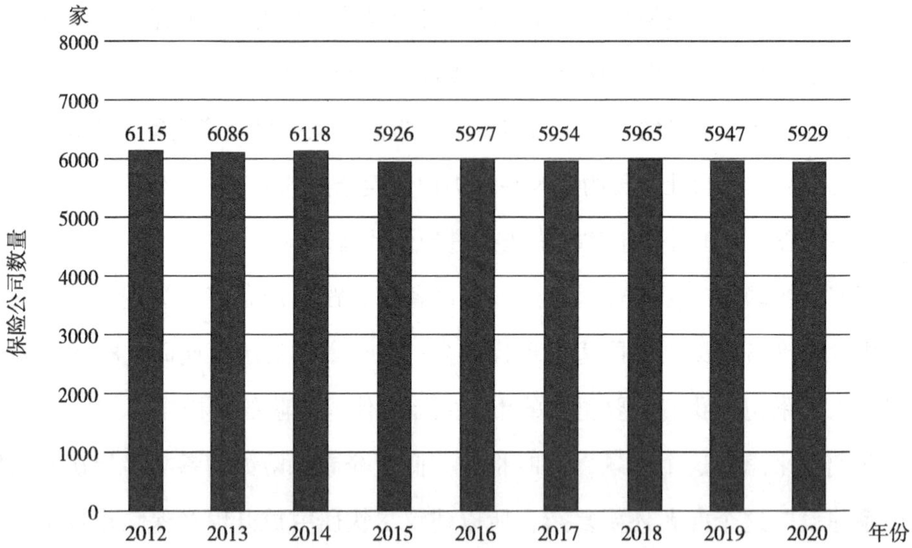

图 2–1　2012—2020 年美国国内保险公司数量（不含核准的国外保险公司）

中国作为世界第二大经济体，占美国GDP的77%；与此同时，中国作为全球第二大保险市场，占美国保费收入的比例约为35%。同期，中国保险公司数量占美国的比例仅为4%（235/5929），这样的市场主体结构显然不符合当前中国的国情。

（二）中国财产保险市场主体反思

中国财产保险市场共有87家主体，其中中资公司65家，外资公司22家（信利保险已变更为再保险公司，2021年批筹的融通财险已于2022年2月8日取得银保监会开业批复，目前筹建中的为中国渔业互助保险社）。

对于美国财产保险市场而言，财产和意外险公司有2476家，产权保险公司有62家，风险自留集团有245家，其他公司有1227家，都在经营财产保险。

反观中国财产保险市场，中国财产保险市场现有综合性产险公司、车险公司、农险公司、责任险公司、航运险公司、自保公司、相互保险公司、农村互助社等种形态，但这8种形态都演变成了“综合性财产保险公司”，或者正在成为“综合性财产保险公司”。

反观中国财产保险市场，我们有全国性公司、区域性公司和互联网公司3种形态，但都演变成“全国性财产保险公司”，或者正在成为“全国性财产保险公司”。

反观中国财产保险市场，我们有车险公司和非车险公司，但都演变成了“车险公司”，或者正在成为“被车险抛弃的财产保险公司”。

反观中国财产保险市场，我们寄希望于互联网，却从来没有思考财产保险业为互联网贡献了什么？互联网又为财产保险业贡献了什么？比如“退运费险”，保险公司靠“条款”经营“保费”；互联网平台靠“大数据”经营“客户”。再比如“百万医疗”，保险公司靠“分期”经营“保费”，同时出卖自己的“信誉”；互联网平台靠“人性”经营“规模”，同时出卖保险公司的“牌照”。

这样的情况比比皆是，对于“保证保险”，保险公司经营“条款”而不是“风控”；对于“健康险”，保险公司经营“条款”而不是“客户”；对于“意外险”，保险公司经营“通道”而不是“保险”；等等。

“风险的多样性与产险公司的单一性”这个问题有没有解法？答案就是“放开财产保险市场主体的准入”，保险监管部门管好“偿付能力和消费者权益”就行了。在新时期新形势下，要充分认识财产保险的问题，只有这样才能发挥财产保险对社会经济协调发展的作用，才能有利于拓宽财产保险发展空间，使财产保险业在更深层次和更广领域参与到国民经济和社会发展的全局工作中，提升财产保险业在社会经济中的地位。

过去20年产险公司靠什么活着？

一、财产保险主体生存反思

过去20年产险公司靠什么活着？这不是灵魂拷问，而是“皇帝的新衣”。我们不愿意看到这些答案：靠投资活着（靠大势活着）、靠车险活着（靠非市场化活着）、靠农险活着（靠财政转移支付活着）、靠“保姆”活着（靠监管活着）……唯独没有靠自己活着，但是不要忘记“过去20年不代表未来20年”，过去的“投资、车险、农险、‘保姆’”不可能再延续。

（一）靠投资活着

从全球保险业来看，秉承两大理论：海派和山派。“海派”理论源于地中海地区，以劳合社为主要代表，在管理策略上尤为强调保险是金融的一支，注重公司未来的现金流，指出公司的利润主要来源于对公司资金的有效运用；“山派”理论以德国保险公司为主要代表，认为保险公司更应遵循基尔特制度，提倡互助精神和共同分担，强调保险是一种责任分担，保险公司应在责任分担中追求利润，因而公司利润应主要来源于承保利润。

从“海派”和“山派”理论的分歧及中国财产保险业过去20年的发展来看，中国财产保险业一直信奉“海派”理论。但是，未来20年，中国财产保险业需要考虑一下“山派”理论了。

在过去20年里，中国经济一直处在高速增长中，中国经济总量翻了10倍，超过百万亿元。在这样的市场环境下，投资显然是最好的选择。我们见证了安邦财险（已重组为大家财险）、天安财险（尚在接管中）的“个案”，我们也见证了大多数产险公司承保亏损的“共案”。

未来20年，中国经济的综合实力会超过美国，成为全球第一大经济体，但是随着中国经济增长率下降，保险投资收益率预期也将下行，对于大多数产险公司来说，投资收益将难以覆盖现有的承保亏损。

靠投资活着，产险公司疯狂地扩张规模，除了靠非寿险投资型产品之外，主要靠费用驱动车险发展。非寿险投资型产品已经停售，车险综合改革正在深化中，靠投资活着的基础已经不存在。

（二）靠车险活着

车险这个话题真的不愿意谈，更不想通过数据来分析车险过去20年的发展，主要原因有两点：一是从产险公司来看，多位产险公司总裁表示“公司业务好的时候，看不上非车险；公司业务不好的时候，非车险又来不及”，这就是非车险的命运，也是车险的现状。二是从监管部门来看，管好车险就有了“面子”，因为过去20年财产保险的规模和盈利基本全靠车险，车险也是与消费者关系最密切的一个财产险产品，却也是一个最没有技术含量的险种。

时至今日，消费者已经看淡了车险，为什么产险公司和监管部门的发展观念还没有改变。《关于印发〈中国保监会进一步规范财产保险市场秩序工作方案〉的通知》（保监发〔2008〕70号）将产险业带入盈利高峰，但是并没有改变产险业的发展观念；2014年开始的商业车险改革，再次将产险业带入盈利高峰，也没有改变产险业的发展观念；而对于2020年开始的商业车险综合改革，大家都希望这次是认真的、科学的（也应该是科学的了，否则如何给全国人民一个交代，一个险种费用率超过赔付率），而不是被部分产险公司“监管套利”。

如果2020年的商业车险综合改革是科学的，显然“靠车险活着”的日子已经过去，或者说闭着眼睛“靠车险活着”的市场已经不存在了（挂牌高于市场费用收车险业务的时代已经过去了）。对于大多数产险公司来说，要思考“后车险时代”如何活下去，路径无非有二：一是开始经营“车险产品/车险客户”，而不是经营“车险条款”；二是开始经营“非车险风险”，而不是“非车险条款”。

（三）靠农险活着

与其说农业保险是保险业支持“三农”发展的重要抓手，不如说农业保险是国家通过财政转移支付支持“三农”发展的金融工具。

农业保险是一类相对特殊的保险，离不开财政支持，农业保险保费补贴也是国际通行的政策工具。自2007年中央财政实施农业保险保费补贴政策以来，我国农业保险工作逐步发展，取得积极成效。2020年，全国各级财政共承担保费补贴603亿元，占2020年农险保费815亿元的74%。

农险过去十几年暴露的问题，不是本书的重点，不再一一展开。但是，“靠农险活着”的公司应该明白自己是“靠财政转移支付活着”，而不是“靠农业保险的经营水平活着”。

从2007年以来，全国各级财政补贴的保费累计超过了3600亿元，这对于产险来说也许是一笔糊涂账，但是国家开始算账了，也开始考核这笔财政转移支付的效率了，中国农业再保险公司的成立也许就是一个开始。

显然，未来产险公司靠政策性保险产品活着的日子也将过去，因为对于国家来说，“财政转移支付”也开始注重效率了。农业保险只是一个险种，还有很多社会管理型保险，也正在发生大的变革，如安全生产责任保险。

（四）靠“保姆”活着

回顾财产保险的发展和监管，有时感叹“中国只有一家产险公司”，因为财产保险的监管面面俱到，可谓“保姆式监管”。原中国保监会时代，中国保险业已经建立了基于“市场行为监管、公司治理监管、偿付能力监管”的现代监管体系，但是从过去20年的产险监管历史来看，显然与现代监管体系还有一定的差距。

“保姆式监管”不利于中国产险市场的发展，因为大公司可以游说“保姆”，获取监管套利；有权有势的公司可以引诱“保姆”，获取非市场化待遇；而大多数公司却因为过度依赖“保姆”而丧失了“自理能力”。

回到“市场行为监管、公司治理监管、偿付能力监管”，所有的监管举措应该是明确的、简单的，而不应该是模糊的、复杂的，更不应该给出过多“指导性意见”或“建议”。

二、财产保险主体生存法则

过去20年，对于大多数产险公司而言，基本上是靠投资活着（靠大势活着）、靠车险活着（靠非市场化活着）、靠农险活着（靠财政转移支付活着）、靠“保姆”活着（靠监管活着）……唯独没有靠自己活着。

“人活着，靠自己”的道理我们都明白，为什么不适用于产险公司？如果说20年以前我们担心“狼来了”，采取了一些非市场化的手段；难道20年后的今天我们还要寄希望于这些非市场化的手段？

未来20年产险公司靠什么活着？答案也非常简单：再定位，未来20年再创业；再规划，专业型发展策略；再出发，轻而精运营体系。这些可概括为数字化、智能化、专业化、精细化、集约化……这涉及理论体系、文化体系、组织体系、能力体系、动力体系、资源体系……

过去20年产险公司失去了什么？

一、财产保险主体生存反思

过去20年产险公司失去了什么？又得到了什么？20年，一代人的时间跨度。回望过去20年，我们为了“保费”这一棵树而放弃了“保险”这一片森林，等蓦然回首却发现：失去了产品、失去了渠道、失去了客户、失去了数据、失去了科技、失去了互联网……失去了保险，正在失去保险科技、健康科学……这一切的根源在于我们只关注“保险交易”，而没有关注风险交易、服务交易、科技交易、制度交易、权利交易……

二、财产保险主体所失去的市场

（一）失去了产品、渠道、客户、数据

保险经营的基本要素是产品、渠道、客户，这三个要素构成了保险经营的“铁三角”，而支撑这个“铁三角”的是数据。

渠道是连接产品和客户的桥梁，通过线下推广或线上投放等渠道将消费者吸引进来，客户选购他们满意的保险产品并最终发生交易，实现消费者到客户的转化，而客户的行为或者对保险产品的体验会产生相关的数据，我们通过数据分析，发现问题并提出解决方案，用数据分析来优化和改进产品的体验度。这样，四者之间既存在一定的直接联系，又存在必然的间接关系，构成了保险运营的“铁矩阵”。

回望过去20年，保险运营的“铁矩阵”成了概念，我们看到：产险公司经营“条款”而不是“产品”；产险公司的“渠道”是被4S店、修理厂等绑架的“渠道”；产险公司的“客户”掌握在“渠道”手中；产险公司的“数据”是“错、假、脏数据和垃圾数据”。无论是产品、渠道、客户构成的“铁三角”，还是产品、渠道、客户、数据构成的“铁矩阵”，大多数产险公司都失去了，虽然收获了“保费”，结局却是“狗熊掰棒子”。

（二）失去了互联网

“互联网+保险”，其本质还是保险，同时又是矛盾的对立统一体。互联网要求能创新，很活跃，思维很开放，但是保险要内敛、稳定、安全。这是互联网保

险应该有的状态，“互联网+保险”需要技巧，而且需要有一定的境界，结果却是我们失去了保险，也失去了互联网。

过去10年，互联网财产保险市场实现了高速增长，规模从2011年的22亿元增至2021年的862亿元，年化增长率为42.26%，而同期产险业年化增长率仅为11.09%。从数据上来看，产险在互联网上好像名利双收，有上市的众安、廉价待估的安心、被接管的易安、依靠保险上市的水滴、上市夭折的蚂蚁集团……

【案例1】2019年5月，笔者应邀去某保险平台交流，在现场提出“网络互助对于公司来说已经是鸡肋”，因为在现有监管政策下，公司要谋求上市就必须剥离“网络互助”。当时创始人高谈“初心”，结果我们已经看到，2021年3月各大平台相继关闭“网络互助”。

2021年5月，该保险平台上市后，邀请笔者写点东西，笔者回复了两句话：“公司初心变了？公司为保险业贡献了什么？”其结果也就不了了之。

互联网平台为保险业贡献了什么？保险业又为互联网平台贡献了什么？

显然，产险公司为互联网平台贡献了放大人性贪婪和恐惧的“保险产品”，包括首月0元加入、首月1元保费、上百万元保额的产品……除了这些产品，产险公司还支付了甚至高达70%以上的费用。

产险公司获得了什么呢？获得了略有盈利的保费，获得了只有“姓名、身份证”的客户，甚至是没有身份证的客户，获得了消费者的投诉。除此之外，我不知道获得了什么。但是这背后却透支了保险业的信誉，更是对于消费者保险意识的“过度开发”。

【案例2】2019年11月，笔者应邀去某宝平台交流，现场就“网络互助是不是保险”展开了讨论。显然按照国际惯例和中国现有法律法规，网络互助是相互保险的一种类型（如何纳入监管是另外一个问题）。当时，笔者就问了一个问题“某宝衍生的其他保险收益应该归谁？”因为不回答这个问题，所有的“善意”

都是假的。

2020年9月，笔者再次应邀参加了某宝平台承办的研讨会，再次问了“某宝衍生的其他保险收益应该归谁？”这个问题。当然也无解。

后来，根据该集团IPO时披露的报告初步测算，某宝衍生的其他保险收益远远超过了某宝历年救助金额。可见，所有的“善意”也都是假的。

互联网平台为保险业贡献了什么？保险业又为互联网平台贡献了什么？这样的案例比比皆是，产险公司虽然交了学费，但是却没有学会互联网平台“引流、留存、转化、复购、裂变”的逻辑，甚至天真地以为这些平台不是为了“引流”而是为了“向善”。

（三）失去了科技

保险业应该算是非常重视科技的行业了，我们每年都会看到新科技产品在保险公司落地。对于产险公司来说，总部费用最大的一块是人力成本，其次就是科技投入。

产险公司，从开业就陷入了科技投入的无底洞，如果经营车险更是陷入了深渊。为什么呢？一是因为监管政策天天变，二是因为车险年年变，三是因为公司决策月月变，四是因为公司人员习惯时时变……时时变、天天变、月月变、年年变，真的应了那句话——“世界上唯一不变的是变化本身”。

科技如此重要，产险公司投入也算慷慨，收获了什么呢？回望过去20年，产险公司收获了“Demo+补丁+Bug”的信息系统，一个开放源代码也无用的系统。

【案例3】产险公司只要涉及分支机构的会议，分支机构“怨天怨地”之后就是“怨IT”，IT部门下来就去“骂”某软件公司。

这样的场景重复了20年，却发现这家软件公司已经上市，一段时间甚至成为保险科技板块的第一大股。回过头来看，这家软件公司的商业逻辑没有问题，也非常简单：提供产险公司一个Demo，产险公司根据需要任意加“补丁”，出了

Bug再修改；过几年再循环一次，还是“Demo+补丁+Bug”。

科技平台为保险业贡献了什么？保险业又为科技平台贡献了什么？科技平台基于自己的商业逻辑为产险业打造了“Demo+补丁+Bug”的信息系统，实现了自身的商业价值，并让产险公司离不开自己；而产险公司学会了“骂人”和“一句话的需求”。

（四）正在失去保险科技、健康科学

产险公司已经失去了互联网，失去了科技，不能再失去保险科技了，因为保险科技也许是最后的机会了。

保险科技是科技与保险的融合，侧重通过科技手段推动保险创新，更加强调科技的主观能动性。同时，依据保险创新程度判断科技推动效果。科技要素与保险要素的深度融合是保险科技的重要特征。保险为本，科技为器。同时，融合是一个过程，一个量的积累过程，当突破了临界点就可能实现“颠覆”，所以，无论是科技颠覆了保险，或新保险颠覆了传统保险，这些都不是空穴来风。

关于保险科技，其涉及的理论属性、科学假说、科学理论，可谓百花齐放。但是，我们只需要记住下面这一点就够了——保险科技最核心的功能就是实现保险风险流量化而不是存量化，让现代保险从“蓄水池”的传统保险走向“流量蓄水池”，乃至“流量池”的未来保险。

过去20年产险公司收获了什么？

一、财产保险主体生存反思

过去20年产险公司失去了什么？失去了产品、渠道、客户、数据，失去了互联网，失去了科技，正在失去保险科技、健康科学，失去的几乎是所有那个年代最美好的东西。

同样，过去20年产险公司收获了什么？回首20年，也许因为我们还年少轻狂，正如德国作家托马斯·曼（Thomas Mann）在《布登勃洛克一家》中所写的那样，“在这样的年龄，生活还没有撞疼我们，责任感和悔恨也还都不敢损伤我们，那时我们还敢于看，敢于听，敢于笑，敢于惊讶，也敢于做梦”。产险公司收获了：行业（虚假繁荣）、市场（一波未平一波又起）、监管（劳而无功）、股东（食之无肉，弃之有味）、高管（新三年，旧三年，缝缝补补又三年）、员工（重复人生）、客户（保费与赔款的大小）……社会（保险原来是这样的）。

过去的20年可谓波诡云谲，产险公司的收获也许是成就，也许是失败，但这些将决定未来20年产险公司如何走，因为“当下的经验，包含着过去与将来”，同时“经验，制造一切未来；经验，是所有过去的成果”。

二、财产保险主体所收获的市场

（一）市场：一波未平一波又起

2002年的航意险风波。航意险的“假保单、高费用”被曝光，社会大众第一次明白原来还有“假保单”，原来保险可以给这么高的手续费。这次风波之后航意险虽有所改变，但是无奈“渠道为王”，手续费还是一样的高。

2003年的车贷险紧急刹车风波。产险公司第一次感觉被客户骗了，被银行骗了。这次风波之后，车贷险基本退出中国产险市场10年。

2007年的交强险风波。交强险实施一年后，一群律师叫板监管部门，叫板精算师；监管部门冲锋陷阵，精算师选择了沉默，结果就是交强险的调整。

2008年的“70号文件”。面对产险市场的疯狂，监管部门采取了“非市场化”的垄断手段，不知是救了行业，还是救了个别公司。随着2014年国家发展改革委认定浙江保险行业违反《反垄断法》，这场“非市场化”监管才算收尾。

2013年开始的创新风波。2011年之后，产险公司在互联网上蠢蠢欲动，随着2017年发布的《财产保险公司保险产品开发指引》，这次风波也画上了句号。

2016年开始的保证保险风波。2016年浙商保险踩雷“侨兴债”之后，多家产险公司前赴后继，相继“爆雷”，这涉及消费贷、房抵贷、供应链金融……当然，车贷险再次被“骗”了。

2017年开始的意外险风波。随着P2P监管的趋严，意外险成了帮助P2P满足年化利率最高36%要求的金融工具，多家产险公司深陷其中。2019年银保监会下发了《关于开展现金贷等网贷平台意外伤害保险业务自查清理的通知》，产险公司意外险的虚假繁荣不再。

2018年的非寿险投资型产品风波。2017年第五次全国金融工作会议之后，在金融强监管下，非寿险投资型产品最大的受益者——安邦财险已改名为大家财险，天安财险已被银保监会接管，一切还在进行中……

2019年的车险综合改革风波。这是2014年车险改革失败的延续，因为改革的结果是综合赔付率远远低于预定的65%目标，相反部分省份出现了费用率高于赔付率的现象，这一次精算师还是选择了沉默，但是社会大众已经苏醒了。

2020年新冠疫情中保险捐赠风波。原来保险金额都是虚的，社会大众明白了保险原来可以这样玩。

面向“十四五”，产险业正在痛定思痛，正在谋定未来，正在秣马厉兵，正在乘风破浪，正在披荆斩棘……

（二）股东：食之无肉，弃之有味

截至2020年末，投资者为产险公司注资接近3600亿元，但是收获了什么呢？收获了一张“食之无肉，弃之有味”的产险公司牌照。

对于产险公司的股东来说，可实现收益最大的时期是“2014—2016年”，因为此时P2P是疯狂的，投资者的钱也不是自己的，但是大多数产险公司股东以为这是“常态”，结果是我们看到最近几年产险公司的股权被廉价出售，甚至无人问津。

笔者最近做了两个课题，一个是某省金融监督管理局的《地方法人保险机构高质量发展研究》，一个是某政府投资平台的《关于设立××保险公司的可行性研究》，课题内容不方便透露，给大家简单分享一下其中的观点：

（1）《地方法人保险机构高质量发展研究》。这家保险机构能成长起来吗？怎么快速成长起来？成长起来需要再注资多少？……问题的背后还是问题，这家保险机构成长起来有价值吗？这家保险机构的最大价值是多少？……

显然，最后的结论是应该放弃这家保险机构，应该把资金用在保险周边、上下游的产业链上，把保险机构置入其中，没有必要打造一家“四不像”的综合性、全国性产险公司。

可见，部分地方政府也不再疯狂，因为没有看到这家保险机构的价值，或者说类似保险机构的故事听得太多了。

（2）《关于设立××保险公司的可行性研究》。设立这家公司干什么？能不能干起来？按照现在的监管这家公司能成立吗？……同样，问题的背后还是问题。这家保险机构成长起来有价值吗？这家保险机构的最大价值是多少？……

显然，最后的结论是要打造一家保险科技公司，先通过“科技+多家保险公司”把业务立起来，同步再推进保险牌照的申请，因为业务立起来了，有没有牌子也不影响项目的价值。

可见，资本也不再疯狂，资本还是要追求价值的，没有价值的公司就好比垃圾股。

（三）高管：新三年，旧三年，缝缝补补又三年

前段时间看到一则新闻，“中国华融，预计2020年净亏1029亿元！”。除了惊讶之外，大众都习惯性地认为“中国华融的窟窿不可能超过1000亿元”，因为在产险业摸爬滚打几年都明白“新官如何理旧政”。

产险公司的总公司、分公司、中心支公司、支公司的“新官”上任后第一件事情就是“把问题往死里整”，要置之死地而后生；第二年靠着第一年的积攒（未决准备金释放以及低估）活过一年；第三年如果无计可施，拍拍屁股走人，换一家重新来过。这就是我们看到的部分保险职业经理人的“新三年，旧三年，缝缝补补又三年”。

（四）员工：重复人生

记得多年前看过一个短片《重复人生》，在这秩序井然的社会中，人人像蚂蚁一样机械地生活着，而当一个异类出现时……

过去20年，对于产险人来说，日复一日的工作已经变成了固定轨迹的公式，缺少了激情，更缺少了偶然事件等变量，我们期待《重复人生》中的“美丽女郎”。

过去20年，产险公司还收获了“行业：虚假繁荣”“监管：劳而无功”“客户：保费与赔款的大小”……“社会：保险原来是这样的！”。这些已经不重要了，因为今天我们开始关注“产险到底怎么了？”。笔者相信明天产险的公式、产险人的公式就会悄然发生改变……

过去20年产险公司缺少了什么?

一、财产保险主体生存反思

过去20年产险公司失去了什么？收获了什么？为什么会产生这样的局面？过去20年产险公司到底缺少了什么？

过去20年产险公司缺少了什么？从过去20年的发展来看，我们从来没有缺少梦想、激情、创新……产险公司最缺少的是学习，是学习的能力，是学习的理论，因为当前所有的“果”正是产险公司学习的“因”：学人保、学平安……学会了做梦，但是产险公司不能靠梦想活着，并忽视环境；学巴菲特、学M老板……学会了布局，但是保险帝国不是一天建成的，并忘记国情；学众安、学蚂蚁……学会了互联网，但是人家是“玩资本”，你却天真地“卖保险”，并忘记“基因”……学到了皮毛，没有学到精髓，结果是失之毫厘，谬之千里。

过去20年，产险公司天天在学习，结果为什么会这样，因为学习不等于认知，更不等于实践，学习也有学习理论（学习不是为了获取知识，而是为了提升认知，进而改善实践）。再反问一句，过去20年产险公司都学了什么？

二、产险公司最缺少的是学习

（一）股东（控股股东和小股东）

中国的产险公司基本可以分为两类，一类没有控股股东，一类有控股股东，其表现也一目了然。

一是没有控股股东，各股东或派系比例相差不多，这样的产险公司在中国没有任何价值。因为，各股东想的是如何多捞点利益，如果不能实现自己的利益就否定一切，甚至采取“暴力手段”；董事会是各股东的代表，想法和股东完全一致；管理层想的是如何实现“管理人控制”，如何实现相互制衡。

这类公司当然也有个案，管理层靠一己之力，洗牌了国有股份，稀释了其他股份，通过非自有资金甚至保险公司资金控制了公司，其结果我们也看到了……

这类公司的股东是不学习保险的，因为管理层已经给他们描绘了美好蓝图。这类公司的股东会那就是摆设，大家不讨论公司怎么发展，而是阐述自己是如何做公司的，最后的表决完全看心情。

二是有控股股东，又分为保险集团和非保险集团。无论是国企控股，还是民营控股，大家学习的都是“保险帝国如何一天建成”，有已经建成的，还有正在建设中的。

这类公司除国有控股之外，保险帝国最大的好处是廉价资金，有了这些资金之后又飘飘然地认为自己无所不能，根本没有抱着做保险的心态做保险，而是“跳出保险做保险”，其结果我们也看到了。

这类公司的股东是学保险的，国有控股股东学人保、学平安……学会了做梦；民营控股股东学巴菲特、学M老板……学会了布局。

（二）董事（执行董事、非执行董事、独立董事）

董事会是产险公司的领导核心，董事会实行的是“一人一票”的集体决策机制。董事会的主要职能是“定战略、做决策、防风险”，董事会是一家公司的核心战略决策中心，而其决策能力又取决于董事的个人素质。

产险公司的董事有执行董事、非执行董事、独立董事，对于大多数公司来说，这些董事的主要工作就是审议各种监管报告，基本上与“定战略、做决策、防风险”无关。这些董事每个人都有很深的资历，当然也不排除有打酱油的，但是又能有几个关注保险的，别说学保险了。

大多数产险公司的董事会就是形同虚设，向上没有否决个别大股东说了算的能力，向下没有限制管理层内部人控制。董事会与股东、管理层之间根本没有形成相互信任、相互制约、休戚与共，共同推动公司成长的关系。

为什么会这样，主要原因在于董事会不学习，在保险不谈保险，却天马行空。

（三）高管（董事长和总经理室）

高管来源就更复杂了，来自五湖四海，有来自保险的，有来自非保险的；有来自大公司的，有来自小公司的。每个人都带来了原来公司的经验，承保是A

的，理赔是B的，客服是C的，人力是D的，投资是E的……简直就是一条“五线谱”，但是美妙的歌曲在哪里？

ABCDE的背后是“看葫芦画瓢”，结果一定是“1+1<1”，这样的公司还没来得及整合，又换了一拨人，谈何企业文化！为什么会这样，因为我们的高管不愿意学习，奉行的是“拿来主义”和“经验主义”。

笔者在多个场合曾谈到，“中国保险职业经理人太聪明，不需要学习；偌大的一个保险市场竟养不活几家咨询机构”。为什么会这样？咨询机构说得也非常简单，因为这些职业经理人太聪明：一类是滔滔不绝、谈古论今，咨询公司就是速记员，做个PPT就皆大欢喜。显然这类咨询对公司没有价值，对咨询公司也没有价值，因为PPT早就丢进垃圾桶了。另外一类是不说、不看、不听、不屑，咨询公司全力以赴，等汇报时却发现职业经理人开始高谈阔论、否定一切，咨询公司只好重新做个速记员，做个PPT草草了事。显然这类咨询对公司也没有价值，因为职业经理人不愿意学习新知识，更没有人可以撼动他们的知识体系。

最后，公司的钱投在了ABCDE的人力上，投在了“Demo+补丁+Bug”的系统上，投在了费用驱动的市场上，唯独不投在学习上。因为，高管们给董事会、股东会描绘的“伟大梦想”让自己找不到北，认为“天上会掉馅饼”；或者是因为他们不想被外人戳破这个泡沫。反正股东也不学习，董事也不学习，还不如“新三年，旧三年，缝缝补补又三年”。

（四）行业（总公司各部门、分支机构的产险人）

股东如此、董事如此、高管如此，行业为什么不如此？高管们给董事会、股东会描绘的“伟大梦想”既然是“故事”，就没有打算让这个“故事”讲下去，就好比“某机构老总说要去金门设个分支机构”。

在这样的环境下，整个行业的状态正在发生变化：一是躺平对躺赢的藐视，二是内卷对外卷的嘲讽，三是内爆对外爆的不屑。

（1）躺平与躺赢。“夫唯不争，故天下莫能与之争。”（《道德经》）无欲则刚，躺平者自己定义了个性化的成功，不为别人设定的成功忙碌。无论市场有什么反应，中小公司内心都毫无波澜，对此不会有任何反应或者反抗，都是表示顺从。其结果是大公司“躺着就赢了”，小公司选择躺平之后藐视躺赢。

（2）内卷与外卷。产险业虽然经过20年的发展，但是发展模式既没有办法稳定下来，也没有办法转变为新的形态，而只能不断地在产险业内部进行变革，并且变得越来越复杂；已经演变成了产险公司之间非理性的竞争或“被自愿”竞争，产险公司同业间竞相付出更多费用、更低费率等以争夺有限保险资源，从而导致整个行业“收益成本比”持续下降。产险业当前急需停止内卷，转向外卷，向外拓展新的保险资源，而不是一味地内卷并嘲讽外卷。

（3）内爆与外爆。产险业经过20年的发展，现在正在经历内向的爆炸（内爆），一个直接而严重的后果是整个产业停滞不前；此时，我们看到产险周边的一些新业态（风险减量管理、保险科技、健康科学）正在外爆，产险急需从内爆转向外爆。外爆与内爆相互影响，产险的内爆阻滞，外爆就发展，如果不能及时调整方向，一味地内爆只会导致产险市场空间进一步压缩。

对于产险业来说，无论是躺平还是躺赢，内卷还是外卷，内爆还是外爆，为了这个行业的发展，都应该学习，因为这些网络用语反映的正是行业的病态。面向“十四五”，产险人能否完成自己的使命，达成预定的目标，其关键还是在于学习，正如图2–2所示。为实现公司战略目标，我们必须从财务/精算/投资、产品/销售/客户/运营、内部管理/流程规范、学习/发展四个方面实现29项行动绩效目标，其中学习/发展是基础。

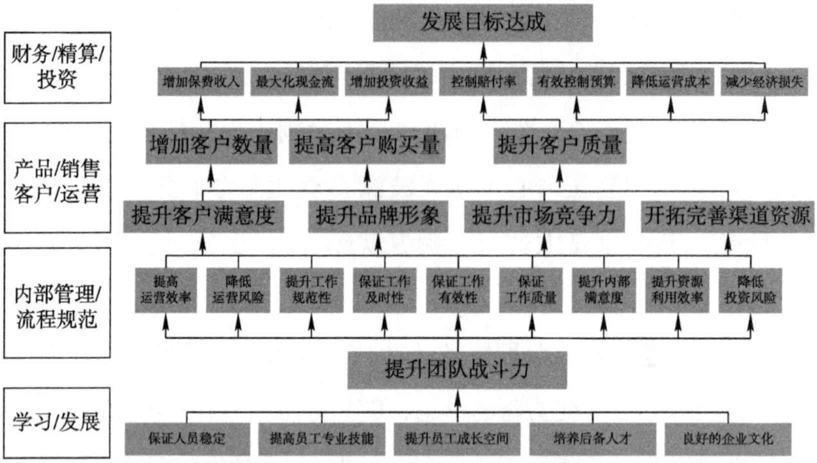

图 2–2　保险发展目标行动路线图

未来5/10/20年产险公司怎么办?

一、财产保险主体生存法则

过去20年产险公司靠什么活着？失去了什么？收获了什么？缺少了什么？这些笔者不再逐一展开，当前最重要的是“未来5/10/20年产险公司怎么办？”。

未来5年，产险业要实现崛起，需要满足四个条件：一是强化保险优势，二是补齐风险短板，三是挖掘科技潜力，四是构建新的科技、风险和保险体系。

因为，保险存在的目的就是降低社会资源配置成本、提升社会资源配置效率，实现社会（特别是风险社会）的帕累托最优：一是辅助专业风险管理，降低风险成本；二是通过保险有序配置，减少摩擦成本；三是借助科技优化交易，降低交易成本；四是构建新的科技、风险和保险体系，并站在消费者一边，且理性地为其在风险社会代言，提升消费的有序性和品质化，改善消费生态圈，降低消费成本和未来的不确定性。

为实现上述四个条件，当前需要做好这三件事：再定位，未来20年再创业；再规划，专业型发展策略；再出发，轻而精运营体系。再定位、再规划、再出发，一切都是为了重塑美好保险（Creating A Better Insurance，CBIns）！

二、为什么需要“再定位、再规划、再出发”？

面向“十四五”，中国产险业需要重新认识环境，重新认识风险，重新认识保险，重新认识科技，需要把握新发展阶段、贯彻新发展理念、构建新发展格局，如此方能开启未来5/10/20年的新篇章。激荡总有梦想，奋斗就是幸福。虽然前方的征途常有疾风骤雨、惊涛骇浪，但我们若以直面长风、劈波斩浪的坚定姿态，必将会为中国产险业铸就新的精彩与奇迹！

笔者在《保险思政课》一书中曾写道，中国保险业要置于“中国特色社会主义理论引领贯穿中国保险学学科的知识体系研究”这个话题来思考，从中国保险学学科体系、学术体系、话语体系、发展体系和市场体系等方面来思考中国保险的变革与发展；关键在于形成说明中国风险观和保险学的“说明书”，建立解释中国风险观与保险学的“解释学”，给世界提供研究中国风险观和保险学的基础知识和方法的“方法论”，让世界认识中国保险业和保险市场的创新与发展的“实践课”。

无论是从保险与人民、保险与国家、保险与人类，还是从保险与中国观、保险与全球风险观、保险与新世界观来看，这些都需要保险在行动中倾听“进化”的声音，需要产险业面向“十四五”、面向“2035”、面向未来再定位、再规划、再出发。

三、如何科学“再定位、再规划、再出发”？

北京大学经济学院院长董志勇在2021级新生开学致辞中，面对全国各地的状元谈的是“少些‘聪明劲儿’，多下‘笨劲儿’”。钱穆先生有言：“古往今来有大成就者，诀窍无他，都是能人肯下笨劲。”同样，我们毫不怀疑产险人的“聪明劲儿”，相反，我们担心的是产险人能否愿意下些“笨劲儿”，脚踏实地、久久为功。

如何科学“再定位、再规划、再出发”？没有捷径可循、弯路可超，只能脚踏实地、久久为功。家家有本难念的经，大有大的烦恼，小有小的忧愁，关键在于认清自我、修正自我、找准方向、突破自我、完善自我，让自己成为“破局者”，而不是“搅局者”，甚至“出局者”。

再定位，即重新定位，关键是定什么位。这涉及聚焦什么，创新什么，整合什么。

再规划，即围绕定位找路径，坐标有了之后，还需要路径规划。

再出发，即沿着路径实现梦想，纵使前路漫漫，荆棘重重，既然选择了出发，何必再去问归途在何方。

未来5/10/20年产险公司的“再定位”

一、财产保险主体生存法则：再定位

“未来5/10/20年产险公司怎么办？”谈道，为了重塑美好保险（CBIns），产险公司需要再定位、再规划、再出发。再定位，未来20年再创业；再规划，专业型发展策略；再出发，轻而精运营体系。

“再定位”的关键是定什么、谁来定，背后更关键的是定位的检验标准是什么，或者说按照什么样的标准再定位。

谈到“检验标准”，也许我们可以从高瓴创始人兼首席执行官张磊所著的《价值》一书中找到答案，正如书中所言，“世界上只有一条护城河，就是企业家们不断创新，不断地疯狂地创造长期价值”。

同样，一家产险公司的产品、渠道、客户、科技、规模、知识产权等都不是“护城河”，对于产险而言也只有一条“护城河”，那就是产险投资人或企业家要不断创新，不断创造长期价值。

二、再定位标准为什么是价值?

再定位标准为什么是价值？除了“世界上只有一条护城河，就是企业家们不断创新，不断地疯狂地创造长期价值”之外，由于改变历史的往往是黑天鹅和灰犀牛事件，当下对于产险业来说哪些是确定的，哪些是不变的，判断窗口期有多久，这些需要产险人认真思考。

（1）心态决定一切，当下产险人关键是保持一个好心态，而保持好心态主要依靠长期主义，因为产险当前的局面正是短期主义的产物。

（2）产险业急需从短期主义走向长期主义，而长期主义是支撑“价值”的核心理念。

（3）价值的反面是“零和游戏”和“风口论”，当下产险业的恶性竞争正是“零和游戏”，而“风口论”正是产险业“学习风口”的结果，如学习平安的电话车险、学习平安的保证保险、学习众安的互联网、学习人保的管理体系……

（4）既然“零和游戏”和“风口论”不适用于产险业，产险业就要走“另外的路”（详见笔者所著的《闲叙保险》一书），不走寻常路。“另外的路”，即产险业要做难而正确的事，而不是大家都在做的事。

（5）走“另外的路”，产险业首先需要穿越当前的保险周期，而穿越周期的法宝是不能同时“贪婪”又“愚蠢”，即“一个企业如果想穿越周期，就不能又贪婪又愚蠢，两个错误同时犯”。

（6）为了避免犯上述两个错误，需要坚持的两个最重要的法则：First rule，stay in the game.（第一条，留在牌桌上。）Second rule，always remember the first rule.（第二条，记住第一条。）

（7）“第一条，留在牌桌上。第二条，记住第一条”，回到了“长期主义”，更回归了“价值”。

为什么是“价值”？因为价值的核心是从长期角度来看。而产险业当前的困境正是“短期主义”的产物，要“穿越周期”，要“穿越死亡谷”，就只能坚守“长期主义”。长期主义是支撑价值的核心理念。

三、基于价值的再定位

基于价值的再定位，什么是价值呢？什么是产险业的价值？价值是什么笔者不知道，价值不是什么我们需要知道：首先不是“零和游戏”，不是“博弈思维”，不是“风口论”。只有理解了价值的“三不是”，才能探讨产险业的价值是什么。

产险业的价值是什么？《保险思政课》一书谈到，“保险作为风险管理者、风险承担者和投资者的统一，其价值是风险治理、价值创造和资源配置”。关于产险业的价值还有不同的定义，因为“一千个读者就有一千个哈姆雷特”，每家产险公司都应该通过自己的定位为产险业贡献一份力量。

产险业的价值是什么？其答案不是一成不变的，但是价值的反面却是不变的，那就是“零和游戏”“博弈思维”和“风口论”。所以，产险公司的再定位是什么笔者不知道，但是不是什么我们应该知道：一不是“博弈思维”，包括监管博弈，公司之间博弈、公司内部博弈等；二不是“零和游戏”，包括躺平与躺赢、内卷与外卷、内爆与外爆等；三不是“风口论”，包括学什么，怎么学，怎么做。

未来5/10/20年，产险业的再定位就是“价值”，其检验标准就是“三不是”。同时，基于价值的再定位，产险业要穿越周期，穿越“死亡谷”，就不能又贪婪又愚蠢，两个错误同时犯。具体要做好三件事：第一件事，保证所有客户、员工的安全；第二件事，活下来，盘点什么是重要的事，什么是急迫的事；第三件事，在苟且当下的同时，还是要有“未来、诗和远方”。

四、财产保险主体再定位的新旧格局

（一）产险发展格局

整体来看，集团化（控股股东旗下含产寿险）、专业化和结构化发展趋势已经开始显现（如表2–1所示，本书中87家财产保险公司的简称使用中国银保监会网站公布的名称）。在87家公司中，集团化共有17家，专业化有13家（农险有6家，车险有2家，责任险有1家，科技险有1家，信用险有2家，航运险有1家），结构化有10家（互联网有4家，相互有2家，自保有4家）。

表2–1　87家产险公司分类

大类	细类	家数（家）	主体
集团化	关联寿险或再保险	17	人保股份、大地财产、中华联合、太保财、平安财、华泰、天安、太平保险、中银保险、大家财产、国寿财产、英大财产、富德财产、合众财产、前海联合、中意财产阳光财险
专业化	农险	6	安信农业、安华农业、阳光农业、国元农业、中原农业、中航安盟
	车险	2	众诚保险、鑫安汽车
	信用险	2	出口信用、阳光信用
	责任险	1	长安责任

续表

大类	细类	家数（家）	主体
专业化	科技险	1	太平科技
	航运险	1	东海航运
结构化	互联网	4	众安财产、泰康在线、易安财产、安心财产
	自保	4	中石油专属保险、铁路自保、中远海自保、粤电自保
	相互	2	众惠相互、汇友互助
其他	无法细分	47	不再列举

资料来源：笔者根据中国保险业情况整理。

（二）产险竞争格局

87家产险公司的发展规模分化比较严重，市场集中度比较高，基于2020年的数据，CR3达到63.65%。整体来看，87家公司的规模分布如表2-2所示。

表 2-2　87 家产险公司规模分布

大类	分类标准：保费规模区间（亿元）	家数（家）	总保费（亿元）	总保费占比（%）
超大型保险公司	大于1000	3	8646	63.65
大型保险公司	大于100，小于1000	10	3271	24.08
中型保险公司	大于50，小于100	12	816	6.01
小型保险公司	大于20，小于50	17	549	4.04
微型保险公司	小于20	45	303	2.23
合计	—	87	13584	100.00

资料来源：笔者根据中国保险业情况整理。

这就是中国产险市场的格局，一幅由产险发展格局、产险竞争格局等组成的“超大型、大型、中型、小型、微型”产险公司格局，一个矛盾的市场共同体。

（三）产险格局的律动

很多产险公司都是一个矛盾的共同体。产险公司为什么会成为矛盾的共同体？其原因从哲学层面不用解释，但是更多的是困惑。

产险市场深处的空虚（寡头的市场、鸡肋的业务）不能被表面的繁荣和虚无缥缈所打发，而浮躁的股东和经理人又耐不住寂寞，所以时常陷入深思甚至混乱，我（产险公司）为什么找不到自己呢？我为什么不知道自己想要什么呢？什么样的业务似乎都能接受，而什么样的业务似乎又都不能满足。这是一种怎样的困惑？

这种困惑的背后是因为产险公司没有学会淡然面对自己这个“矛盾共同体”，也没有清醒认知自己这个“矛盾共同体”，结果是大多数产险公司走向了极端：战略博而不专的极端、发展买妻耻樵的极端、竞争毫无章法的极端、车险或理财一枝独大的极端、风险孤注一掷的极端，……未来得过且过的极端。

正所谓“阴阳相合，化生万物，万物生生不息”“因果循环”，产险已经走向极端，也不用再怀疑自己、更不用担心自己、因为过去的已经过去了、应该积极地迎接新的未来、我们仿佛已经看到市场竞争模式正在发生微妙的变化。

（1）竞争主体。竞争将从由拥有特殊资源与能力的集团化和地方性经营的保险公司发起，转为由专业化和结构化经营的保险公司发起。

（2）竞争手段。从传统的费率和手续费竞争，转为基于资源和能力的竞争，主要体现在对保源的控制以及专业化能力的竞争上。

（3）竞争区域。竞争的重点区域将从沿海向内陆推进，从城市向县域推进，从线下向线上推进。未来“线下与线上结合”“专业与智能结合”将成为市场竞争的重要举措。

（4）竞争边界。从同业竞争扩大到产业链上下游之间乃至于产业与产业之间的竞争。来自保险上游产业积极推动行业整合，从管理自身资源向管理合作伙伴转变，保险竞争将向产业链上游转移。

（5）竞争模式。正如前文所言，针对“转变业务模式”“转变平台策略”“转变客户体验”等落地问题，需要选择可落地的业务模式：专业化模式、精细化模式和集约化模式。

（6）竞争格局。忽略“超大型、大型、中型、小型、微型”已定型的产险旧格局，我们要开始思考“集团化、专业化、结构化、其他（包括局限为地方性、自设为综合性等）”所代表的正在形成中的产险新格局。

产险旧格局和新格局的叠加，未来的产险市场主体将进一步分化，可以预期将逐步分化为三类市场主体。第一类市场主体：超大型、大型保险公司以及依托金融集团成立的产险公司，进一步向集团化方向发展，致力于为客户提供全面的金融产品与服务。第二类市场主体：经过艰难转型获得成功的专业性产险公司以及结构化产险公司，其将通过实施差异化、结构化战略，走专业化发展道路。第三类市场主体：不具规模化与专业化经营优势的产险公司，将逐渐退出市场。

通过前面的分析，对产险公司而言，需要更“懂自己”，而不是“懂你”；需要发挥所长、补齐短板；需要在思维理念、业务流程、核心技术能力等方面进行调整、优化和提升；需要“抬头看路”，而不是“埋头拉车”；需要提升对未来保险格局的判断力和预见力。只有这样，才不会演化为保险市场中的第三类主体。

产险新格局，是“超大型、大型、中型、小型、微型”与“集团化、专业化、结构化、其他（包括局限为地方性、自设为综合性等）”的叠加演变，其结果一定会有人退出市场，有人欢喜有人忧。

未来5/10/20年产险公司的“再规划”

一、财产保险主体生存法则：再规划

面向未来5/10/20年，产险业的商业模式将处于一个变化的时期，所有的产险公司都面临着一个问题，就是“再定位、再规划、再出发”。

“未来5/10/20年产险公司的‘再定位’”谈道，再定位一定是基于价值的再定位，产险公司的再定位是什么我不知道，但是不是什么我们应该知道：不是“博弈思维”，不是“零和游戏”，不是“风口论”。

基于价值的再定位之后，接下来就要围绕定位找路径，设定到达坐标位置的导航路线。再规划，具体涉及公司的理论体系、文化体系、组织体系、能力体系、动力体系和资源体系，可供选择的实施路径有：全面梳理并明确公司发展的基本理念与模式；清楚并坚守公司发展的战略定位与路径选择；打造独特的企业文化体系和组织体系；探索创新并实践更有活力和动能的体制机制；营造更有利于人才培养和能力发挥的公司内外部环境；形成内引外联的资源整合能力以及管理体系……再规划是再定位的延续，更是再出发的前提。

二、再规划——走另外的路

既然“零和游戏”“博弈思维”和“风口论”不适用于产险再定位，面对激烈竞争的产险市场、相对强大的产险巨头和潜在的保险监管挑战，产险公司按照常规路径要走出来是不容易的，是“地狱模式”。既然如此，产险公司的再规划只能走“另外的路”，目的是绕开“地狱模式”去开启“天堂模式”。

“另外的路”是“产险再规划”。“产险再规划”这个话题，我们不妨从“价值创造而非价值寄生，信息沟通而非信息垄断，助推产业升级而非阻碍产业升级，优化保险生态而非破坏保险生态”四个方面进行再规划。再规划的结论也非常简单，三个字母或一个单词、一个缩写“VIE”：价值创造而非价值寄生，关键在于价值（Value）；信息沟通而非信息垄断，关键在于信息（Information）；助推产业升级而非阻碍产业升级，关键在于产业（Industry）；优化保险生态而非破坏保险生态，关键在于生态（Ecology）。

价值（V）、信息（I）、产业（I）、生态（E）四个关键词英文首字母组合是

“VIIE”，简写为“VIE”。VIE，英文本义是激烈竞争、争夺。VIE，英文缩写表示Variable Interest Entities（可变利益实体，VIEs），即“VIE结构”或“VIE模式”，也称为“协议控制”，其本质是境内主体为实现在境外上市而采取的一种方式。

VIE，一个是英文本义，一个是英文缩写；一个表示“激烈竞争，争夺”，一个表示“可变利益实体”；一个是“地狱”，一个是“天堂”。87家产险公司，都想快乐地游走在地狱和天堂之间，所以，“产险的再规划”这个问题迎刃而解，结论是此“VIE”，还是彼“VIE”？

三、再规划——另外的路是什么？

“未来5/10/20年产险公司的‘再定位’”谈道，产险旧格局和新格局的叠加，未来的产险市场主体将进一步分化，可以预期将逐步分化为三类市场主体。规模是产险公司竞争力的重要外在表现，是产险公司竞争力的重要组成部分，是产险公司竞争力展开的基础支撑。这是每一家产险公司自创立之始的梦想，都想成为“第一类市场主体”。显然，没有人想成为“第三类市场主体”，然而大多数保险公司会没有选择地成为“第二类市场主体”。

专业化、结构化的“第二类市场主体”到底路在何方？正如笔者在《闲叙保险》一书中所言，新科技、新经济、新社会、新思想下的保险格局将会演化出五种不同的商业模式：工具型、专业型、平台型、伙伴型、活力型。这正是“第二类市场主体”未来的发展之路。

（1）工具型保险，为大型保险公司、自保公司或保险产业链上端资源型企业等提供端到端的产品解决方案或风险管理服务，成为“保险背后的保险”“产业背后的保险”，说白了就是“做保险的搬运工”。

（2）专业型保险，专注于提供某一类保险服务，把保险的价值链进行延伸，从保险延伸到“风险管理+保险产品+理赔服务”，实现“风险管理的标准化”“保险产品条款费率的标准化”“理赔服务的标准化”，让保险成为一个“产品”。

（3）平台型保险，建立一个开放的平台为消费者提供丰富的保险产品和服务，平台上的产品可以不局限于自己的产品，甚至不局限于保险产品；最好的办法是“傍一个流量大佬”，因为没有流量的平台是一潭死水。

（4）伙伴型保险，类似于平台型保险，为消费者提供丰富的保险产品和服务，但其在保险价值链、消费者生命周期上的参与程度更深，采用垂直整合的模式，成为满足消费者各类保险需求的伙伴。

（5）活力型保险，在伙伴型保险基础上发展形成，通过互联网、物联网、智能网持续地感知乃至预测出消费者需求，实时做出回应，提供高度个性化的消费者体验，其提供的产品和服务也将延伸到非保险领域。

专业化、结构化的“第二类市场主体”路在何方？也许“工具型保险、专业型保险、平台型保险、伙伴型保险、活力型保险”给我们提供了一个思考的方向。

最后，我们要知道“世界上最难走的路就是捷径”，产险的再规划没有捷径可循，正如《搭错车》中有一句经典台词：“人生没有捷径可以走，横着省下的路，就会变成竖着的坑，早晚都要经过。”现在的捷径，也许就是你未来的弯路。

未来5/10/20年产险公司的“再出发”

一、财产保险主体生存法则：再出发

再规划就是走“另外的路”，产险公司要绕开“地狱模式”去开启“天堂模式”；同时，产险的再规划没有捷径可循，因为“世界上最难走的路就是捷径”，

更因为“现在的捷径，就是你未来的弯路”。

回顾过去20年产险的历史进程，犹如不断向前的列车，满载着岁月的积累和契机。再定位、再规划正是面向未来5/10/20年关键节点的停驻，更是面向未来5/10/20年重要时刻的启程，这一切都是为了一场崭新的再出发。

二、为什么要再出发？

《“十四五”规划纲要》擘画了中国面向未来、开启新征程的行动蓝图；同样，这些也为保险业的长远发展指明了方向、明确了思路、鼓足了干劲……再出发！成为这个“春天”最动人的心声（让“寂静”的产险不“寂寞”）。

再出发，为了产险一以贯之的保险初心和矢志不渝的保险使命；再出发，为了产险对高质量发展的渴望和重塑美好保险的行动；再出发，为了产险对可持续发展的承诺和实现共同富裕的向往；再出发，因为产险有着最坚实的底气——每一个了不起的产险人。

“世间一切事物中，人是第一个可宝贵的。”从工程建设的保驾护航，到快递小哥的意外保障，从亿万农民的“三农”保障，到千家万户的出行安全，产险人一直奋斗在山野间、城市里，奋斗在祖国大地上……每个人前进的脚步，叠加成保险业的进步；每个人创造的价值，汇聚为保险的力量。

再定位、再规划意味着上一段征程的结束，新征程的开始；每一次出发，都是带着梦想的奔赴；每一场奔赴，都在铸造新的辉煌。风大雨大，产险人的信心更大。踏着坚定的步伐，再出发！

三、再出发需要什么？

再定位，锚定了坐标；再规划，确定了路径；再出发，笃定了行动。定位明确、规划可行、笃定前行之后就是要做好打硬仗的准备，包括指南针、斩棘刀、行军旗和避雷针。

校准“指南针”，心里有方向。漫漫长途，可尝尽百般苦楚，亦可历经千般磨难，但唯一不可的，就是迷失方向。及时校准“指南针”，辨明来路归途，是产险行稳致远、进而有为的关键。

磨亮“斩棘刀”，手中有力量。面向未来，产险新征程不可能一帆风顺，平坦无阻，总要经历困难荆棘，磨亮手中的“斩棘刀”，方有披荆斩棘的能力。

扛起“行军旗”，肩上有担当。新时代赋予了产险新使命，当下产险人要秉承“多经事方能成大事、犯其难方能图其远”的信念，主动接过产险的“行军旗”，做起而行之的行动者，当攻坚克难的奋斗者。

安好“避雷针”，出行有保障。为了未来的诗和远方，难免要经历风雨、电闪和雷鸣，需要安好“避雷针”，不能“出师未捷身先死，长使英雄泪满襟”。

再出发，表明我们已经在路上，正如“只有在路上，才觉得自己是一个存在体，才能准确定位我与世界的关系；只有在路上，才不觉得只是一个人在行走，才能精确计算我与远方的距离”。

再出发，凡是过去，皆为序章；再出发，谋篇布局，砥砺前行；再出发，舞动精彩，擎起未来；再出发，……再出发，产险业/产险人要不忘初心、不忘梦想、不忘诗和远方，要砥砺前行、乘风破浪、披荆斩棘。

第三篇　中国寿险业的“中国故事”

青山缭绕疑无路，忽见千帆隐映来。

——《江上》（宋 · 王安石）

党的二十大报告提出：“完善基本养老保险全国统筹制度，发展多层次、多支柱养老保险体系。”“促进多层次医疗保障有序衔接，完善大病保险和医疗救助制度，落实异地就医结算，建立长期护理保险制度，积极发展商业医疗保险。”明确了人身保险业（以下简称“寿险业”或“人身保险业”）要积极助推中国多层次养老保障体系和多层次医疗保障体系建设，为中国式现代化发展贡献力量。

回顾中国寿险业的发展，它虽然取得了显著成绩，但尚未进入高质量、可持续、自适应发展阶段。有时我们不禁反问“寿险到底怎么了？”。这不是一个问题，真正需要寿险公司回答的问题是：我们在哪里？我们去哪里？我们如何去？

“人身保险产品的供给停留在20年前的形态”，过去20年中国经济社会发生了巨大变革，但是寿险的产品形态还停留在20年以前的状态，当前的寿险形态没有契合人民的需求变化，更没有融入国家的发展需要。

“人身保险产品的供给缺少了什么？”，中国人身保险产品供给最缺少的是对消费者的考虑，是给予消费者的选择权；过去20年，寿险公司只向上看（监管约束）和向内看（盈利高于向善），没有向下看（消费者的权利）。

“人身保险产品的供给意见解读”，我们要回到《关于进一步丰富人身保险产品供给的指导意见》，重新思考文件背后的含义。

“人身保险互联网新规倒逼寿险公司变革”，新规将倒逼寿险公司进行变革，倒逼寿险公司重新思考和秉持“战略定力”“专业实力”“诚信精神”“创新能力”和“商业向善”，如此寿险业才能科学地迈入“扩面提质时代”，否则所有的“祛病”“减肥”“提质”行为都是“短期行为”，无法实现寿险业的高质量发展。

“人身保险互联网新规也许是一个导火索”，新规是一个导火索，并且是一个即将点燃的导火索，这个导火索连着的“雷”会不会爆炸？爆炸的威力又如何？这一切在于两个方面：一是外部环境（宏观之经济、中观之保险、微观之市场），二是内部环境（战略之再定位、路径之再规划、行动之再出发）。

“人身保险业急需‘生前遗嘱’这个金箍”，最近几年保险业的“穿透式监管”虽然解决了部分机构的股东关联性问题，但还需要“生前遗嘱”来进一步放大股东的连带赔偿责任。如此，我们才能畅想未来10年、20年中国寿险业的变革与发展，否则人身保险业所有问题都指向了“钱”。

“过去一年，寿险公司真的在变革吗？”，从现在来看，部分寿险公司还在观望，还寄希望于“短期套利”，但是外部环境已经倒逼寿险公司要转向“长期有利”。

“过去20年寿险公司的所有问题都指向了‘资本’”，当前和未来一个时期，部分“资本”背后的寿险公司的风险将会逐步暴露，这要求保险监管部门以及寿险公司“资本”方要进一步通过“穿透式监管”“压力测试”等方法来预测公司未来5年的风险分布，并制定包含恢复计划（RCP）和处置计划（RSP）的“生前遗嘱”。

“寿险业对科技的关注不应多于对人的关注”，随着科技的发展，当前最重要的是如何提升保险销售人员知识体系，如何引导保险消费者知识进化，进而从目前的两个平行世界变成一个世界。

“寿险业如今的局面不在于人而在于趋势”，中国寿险业过去20年的高速而非高质量的发展，导致现在的市场格局——纯保障型产品需求定向饱和、投资型产品总量供给过剩、养老年金等产品供给与需求错位，这是当前寿险业的格局。寿险业急需研究的是“寿险业的趋势”，如此方能推动寿险业从高速转向高质量发展，并迈入寿险业的新格局。

人身保险产品的供给停留在20年前的形态

一、人身保险业发展到底怎么了？

2021年10月8日，中国银保监会印发《关于进一步丰富人身保险产品供给的指导意见》（银保监办发〔2021〕107号），虽然只有12条意见，但却部分回答了“人身保险业务发展到底怎么了？”这一问题。

2017年7月，在第五次全国金融工作会议上，习近平总书记站在全局和战略的高度，科学阐释了金融在经济社会发展和国家安全中的重要作用，深刻分析了金融业面临的形势和任务，系统阐述了做好金融工作的指导思想和重要原则，全面论述了提高金融服务实体经济效率和水平、防范化解金融风险、深化金融改革开放等一系列重大问题。这些重要思想和论述，为我国人身保险业做好新形势下的工作提供了根本遵循和行动指南，对今后一个时期我国人身保险改革发展稳定具有重大深远的意义。

2019年12月30日，国务院常务会议审议通过了《关于促进社会服务领域商业保险发展的意见》，这是继国务院《关于保险业改革发展的若干意见》《关于加快发展现代保险服务业的若干意见》后再一次对保险进行了定位，明确了新时代保险业的历史责任。《关于促进社会服务领域商业保险发展的意见》（银保监发〔2020〕4号）提出加快发展商业保险，力争到2025年，健康险市场规模超过2万亿元，商业保险为参保人积累不低于6万亿元养老保险责任准备金。

2020年12月9日，国务院常务会议研究部署了如何促进人身保险扩面提质稳健发展，如何满足人民群众多样化需求。12月16日，国新办举行促进人身保险扩面提质稳健发展国务院政策例行吹风会。银保监会原副主席黄洪在回答记者提问时表示，加快商业养老保险发展，是保险业积极服务多层次、多支柱养老保险体系建设的重要着力点，也是认真落实养老金融改革相关工作部署、深化保险业供给侧结构性改革的主要落脚点。

2021年5月8日，银保监会印发《关于开展专属商业养老保险试点的通知》，从6月1日开始，6家人身险公司将在浙江、重庆开展专属商业养老保险试点，以满足新产业、新业态从业人员和各种灵活就业人员的养老需求。

2021年10月8日，银保监会印发《关于进一步丰富人身保险产品供给的指导意见》，就进一步丰富人身保险产品供给、满足人民群众多样化保险保障需求提出了12条建议，其中包括3条原则：坚持以人民为中心，坚持高质量发展，坚持深化改革；5个领域：加大普惠保险发展力度，服务养老保险体系建设，满足人民健康保障需求，提高老年人、儿童保障水平，加大特定人群保障力度；4条举措：优化开发管理机制，加快数字化转型，加强行业基础研究，改革产品监管机制。

还有2019年12月印发的《关于推动银行业和保险业高质量发展的指导意见》（银保监发〔2019〕52号）、2020年1月印发的《关于加快推进意外险改革的意见》（银保监办发〔2020〕4号）……

还有《健康保险管理办法》（中国银行保险监督管理委员会令2019年第3号）、《关于规范两全保险产品有关问题的通知》（银保监办发〔2019〕228号）、《关于规范保险公司健康管理服务的通知》（银保监办发〔2020〕83号）、《关于印发普通型人身保险精算规定的通知》（2020年1月21日印发）、《关于强化人身保险精算监管有关事项的通知》（2020年1月21日印发）、《关于进一步规范健康保障委托管理业务有关事项的通知》（2020年2月11日印发）、《关于规范短期健康保险业务有关问题的通知》（银保监办发〔2021〕7号）、《关于规范保险公司城市定制型商业医疗保险业务的通知》（银保监办发〔2021〕66号）、《关于规范保险公司参与长期护理保险制度试点服务的通知》（银保监办发〔2021〕65号）、《关于印发意外伤害保险业务监管办法的通知》（银保监办发〔2021〕106号）……

二、人身保险业需要鉴往知来

面向未来，中国人身保险业要对照《“十四五”规划建议》和《“十四五”规划纲要》，自发地融入国家发展大局，自觉地服务国家经济社会发展，这些直接关系中国人身保险业的未来发展。

面向未来，我们要认真地思考91家人身保险公司在3大险种、4种设计类型面前如何实现高质量发展，或者说如何活下去。

具体怎么办？这涉及人身保险业、91家人身保险公司、3大险种、4种设计类型，涉及国家宏观经济政策，涉及“双循环”“共同富裕”“乡村振兴”“碳达峰、碳中和”“中国式现代化”……当然，最重要的是我们如何“把握新发展阶段，贯彻新发展理念，构建新发展格局”。

（一）人身保险产品的发展阶段

70多年来，我国的人身保险产品从无到有、从少到多、从以强制保险为主到以商业保险为主、从以团体保险产品为主到以个人保险产品为主、从传统型产品到各类新型产品，人身保险业为社会公众提供了种类日益增多、保障范围不断增加及满足不同层次财务规划需求的保险产品。回顾我国人身保险产品发展历史，可以把它大致分为以下几个阶段。其中前6个阶段本书不做详细论述，我们重点关注2017年第五次全国金融工作会议之后人身保险的发展概况。

（1）第一阶段（1949—1958年）：简易产品，以定向销售为主，即“10年摸索期”。这个阶段主要产品包括：团体人身保险、简易人身保险以及面向特定人群的强制性意外伤害保险。

（2）第二阶段（1959—1979年）：国内保险业务停办，即“20年停办期”。

（3）第三阶段（1980—1991年）：简易产品，以团险渠道为主。这个阶段主要产品包括：简易人身保险、养老金保险和意外伤害保险，保险责任简单且保额极低（低于100元）。

（4）第四阶段（1992—1999年）：普通寿险（传统险），个险渠道崛起。这个阶段主要产品包括：两全保险、终身寿险、定期寿险等传统寿险产品，产品保额大幅提升至万元级别，缴费方式从月缴变为年缴，保险期限大幅拉长，出现了终身寿险产品。

（5）第五阶段（2000—2013年）：新型寿险（分红险、万能险、投连险），银保渠道高速增长。这个阶段主要产品除了传统寿险产品之外，还引入了分红险、万能险、投连险等新型寿险。

（6）第六阶段（2014—2016年）：分化——大型公司价值转型，聚焦于新业务价值（NBV）；部分中小公司“资产驱动负债”，万能险等中短存续期保费激增。这个阶段主要产品包括：传统寿险和新型寿险。

（7）第七阶段（2017—2020年）：保障型产品（健康险等），“保险业姓保”和保险转型。2016年底针对风险事件，中国保监会提出“保险姓保、监管姓监”。2017年中国保监会发布《关于进一步加强保险监管，维护保险业稳定健康发展的通知》等“1+4”系列文件，提出“始终坚持严字当头，严防严管严控保险市场违法违规行为”，“推动保险业回归本源”，保险行业监管明显强化。

在业务层面，中短存续期业务和长期年金险均受到了严格的限制。2017年以万能险为主的中短期理财型业务大幅收缩，保户投资款新增缴费同比下降51%，导致部分中小保险公司总保费负增长。在年金险方面，中国保监会2017年5月发布《关于规范人身保险公司产品开发设计行为的通知》（134号文），规定“两全保险产品、年金保险产品，首次生存保险金给付应在保单生效满5年之后，且每年给付或部分领取比例不得超过已交保险费的20%”，这直接导致了上市寿险公司新单保费自2017年下半年以来进入调整期，一直持续到2018年上半年。

2018年4月，中国保监会与中国银监会合并成立中国银保监会，成为保险业发展的阶段性里程碑。5月4日，银保监会下发《关于组织开展人身保险产品专项核查清理工作的通知》，全面规范人身保险产品开发设计行为，并细致到产品条款、产品责任、产品费率厘定、产品精算假设、产品申报使用管理5个方面。

2019年是银保监会机构改革融合的第一年，机构改革任务基本完成，监管业务稳妥有序地开展，初步实现从“物理融合”到“化学反应”，稳定住了银行保险发展大局。2019年3月，银保监会下发《关于规范人身保险公司中短期产品有关问题的通知（征求意见稿）》，拟对3~5年期两全保险产品进行重新规划。上述文件在经过征求意见修订后，最终在2019年12月9日发布，名为《关于规范两全保险产品有关问题的通知》。明确保险公司可以开发设计保险期限为5年期以下（均不含5年）的两全保险产品，但不得短于3年，且各公司5年期以下两全保险产品年度规模保费占当年总规模保费的比重不得超过20%。8月30日，又发布《关于完善人身保险业责任准备金评估利率形成机制及调整责任准备金评估利率有关事项的通知》，对2013年8月5日及以后签发的普通型养老年金或10年以上的普通型长期年金，将责任准备金评估利率上限由年复利

4.025%和预定利率的小者调整为年复利3.5%和预定利率的小者。这意味着预定利率超过3.5%的普通型养老年金或10年以上的普通型长期年金须报监管部门审批通过方可销售。

2020年，银保监会累计出台人身险方面的政策21项，一系列有关健康险的制度相继出台，为健康险高速发展打下基础。此外，在参与养老三支柱建设方面，虽然没有正式的制度落地，但监管的频频发声，也证明这就是未来人身险公司的主战场之一。人身险最重要的功能就是服务社会保障体系建设，健康险、养老险更是重中之重。

（8）第八阶段（2021年至今）：商业养老保险和健康保险。2021年1月11日，银保监会发布《中国银保监会办公厅关于规范短期健康保险业务有关问题的通知》（银保监办发〔2021〕7号），为行业健康保险业务可持续发展提供了制度保障。4月8日，银保监会发布《关于深入开展人身保险市场乱象治理专项工作的通知》（银保监办便函〔2021〕477号），围绕销售行为、人员管理、数据真实性、内部控制等方面，对人身保险市场存在的典型问题和重点风险进行一次专项治理。5月15日，银保监会发布《关于开展专属商业养老保险试点的通知》（银保监办发〔2021〕57号），规定自2021年6月1日起由6家人身险公司在浙江省（含宁波市）和重庆市开展专属商业养老保险试点。5月21日，银保监会发布《保险公司城乡居民大病保险业务管理办法》（银保监发〔2021〕12号）；5月28日，银保监会发布《关于规范保险公司参与长期护理保险制度试点服务的通知》（银保监办发〔2021〕65号）；6月2日，银保监会发布《关于规范保险公司城市定制型商业医疗保险业务的通知》（银保监办发〔2021〕66号）；10月13日，银保监会发布《意外伤害保险业务监管办法》（银保监办发〔2021〕106号）；10月15日，银保监会发布《关于进一步丰富人身保险产品供给的指导意见》（银保监办发〔2021〕107号）。自2021年以来，银保监会围绕丰富产品供给、规范业务经营、推动渠道发展、加强公司治理、加大乱象整治力度、防范化解金融风险、提升监管效能等方面，出台了一系列政策文件，频率高、范围广、影响深，进一步推动了人身险行业高质量发展。展望未来，我国人身险行业发展仍处于重要的战略机遇期；业务结构将进一步聚焦于长期与保障型业务，健康险及养老保险增长空间较大；持续推进服务优化升级，注重提升效率及“产品+服务”模式打造；代理人渠道转型升级仍需时间，其他主要渠道规范化经营将进一步推进；数字化转型持续推进，数据安全将成为重点。

（二）人身保险产品的保费分布

2020年1—12月，寿险公司实现保险保费收入31674亿元，同比增长6.9%。其中，寿险保费收入23982亿元，同比增长5.4%；意外险保费收入633亿元，同比下降2.4%；健康险保费收入7059亿元，同比增长13.4%（详见表3-1）。

表3-1　寿险2020年保费收入和增长率情况

项目		2020年实际值	
		保费收入（亿元）	保费增长率（%）
保险保费收入		31674	6.9
1. 寿险小计		23982	5.4
（1）个人业务	新单保费	8760	–2.8
	其中：新单趸交	4220	–0.7
	续期保费	15151	10.8
其中：年金保险	新单保费	2788	–20.6
	其中：新单趸交	257	–22.2
	续期保费	8198	10.7
（2）团体业务	新单保费	58	20.6
	其中：新单趸交	36	6.7
	续期保费	13	–12.3

续表

项目		2020年实际值	
		保费收入（亿元）	保费增长率（%）
其中：年金保险	新单保费	21	135.5
	其中：新单趸交	6	560.9
	续期保费	10	–13.6
2. 意外伤害险小计		633	–2.4
（1）一年期以内业务		83	–3.0
（2）一年期业务		351	0.9
（3）一年期以上业务		199	–7.4
3. 健康险小计		7059	13.4
（1）短期	个人业务	674	14.3
	团体业务	1045	9.1
（2）长期	个人业务	5223	14.6
	团体业务	116	–4.5

资料来源：笔者根据中国银保监会网站公布的数据整理。

（1）险种情况。表3–2给出了寿险公司各险种（寿险、健康险、意外险）保费收入占比情况。

表 3–2　2000—2020 年寿险公司各险种保费收入占比情况

年份	寿险公司合计（亿元）	寿险占比（%）	健康险占比（%）	意外险占比（%）
2000	958	88.82	6.65	4.54
2001	1392	92.54	4.20	3.25
2002	2246	92.34	5.24	2.42
2003	2986	89.41	8.04	2.54
2004	3194	89.28	8.03	2.69
2005	3644	89.06	8.33	2.61
2006	4059	88.45	9.06	2.49
2007	4947	90.22	7.43	2.34

续表

年份	寿险公司合计（亿元）	寿险占比（%）	健康险占比（%）	意外险占比（%）
2008	7338	90.74	7.48	1.78
2009	8144	91.57	6.52	1.92
2010	10501	92.18	6.02	1.81
2011	9560	90.96	6.65	2.40
2012	9958	89.46	7.94	2.61
2013	10741	87.75	9.36	2.89
2014	12690	85.90	11.17	2.92
2015	15859	83.49	13.76	2.75
2016	21693	80.40	17.28	2.32
2017	26040	82.40	15.34	2.26
2018	26261	78.91	18.58	2.51
2019	29628	76.80	21.01	2.19
2020	31674	75.72	22.29	2.00

资料来源：笔者根据中国银保监会网站公布的数据整理。

（2）设计类型。表3–3给出了按照产品设计类型分类，即普通寿险、分红寿险、投资连结保险、万能寿险4大类型保费收入占比情况。

表3–3　2000—2020年寿险各产品类型保费收入占比情况

年份	寿险业务合计（亿元）	普通寿险占比（%）	分红寿险占比（%）	投资连结保险占比（%）	万能寿险占比（%）
2000	851	96.38	1.01	1.95	0.65
2001	1289	67.44	21.16	8.27	3.13
2002	2074	40.92	54.10	3.34	1.64
2003	2669	33.99	62.98	2.39	0.63
2004	2851	35.07	61.72	1.86	1.36
2005	3245	29.59	62.25	1.41	6.75
2006	3590	27.97	59.33	1.67	11.04
2007	4463	22.46	49.77	8.82	18.95

续表

年份	寿险业务合计（亿元）	普通寿险占比（%）	分红寿险占比（%）	投资连结保险占比（%）	万能寿险占比（%）
2008	6658	14.77	57.06	6.38	21.79
2009	7457	13.50	71.00	1.50	14.00
2010	9680	8.82	89.74	0.55	0.90
2011	8696	10.89	88.17	0.05	0.89
2012	8908	10.62	88.22	0.05	1.11
2013	9425	12.73	86.29	0.05	0.93
2014	10902	39.41	59.70	0.04	0.84
2015	13241	50.81	48.43	0.03	0.72
2016	17442	59.92	39.44	0.02	0.61
2017	21455	60.29	39.17	0.02	0.52
2018	20723	44.01	55.44	0.02	0.52
2019	22754	46.03	53.47	0.02	0.48
2020	23982	52.31	47.23	0.02	0.44

资料来源：笔者根据中国银保监会网站公布的数据整理。

《关于进一步丰富人身保险产品供给的指导意见》就进一步丰富人身保险产品供给、满足人民群众多样化保险保障需求提出了12条意见。从人身保险产品供给的发展历程来看，近20年中国寿险业的产品形态没有发生大的变化，这正是该文件出台的背景。可以说，过去20年中国经济社会发生了巨大变革，但是寿险的产品形态还停留在20年以前的状态，当前的寿险形态没有契合人民的需求变化，更没有融入国家的发展需要。

为什么会出现这种问题？就这个问题笔者曾咨询过几家公司的精算师，答案非常简单：一是因为现有产品形态还有利可图；二是内部销售渠道的绑架；三是外部监管等环境的约束。鉴往知来，本书回顾中国人身保险产品的发展历程，为的就是找到中国人身保险产品未来的供给方向。

人身保险产品的供给缺少了什么?

一、人身保险主体生存反思

中国人身保险产品的供给形态到底有什么问题?这个问题的背后是“人身保险产品的供给缺少了什么?”。笔者一时也无法给出答案，也许对比欧美保险市场的产品形态，可以给我们一点借鉴意义。

二、欧美寿险产品的比较

下面本书对欧洲和美国保险市场中最为流行的寿险合同类型进行一个系统化的比较，其他保单通常为这些主要合同类型的组合或简单变换。本书仅关注个人寿险合同，而不考虑信用保险、团体保险以及年金。基于美国寿险理事会（American Council of Life Insurers，ACLI）2005年所发布的*Life Insurers Fact Book*与欧洲保险和再保险同盟（European Insurance and Reinsurance Federation）的CEA（2006）文件中的数据，表3-4给出了个人寿险合同的一个简单总结。

表 3-4　欧洲和美国保险市场中的主要个人寿险合同

保险市场	个人寿险合同
欧洲	定期寿险（Term Insurance） 两全保险（Endowment Insurance） 投资连结保险（Unit-Linked Insurance）
美国	定期寿险（Term Insurance） 终身寿险（Life Insurance） 万能寿险（Universal Insurance）

（一）欧洲保险市场

欧洲市场最常见的寿险合同类型为定期寿险、两全保险和投资连结保险。定期寿险专门针对于固定期限内的死亡利益，通常不包括储蓄成分；若被保险人在保单期限内死亡，指定受益人将获得与保单面值等额的赔付额。定期寿险合同的具体形式取决于：合同持续期、承保期限、保证的保障选择权以及保单有效期内保额的变化。承保期间内保额不变的保单称为“定额型”定期寿险，市场上还有面值逐渐下降或渐增的“递减型”和“递增型”定期寿险。

两全保险在固定的合同期限内提供保证的死亡及生存利益；与定期寿险相反，两全保险还具有储蓄成分，若被保险人生存至合同满期则会收到一个生存利益支付，储蓄部分由所谓的保单准备金或现金价值生成。保单持有人所支付的保费在扣减掉死亡收费和成本之后，剩余部分用于投资来赚取利息。因此，保单准备金或现金价值包括剩余保费和累积的投资收益。生存保险只有在保单持有人生存的情况下才支付生存利益，其没有死亡利益支付。

两全保险更强调储蓄部分而不是死亡利益，合同类型可能为分红型或非分红型。除了具有最低利率保证以外，两全保险通常还具有根据保险公司投资组合所产生的回报而进行分红的特征，但并不保证分红。两全保险的投资决策由保险公司决定，记入保单持有人准备金的盈余或“红利”取决于保险公司投资组合的业绩以及所采用的平滑机制。英国分红保险的最低保证利率远低于欧洲大陆的类似合同，取而代之的是更高的年度红利。目前，定期寿险和传统的终身寿险合同也都具有分红或者非分红形式。

对于分红保单，死亡利益通常包括一个最小保证金额和来自保险公司投资收益分红的累积收益。生存利益可能会因终了红利而增加，其取决于保险公司投资组合的业绩。近年来，一些国家实施的不利税收政策令两全保险丧失了吸引力。例如，德国税收法令降低了两全保险的税收优惠，结果出现了传统寿险产品逐渐向年金转变的趋势。

投资连结保险出现于20世纪90年代，其市场份额增长迅速，特别是在欧洲最大的寿险市场——英国。2001年的股票市场危机导致寿险需求的大幅下降，而之后由于欧洲股票市场的好转，欧洲寿险市场在2005年有所增长，投资连结保险发展正得益于此，尤其是在比利时、德国、法国和葡萄牙。

与分红寿险合同相反，投资连结保险的投资风险完全由保单持有人承担：保单持有人决定如何投资其保费，如何在多种资产类别中进行选择。投资连结保险具有多种形式：储蓄部分可以与共同基金的单位相连结，也可以与某些指数相连结，如债券指数、股票指数或其他参照指数；另外，其也可以是内嵌保证的股票连接保险，最小保证为保证返还所支付的保费。

投资连结保险一般具有保证最小死亡利益（Guaranteed Minimum Death Benefit，GMDB）的特点，其死亡利益为固定保证金额和账户累积价值二者之间的较大者。另外，除了GMDB以外，一些合同还对基金的累积价值给予允诺，到期时的生存利益等于保证最小到期利益（Guaranteed Minimum Maturity Benefit，GMMB）和账户累积价值二者之间的较大者。

（二）美国保险市场

美国市场最为常见的寿险合同类型是定期寿险、终身寿险和万能寿险，两全保险的市场份额可以忽略。终身寿险与定期寿险不同，其在被保险人的整个生命期间内均有效，是一类在欧洲很少见的寿险合同；其保费一般是固定的，具有保证死亡利益和储蓄性的特点。终身寿险保单的提前（在死亡之前）中止需要将现金价值（保单准备金扣减退保费用）转移给被保险人，这被称为不丧失价值选择权（Nonforfeiture Option）。不丧失价值选择权对于所有具有现金价值的保单而言都是强制性的，其表明保单准备金属于保单持有人，并不会因为保费支付的提前终止而丧失。现金价值转移给保单持有人有三种方式：对于缴清保单，保单持有人停止支付保费，保单将继续有效，但其保单利益相应降低，具体大小取决于保单终止时的现金价值；保单持有人还可以选择一次性现金支付（即现金价值选择权）；或用该现金价值购买展期定期寿险。上述三种方式的不可丧失利益都应与其精算价值相匹配。

万能寿险，是一种相当灵活的产品，最早出现于1979年，其允许浮动的保费支付——由保单持有人决定续期保费的支付时间和数额。更进一步地说，其死亡利益的数额也可以调整，但是当被保险人要求增加死亡利益时，保险公司一般需要被保险人提供可保性证明。万能寿险与终身寿险不同，现金价值的变动取决于保险公司的投资业绩、死亡率经验、费用率以及保单持有人支付保费的数量和时间。在任何时点，如果死亡利益和费用收费值超过了保单的现金价值，保单持有人要么弥补赤字，要么减少死亡利益，否则保单将失效。目前，终身寿险和万能寿险合同都具有分红或者非分红形式。

三、欧美寿险合同隐含的选择权

前面所论述的几种常见的寿险产品合同一般都有隐含期权或内嵌保证。隐含期权给予保单持有人一种在合同期限内修改合同条件的权利，而不是义务。期权的执行会影响保单现金流的大小和时间，因而对保单持有人而言具有实质性的价值。特定期权的具体形式和设计在不同国家中表现不同，下面本书对隐含期权提供一个全面的概括和描写。本书所关注的期权中有些基础性的基本期权在之前的文献中已得以研究，表明这些期权对于保险公司的财务风险而言具有潜在的实质性影响；通常，这些期权是法律所要求的（如退保选择权或缴清选择权）。表3-5给出了欧美寿险合同隐含的一些常见期权。

表3-5　寿险合同中的隐含期权概述

期权（选择权）分类	期权（选择权）的具体类型
红利选择权 （Dividend options）	累积生息：基于最小保证利率累积生息（Accumulation at interest with minimum interest rate guarantee） 现金红利（Cash） 抵缴保费（Premium payment reduction） 购买缴清增额保险（Paid-up additions） 购买一年期定期寿险（One-year term option） 红利分配机制的变更（Change of dividend distribution mechanism）

续表

期权（选择权）分类	期权（选择权）的具体类型
保费支付选择权（Premium payment options）	缴清选择权（Paid-up option） 重获选择权（Resumption option） 灵活的保费支付（Flexible premium payments） 动态保费增长（Dynamic premium increase）
退保选择权（Surrender option）	
灵活的满期选择权（Flexible expiration option）	
结算选择权（Settlement options）	一次性支付选择权（Lump-sum option） 终身年金收入选择权/保证年金转换权（Life income option / guaranteed annuity option） 固定时期选择权（Fixed-period option） 固定数额选择权（Fixed-amount option） 利率选择权（Interest option）
异议权（Right of objection）	合同取消（Contract cancellation） 动态的/增长的保费（Dynamic/increasing premiums）
保单贷款选择权（Policy loan）	
保单追溯选择权（Policy backdating）	
保单转换选择权（Conversion option）	
展期定期寿险选择权（Extended-term insurance）	
年金的一次性结清选择权（Lump-sum settlement option during annuity）	
额外支付选择权（Additional payments）	增加死亡利益（Increase death benefit） 缩短合同期限（Shorten contract duration）
复效选择权（Reinstatement）	
保障范围扩展选择权（Coverage extension option）	生活费用或通货膨胀调整附加条款（Cost-of-living rider / inflation option） 保证可保选择权（Guaranteed insurability rider） 保费豁免（Waiver of premium benefit） 生前给付（Accelerated death benefits） 意外死亡多倍赔偿（Accidental death benefit）
合同期间延长选择权（Contract term extension option）	

（一）红利选择权

红利支付是分红保单的特点，其以保险公司的投资、死亡率和费用状况为基础；红利可以以现金的形式支付给保单持有人，也可以用于抵减未来保费、购买缴清增额保险或一年期定期寿险，还可以按保险公司的利率进行累积。对于最后一种情形，若合同包含最小保证累积生息利率，则对保险公司而言其意味着不可忽视的风险。

保单持有人可以直接分享盈余，或依据基于账面价值的平滑机制。年度盈余分配机制的一种重要形式是年轮法保证（Cliquet-style guarantee），基于年轮法保证，保单准备金每年赚取最低保证利率和保险公司投资组合盈余分享部分二者之间的较大者，不同国家的盈余确定方式有所不同，可能会采用某种平滑机制。基于年轮法保证，一旦盈余归结于保单准备金，其将成为保证的一部分，并相应增加保证的满期利益支付。只提供满期保证而没有期间分红的合同被称为点对点保证（Point-to-point guarantee）。通常，当保险公司的投资组合的绩效相当不错时，这些保证还会提供一些终了红利利益支付。

除了累积生息以外，保单持有人也可以选择以现金形式支付红利，或者用其抵缴保费。对于购买缴清增额保险选择权，保单持有人无须进行医学检查和承担额外的费用，可以用红利增加保证利益和扩大保障范围；增额保险一般包括更高的死亡利益和现金价值。另外，保单持有人也可以选择用红利来购买一年定期寿险，而不需要增加保费支付。因为逆选择（Adverse selection）的存在，让很多保险公司要求保单持有人必须在合同初始时决定是否选择这一红利选择权；否则，如果保单持有人在合同期间申请这一选择权，保险公司可以要求其进行额外的体检以证明其具有可保性。此外，保单持有人还具有选择不同红利分配机制的权利，即红利分配机制变更选择权。

（二）保费支付选择权

大多数寿险合同都含有保费支付选择权。例如，对于万能寿险而言，保单持有人可以选择保费支付的时间和数额（只要有足够的保单准备金），因此，其被视为灵活的保费支付选择权。尽管并非所有类型的合同都如万能寿险保单一样灵活，欧洲大部分国家以及整个美国，停止保费支付（缴清选择权）是法律所要求的一种选择权；在美国，这一权利是不丧失价值选择权的结果，其中不丧失价值选择权对所有具有现金价值的保单而言都是必需的。

执行缴清选择权并不终止合同，合同仍然有效，但保险利益相应减少；保险利益的大小取决于执行缴清选择权时的保单准备金（通常需要从准备金中扣除退保费用），以此作为趸缴保费购买与原始合同同类的保险，如两全保险或终身寿险。执行缴清选择权是一项基于远期合约的看跌期权，其中保单持有人以年度保费来购买债券，执行价格为零，这意味着该选择权的作用是将原来的合同转换为一个保险利益削减、无保费支付的新合同。

除了缴清选择权以外，合同还包括重获保费支付的权利，据此增加之前削减的保险利益（重获选择权）。为了重新获得原来的保险利益（即选择保单缴清之前的利益），保单持有人可以以拖欠未付的形式支付保费或增加初始保费的数额。另外，保单持有人也可以保持原来的保费数额，而不需补缴大量的保费，若此则保险利益将低于原始合同。在某些合同中，重获选择权只限于缴清合同之后的特定时期内。若保单持有人因资本市场的高利率而缴清合同，重获选择权为保单持有人提供了一个获得更高保证利率的机会，其是一种基于远期合同的看涨期权（保单持有人以年度保费来购买债券），执行价格是保费的再支付。另一类保费支付选择权是动态保费增长，例如保费每年以固定的百分比增长。

（三）退保选择权

与缴清选择权不同，退保选择权将终止合同，保单持有人获得保单准备金（包括红利）扣减退保费用后的退保价值（现金价值）；对于投资连结保险，退保价值为独立账户累积价值减去退保费用。因退保选择权可用于离散执行日期，因此，其可被看作基于未来期望保险利益现金流的百慕大看跌期权（Bermudan put option），其执行价格等于退保价值。退保选择权具有一定的财务风险，因为当利率增长时，高退保价值保单的持有人执行退保选择权的可能性增加。另外，因逆选择的存在，若大部分“好风险”选择退保，将导致保险公司保单组合的保险风险状况恶化，因此，退保选择权还具有一定的保险风险。

（四）灵活的满期选择权

两全保险可以包含灵活的满期选择权，每年给予保单持有人一个在正常满期之前终止合同、获取包括保证和盈余分红在内的累积保单准备金的机会，而无须支付退保费用。在保单准备金首次超过保证的生存利益之后，或在保单的最后五到十年，可以执行该选择权。执行日期越晚，支付给保单持有人的保险利益就越大。从金融的角度来看，这一选择权相当于基于附息债券的百慕大看跌期权，其执行价格等于一次性保险利益支付；该附息债券是保单持有人所终止保单的剩余现金流，以预期死亡利益扣减预期保费支付（对于周期性保费支付的情形）作为息票，而以预期生存利益作为面值。其之所以被称为百慕大看跌期权，是因为其在每年的签单纪念日都可以执行。对被保险人而言，灵活的满期选择权的好处就在于保单所赚取的利率一般来自长期投资，而相比之下，无退保费用每年退保的可能性实际上意味着短期投资。

（五）结算选择权

保单持有人可以在死亡或生存利益如何支付的不同结算方式之间进行选择。最为常见的保单结算方式是一次性支付保险利益，从而终止保单，不会为保险公司带来未来负债。终身年金收入选择权向受益人保证其余生的收入年金，这类选择权有多种形式，如20世纪七八十年代美国的避税保险产品（Tax-sheltered insurance products）以及英国的退休储蓄合同（Retirement savings contracts），其通常都提供保证年金转换权。保险合同到期时，累积的保单准备金都转换为固定保证利率的终身年金，相当于一种基于附息债券的看涨期权。与保证年金转换权相关的金融风险主要产生于人口统计因素（长寿风险）、执行日的市场条件（长期利率和股票收益）以及年金的数额。20世纪90年代，在长期利率开始下降之时，保证年金转换权的价值显著增长；当英国公平人寿因忽视保证年金转换权的时间价值以及其他原因而不得不停止新业务时，这类选择权开始受到特别关注。

除了一次性支付以外，也可以在固定期间内以等额分期付款的形式将保险利益支付给受益人（固定期间选择权）。支付的数额取决于频率、支付期间的长短以及保险公司对尚未支付的保单准备金所支付的利率；通常具有一个最低支付保证，若所赚取的利率高于保证利率，保险公司会将超额利率计入分期款项，从而增加其数额。一般而言，在固定期间选择权执行之后，受益人保留一次性提取未来现金流现值的权力。

除了固定期间，也可以通过固定给付额选择权，即固定分期付款的数额和频率来决定支付期间的长度。若所赚取的利率超过保证利率，则给付期间将会延长。

保单持有人还可以决定获得利率选择权，如此则保险公司持有保险利益并向受益人支付利率，通常包括一个保证利率。同固定期间选择权一样，在一定的限制之下，受益人一般可以一次性提取部分或全部未来现金流现值。

（六）异议权

通常，在合同初签订后的一定期间内，保单持有人有抗议或取消合同的权利，而无金融结果的发生。若保单持有人选择如此，则所有支付的保费必须返还；若保费已立即投资于市场，这将为保险公司带来金融风险，因为清算会导致利率的损失。对于投资连结保险，可退回保费的清算意味着重大的风险，因而尤其值得保险公司注意。

另外，保单持有人还可以反对保费的动态增长；一些保险公司在中止异议权之前，只允许两次异议，这一选择权对于保险公司而言意味着较低的金融风险。

（七）保单贷款选择权

在保险期限内，保单持有人可以从保险公司借取部分现金价值。若保险公司所收取的借款利率与市场利率相近，公司将面临有限的金融风险；但若利率在合同初始时就已固定，则该风险将不容忽视。若保单持有人死亡，在保险利益给付前，将从保单准备金中扣除总未决贷款以及累计利息。为了避免保单失效，若贷款余额加利息低于现金价值，保单持有人必须支付保单贷款利息。许多保险公司提供自动保费贷款条款，以保证保单的持续有效，该条款将于保费未支付时生效，从现金价值中扣除未缴保费，并视为保单贷款。

（八）保单追溯选择权

保险业务中，保单追溯是一种常见的惯例。保险合同的可追溯性，使保单日期可能早于实际申请日期，通常最多为六个月。例如，用最近生日的年龄来计算保费，由于使用了较低的年龄，因而保费将降低，不过保单持有人必须支付追溯期的保费。因此，若所减少的保费超过了为追溯期所补缴的保费，则该选择权具有价值。

（九）保单转换选择权

定期寿险合同经常提供保单转换选择权，允许保单持有人将定期寿险转换为两全保险或年金保单，而保单持有人无须再次向保险公司提供可保性证明。一般而言，为了避免逆选择，保险公司会对可执行这一选择权的时间期限进行限制。

（十）展期定期寿险选择权

展期定期寿险是不丧失价值选择权的一部分，即在保单宽限期之后保费仍然未支付，而保单持有人并没有采用任何一种其他不丧失价值选择权（缴清保险或现金价值选择权），在这种情形下，保险公司将用保单准备金来计算与原合同所提供的死亡利益相同的定期寿险合同的保险期限。因被保险人在缴清保险和展期定期寿险之间的选择可以反映其健康信息，一些保险公司对缴清保险和展期定期寿险合同采用不同的生命表，以考虑潜在的逆选择。

（十一）年金的一次结清选择权

一次结清选择权给予受益人提取预期未来年金给付（以技术利率贴现）的权利，在合同的正常到期日期（如固定期限选择权和利率选择权之前的日期）之前一次性结算。

（十二）额外支付选择权

通过额外支付，保单持有人可以增加保险合同的保障范围；额外付款对应新合同的趸缴保费，不包括获取费用。另外，额外支付的费用也可以增加保单准备金，从而用于缩短两全保险的期限，调整之后的合同条款将由精算原则决定。在这种情形下，额外支付的保费将不会增加死亡利益，但是会使储蓄价值（现金价值）更高。额外支付通常被限定为保险金额的一个固定百分比，同时必须超过一个最低额，且只有在合同生效一段时间后才能执行。这一选择权相当于基于债券的看涨期权，若保单红利高于相应的市场利率，则对保单持有人有利。

（十三）复效选择权

因未支付保费或其他原因而失效的保单在固定的时间期限内可以复效。美国的宽限期条款通常在保单实际失效之前给予被保险人30天的时间来缴纳未付保费。另外，自动垫缴保费条款也能够防止保单失效，只要当前的现金价值足以支付保费即可。

一旦保单已失效或发生退保，若可证明被保险人仍具有可保性，其在失效后一定期限内（美国通常为三到五年）可以复效，但须补缴失效期间所拖欠的保费。对于保险公司而言，若旧合同在某些方面（如隐含期权）比新合同更为有利，则恢复合同会比购买新的合同更为划算。

（十四）保障范围扩展选择权

影响寿险合同保障范围的数量或特性的选择权有多种。为了增加保障范围的数量，保单持有人可以选择保额随消费价格指数变动的生活费用附加条款（Cost-of-living rider）或保证可保性附加条款（Guaranteed insurability rider），后者在变动保险保障范围时无须提供可保性证明。若选择了保额随消费价格指数变动的生活费用附加条款，死亡利益将自动按合同开始后消费价格指数增长的百分比而增长，保单持有人将为所增加的保障范围而相应地付款，这一选择权在英国被称为“通货膨胀选择权”（Inflation option）。若保单持有人开始时拒绝生活费用附加条款，之后又要求行使该选择权，则必须提供可保性证明。保证可保性附加条款给予保单持有人在特定的条件下（如结婚或生子）增加保险金额的权利。

若保单持有人在特定年龄如60或65岁之前残疾，保费豁免权可以豁免其保费的支付。这一选择权并不昂贵，且无论保单持有人的健康状况如何都可以保证保单以同样的保险利益继续有效，一些保险合同在豁免保费之前需要一定的等待期。生前给付利益条款也称为生存利益选择权，在特定情形下和死亡事件发生之前，保险公司支付保单面值的现金价值的一定百分比。有些保险公司将这一选择权的执行视为保单的终止，也有一些在被保险人死亡时支付剩余保险利益。通过支付少量额外费用，在意外死亡的情形下，死亡利益可以增加（即意外死亡利益选择权），在这种情形下，除基本合同中的死亡利益之外，受益人还将获得一笔额外赔付，数目往往等于保单的面值或保单面值的多倍；但保险公司通常将某些情形排除在适用范围之外，如自杀、疾病、战争导致的死亡或在意外事故发生后超过120天死亡。

（十五）合同期限延长选择权

有些寿险合同提供将合同期限延长一个特定时间跨度且保持合同条件不变的选择权。若被保险人的健康状况并未恶化，在期满之前该选择权都是可执行的、被承认的；对于总的合同期限以及被保险人在新的到期日的年纪可能另有一些限制。这一选择权的价值在于，当市场利率较低时，保单持有人可以维持较高的保单保证利率。

为了使前面的分析更为完整化，表3–6对表3–5中各类合同的隐含期权的类型进行了归纳归结。总体上，表3–6中的各类合同都含有一些基础性的基本选择权，如缴清选择权和退保选择权。在定期寿险中，典型的额外支付选择权是转换选择权、追加保费来调整死亡保障范围的选择权以及合同期限展期选择权。两全保险通常提供死亡利益保障范围扩展选择权、动态的保费增长以及额外支付选择权。投资连结保险一般包括与传统的两全保险相类似的选择权，不过在一定期限内取消合同的权利意味着金融风险，这类保险中经常还提供合同期限延展和保单贷款选择权。如同定期寿险一样，保单持有人可以通过转换选择权将投资连结保险转换为保费水平和到期日期相同、死亡和生存利益相应调整的两全保险；基于选择权执行日参照投资组合的价值来计算调整后的保险利益。终身寿险也具有保障范围扩展选择权、保单贷款、购买缴清增额保险以及展期定期寿险选择权。就保费支付而言，万能寿险是最为灵活的一类合同，其保费支付的时间和数额都可以变动；万能寿险合同中往往还包括与终身寿险类似的选择权。

表3–6　寿险合同中的主要隐含期权类型

合同类型	主要的隐含期权（选择权）
定期寿险	保费支付选择权（缴清选择权、重获选择权） 退保选择权 结算选择权 转换选择权 额外支付选择权 合同期限延长选择权
两全保险	红利选择权 保费支付选择权（缴清选择权、重获选择权） 退保选择权 灵活的到期选择权 结算选择权 转换选择权 额外支付选择权 合同期限延长选择权 动态保费增长

续表

合同类型	主要的隐含期权（选择权）
投资连结保险	具有保证利率的红利选择权 保费支付选择权（缴清选择权、重获选择权） 退保选择权 灵活的满期选择权 结算选择权 合同期限延长选择权 保单贷款选择权 转换选择权 异议权：合同取消
终身寿险	不丧失价值选择权（退保、缴清、展期） 红利选择权 购买缴清增额保险 结算选择权 保障范围扩展选择权 保单贷款选择权
万能寿险	不丧失价值选择权（退保、缴清、展期） 灵活的保费支付：时间、数额 红利选择权 灵活的满期选择权 结算选择权 保障范围扩展选择权 保单贷款选择权

人身保险产品的供给意见解读

一、人身保险主体生存反思

“人身保险产品的供给停留在20年前的形态”一文介绍了过去20年中国人身保险的产品形态；“人身保险产品的供给缺少了什么？”一文介绍了过去20年中国人身保险的产品形态缺少什么。至此，我们回到《关于进一步丰富人身保险产品供给的指导意见》，重新思考该文件背后的含义。

《关于进一步丰富人身保险产品供给的指导意见》提出了12条意见，其中包括3条原则：坚持以人民为中心，坚持高质量发展，坚持深化改革；5个领域：加大普惠保险发展力度，服务养老保险体系建设，满足人民健康保障需求，提高老年人、儿童保障水平，加大特定人群保障力度；4条举措：优化开发管理机制，加快数字化转型，加强行业基础研究，改革产品监管机制。

二、人身保险产品的供给意见解读

（一）坚持以人民为中心

原文：“坚持以人民为中心。发展满足人民需要、符合保险业发展规律的保险产品和服务；加强民生领域保险服务，持续提供多层次、广覆盖的保险保障。”

悠悠万事，民生为大。“民生福祉达到新水平”已经成为我国经济社会发展的主要目标之一。习近平总书记在庆祝改革开放40周年大会上的重要讲话中指出：“我们要着力解决人民群众所需所急所盼，让人民共享经济、政治、文化、社会、生态等各方面发展成果，有更多、更直接、更实在的获得感、幸福感、安全感，不断促进人的全面发展、全体人民共同富裕。”不断提高人民群众的获得感、幸福感、安全感，对于凝聚起把新时代改革开放继续推向前进，实现“两个一百年”奋斗目标、实现中华民族伟大复兴中国梦的磅礴力量具有十分重要的意义，是新时代全面深化改革的重要着力点。

为了谁、依靠谁，是一个根本问题。坚持以人民为中心，不断实现人民对美好生活的向往，是习近平新时代中国特色社会主义思想的核心要义，是新时代坚持和发展中国特色社会主义的基本方略之一，也是不断提高人民群众获得感、幸福感、安全感的重要前提。因此，保险作为防范化解重大风险的重要制度，必须有鲜明的立场。保险与人民的关系，是一个风向标、指挥棒，决定了保险为谁保、保什么、怎么保。

（二）坚持高质量发展

原文：“坚持高质量发展。以市场需求为导向，加快转变发展方式，回归保险保障本源；顺应保险消费升级新趋势，推动科技创新与保险服务的紧密融合，稳步提升人身保险产品供给质量。”

保险业的高质量发展，就是通过认识保险深层本质、把握保险深层发展规律、建立保险深层对称结构，建构精准保险模式，准确预测保险发展趋向，精准达到预期保险目标，使保险效益最大化与保险可持续发展有机结合起来。

马克思曾说，一切都取决于它所处的历史环境。在一个国家的发展历程中，每一个阶段都要面对不同的情势，承担不同的使命。所谓机遇，不过是“历史环境”造就的历史机遇；所谓挑战，也往往是“历史环境”催生的现实问题。中国保险业该如何从曲折跌宕的历史进程中认清时代的给予？又该怎样拿出百倍的勇气和智慧，应对现实的挑战？

面向2035，在历史的标尺上，中国保险业需要思考如何推进保险变革，未来15年中国保险业将会发生巨变……中国保险业已站上一个新的历史起点。

（三）坚持深化改革

原文：“坚持深化改革。优化市场发展环境，推进人身保险供给侧结构性改革加快发展；进一步压实保险机构主体责任，建立完善产品开发体制机制，增强企业活力和产品创新动力。”

保险业将如何通过深化改革来服务国家经济社会发展大局，即服务新发展理念和新发展格局呢？新发展理念包括创新、协调、绿色、开放、共享五个方面，在每一个方面，《“十四五”规划纲要》都针对保险业有明确的部署和安排，这些也是“十四五”时期保险业深化改革的重点努力方向。具体来看，一是在创新发展方面，二是在协调发展方面，三是在绿色发展方面，四是在开放发展方面，五是在共享发展方面，要求健全多层次社会保障体系，规范发展第三支柱养老保险；健全全民医保制度，积极发展商业医疗保险；完善养老服务体系，实施积极应对人口老龄化国家战略。

（四）加大普惠保险发展力度

原文：“加大普惠保险发展力度。主动承担社会责任，提供适当、有效的普惠保险产品，大幅提高对欠发达地区的支持力度。助力巩固脱贫攻坚成果，有效衔接乡村振兴，配合各地相关政策，面向老年人、农民、低收入人群、残疾人等群体积极开发投保门槛较低、核保简单、价格实惠、保障责任明确的产品。”

为修正现有金融体制的弊端，许多国家、机构乃至个人已经积极开展新型金融实验，相关学者也从理论上对金融回归“全社会财富托管人”的理念进行了探讨。其中最引人注目的是普惠金融实践和金融民主化尝试。

普惠金融的基本含义是能有效、全方位地为社会所有阶层和群体提供服务的金融体系。由于富裕群体普遍比较容易获得全面的金融服务，普惠金融实际上侧重弱势群体或低收入人群，目的是使这些群体中有真实需求的人，能够以合理的价格，方便和有尊严地获取全面、高质量的金融服务。普惠金融的功能一般通过设立专门的乡村银行或社区银行实现，其中最成功的案例是诺贝尔和平奖获得者尤努斯创办的孟加拉乡村银行。该银行主要面向农村贫困人口，尤其是贫困女性，采取无担保、无抵押的贷款制度，借款利率略高于传统银行，大大低于高利贷。它的成功引起其他国家的效仿，已有数十个国家（包括美国、法国、荷兰等发达国家）开设了类似的银行。

普惠保险则是指将保险普遍惠及所有群体，特别强调在贫困地区、少数民族地区、偏远地区以及残疾人和其他弱势群体中提供保险服务，让更多群体享受到惠而不费的优质保险服务，使保险业在促进脱贫、防止返贫，完善中低收入人群健康养老保障方面发挥更大作用。国际上，普惠保险着重强调发展中国家和贫困国家的保险服务，其强调的另一点是要使各个阶层跟上社会进步和现代化的步伐。

（五）服务养老保险体系建设

原文：“服务养老保险体系建设。坚持回归保障本源，围绕多元化养老需求，创新发展各类投保简单、交费灵活、收益稳健的养老保险产品，积极开发具备长期养老功能的专属养老保险产品。提供收益形式更加多样的养老年金保险产品，丰富养老资金长期管理方式。适应养老保险体系发展需求，探索可支持长期化、年金化、定制化领取的保险产品和服务，有效满足企业年金、职业年金参加人员和其他金融产品消费者的养老金领取需求。支持通过多种方式参与养老服务体系发展，探索在风险有效隔离的基础上以适当方式将长期护理责任、风险保障责任和养老金领取安排与老龄照护、养老社区等服务有效衔接。”

2019年末，中国养老保障体系资产分布：第一支柱由国家基本养老保险和养老储备基金构成，其存量资产约为7.7万亿元，占比为78.7%；第二支柱由企业年金和职业年金构成，存量约1.6万亿元，占比为16.2%；第三支柱由个人商业养老保险等养老金融产品构成，其中个人商业养老保险存量资产约为0.5万亿元，占比为5.1%。综上，2019年末，中国养老保障体系资产余额约为9.77万亿元，占2019年GDP总量的10%。和经济合作与发展组织（OECD）50%左右的占比相比，中国养老保障体系资产占比差距较大。

2025年，个人商业养老保险如果存量资产达到6万亿元，就将成为中国养老保障体系重要组成部分，其在中国养老保障体系“三支柱”中的作用将超过由企业年金和职业年金组成的“第二支柱”。为此，国家接连发文推动商业养老保险的发展，年金保险的改革已经迫在眉睫，并且这场改革需要“新范式”。

2025年商业养老保险6万亿元的新目标，虽然对于中国养老保险体系的完善来说是“一小步”，但是对于商业养老保险的改革发展来说却是“一大步”。

（六）满足人民健康保障需求

原文：“满足人民健康保障需求。规范城乡居民大病保险发展，做好与基本医保等的衔接补充。扩大商业健康保险服务覆盖面，立足长期健康保障，探索建立商业健康保险药品目录和诊疗项目目录，将更多医保目录外合理医疗费用科学地纳入医疗保险保障范围，提高重大疾病保险保障水平。积极参与长期护理保险试点，加快商业护理保险发展，促进医养、康养相结合，满足被保险人实际护理需求。支持健康保险产品和健康管理服务融合发展，逐步制定完善健康管理服务、技术、数据等相关标准，提高被保险人健康保障水平。”

新中国医疗保障体系建立至今，已经有近70年的历史。回顾历史不同阶段，医疗保障制度经历了从无到有的过程，其覆盖范围从最初只覆盖小部分群体到近乎全覆盖，为绝大多数国民提供了基本的医疗保障。但是，在人口老龄化压力下，在变化的经济和社会条件下，当前医疗保障体系面临着更多挑战，亟须构建更多层次的医疗保障体系。

党的十八大以来，党中央站在全局和战略的高度，积极推进建立城乡一体的基本公共服务提供机制，统一的城乡居民基本养老保险、基本医疗保险、大病保险制度逐步建立。截至2020年底，城乡居民基本医保覆盖了13.6亿人。另外，国家统计局公布的数据显示，在这期间，个人医疗费用支出占比从2000年的59%下降到2020年的30%左右，国家承担了近70%。

虽然城乡居民基本医保已覆盖了95%的人群，但近年来人均医疗费增长率远超GDP、居民可支配收入增长率；居民一旦罹患恶性肿瘤等重大疾病，在扣除大病保险报销金额之后，个人自负部分加上康复费用约为30万元，导致“因病致贫、因病返贫”的事件仍时有发生。同时，大病保险保障金额的进一步提高也陷入筹资困局。

总的来看，现有的医疗保障体系，无论是基本医疗保险制度，还是大病保险包括医疗救助制度，整合在一起仍不足以提高应对人口老龄化时代挑战的医疗保障能力。尤其是，当前医疗保障体系乃至整个社会保障体系仍缺乏对重大疾病患者的收入保障支持，这也是导致“因病致贫”与“因病返贫”最重要的原因之一。未来的医疗保障亟待构建多层次医疗保障体系，尤其是亟待补齐大病保障、收入维持以及特殊脆弱群体保障方面的制度短板。

（七）提高老年人、儿童保障水平

原文：“提高老年人、儿童保障水平。进一步提高投保年龄上限，加快满足70岁及以上高龄老年人保险保障需求。适当放宽投保条件，对有既往症和慢性病的老年人群给予合理保障。科学厘定产品价格，简化投保、理赔流程，积极开发适应老年人群需要和支付能力的医疗保险和老年人意外伤害保险产品。加强老年常见病的研究，加快开发老年人特定疾病保险。围绕儿童生活、教育、医疗等方面实际需求，积极开发有特色的教育年金保险、残障儿童保险、儿童特定疾病保险等产品，加大对儿童先心病、罕见病等的医疗保障。”

随着医疗水平的提升以及社会的发展，中国人均预期寿命得到了极大提升。不过，人均预期寿命提高带来的老龄化结果也为医疗保障带来了更大的压力——老年人口生理上更容易为疾病困扰，对医疗服务需求远大于年轻群体，且老年人口物质生产能力随时间推移逐步下降。在近年来出生率持续低迷的情况下，未来中国将面临着更为严峻的形势——谁来为越来越多的老年人提供医疗保障？因而，调动尽可能多的力量，构建更多层次的医疗保障体系是老龄化时代对医疗保障事业发展的天然要求。在人口老龄化压力下，信息技术的发展为最为古老的风险分担方式赋予了新的活力，以期满足更多群体尤其是脆弱群体日益提升的共同分担医疗风险的需求。

2020年，中共中央、国务院发布《关于深化医疗保障制度改革的意见》，提出："到2030年，全面建成以基本医疗保险为主体，医疗救助为托底，补充医疗保险、商业健康保险、慈善捐赠、医疗互助共同发展的医疗保障制度体系。"

（八）加大特定人群保障力度

原文："加大特定人群保障力度。积极发挥商业保险补充作用，与基本社会保障制度加强衔接，充分考虑新产业新业态从业人员和各种灵活就业人员的工作特点，加快开发适合的商业养老保险产品和各类意外伤害保险产品，提供多元化定制服务。支持群众体育运动和体教融合，提高体育运动意外伤害保险保障程度，探索开发学生校园运动意外伤害保险、学生冰雪运动意外伤害保险等产品。推动军民融合发展，满足军队特殊商业保险需求。研究开发满足特殊环境、特殊岗位工作人群风险保障要求的保险产品。鼓励开发区域性人身保险产品，助力区域发展，满足自贸区、自贸港差异化风险保障需求，为不同区域的人群提供意外、医疗等各类保险保障。"

随着时代的发展，医疗保障体系的覆盖范围与保障水平在持续提升。当前，在我国社会主要矛盾转化为"人民日益增长的美好生活需要和不平衡不充分的发展之间的矛盾"的情况下，医疗保障制度在实现了接近全覆盖目标之后，医疗保障体系的主要问题再次发生演化：一是如何保障特殊脆弱群体（特定群体），二是如何控制费用并提高医疗资源的使用效率。

特定群体属于低频、高损失风险的群体，并且不同特定群体的风险偏好存在着明显的差异。风险识别成本居高不下，导致了更多的逆向选择行为。对于理性的决策者而言，参保决策是以可能受益为决策前提，既然项目成本居高不下，在覆盖水平有限的情况下，项目最终所聚集的群体的风险自然高于整个社会的风险，这也是当前商业保险机构在大病保险项目上长期面临的主要困难所在。为此，保险业要创新相互保险、政策性保险等形式，服务特定人群的保险需要。

（九）优化开发管理机制

原文：“优化开发管理机制。强化保险机构责任担当，找准自身市场定位，大力提升产品可得性、精准性和有效性。建立健全产品开发工作机制，明确主责部门和相关部门的职责范围，细化工作目标和具体任务，统筹推进丰富产品供给工作。建立健全产品管理机制，探索分级分类管理，有效改善产品供给质量，实现产品供需良性互动、业务高质量发展。”

随着保险市场的快速发展，人身保险产品开发主体日益多元化，产品开发管理工作也陆续出现了一些新情况、新问题。一是产品种类多，满足消费者真实需求的少。二是同质化产品多，但差异化、个性化产品少。三是备案产品数量多，有产能的产品少。

面向未来，人身保险业务收入结构需要进一步优化，短期产品需要大幅压缩，保险保障功能需要不断增强。保险监管部门需要按照法律法规和相关监管规定要求，继续对各公司报备产品进行严格核查，持续追踪公司产品经营情况，定期通报监管工作中发现的问题。同时研究推进产品信息公开披露制度，加大媒体和公众监督力度。对产品管理主体责任履行不到位，产品回溯工作走过场，产品开发设计违规或不符合精算原理，以及仍涉及负面清单或历次问题通报中列明的不合理、不规范情形的保险公司，保险监管部门需要依法采取监管措施或实施行政处罚，严格追究相关人员责任。

（十）加快数字化转型

原文：“加快数字化转型。加大信息科技投入，通过科技赋能，降低产品成本、创新供给渠道、拓展服务深度，努力实现定价更科学、投保更便利、理赔更及时，充分满足消费者多元化保险需求。促进互联网保险稳健经营，丰富数据信息来源，深化大数据、人工智能、区块链等技术应用，配套开发适应各类场景且符合精算原理的人身保险产品，真正实现数据驱动业务发展。加大科技引领作用，提高线上全流程服务能力，实现与线下服务有机融合。”

当前，整个世界正处在信息革命的时代，以人工智能为代表的新兴科技正在促进社会发生重大转变。麦肯锡全球研究院的研究表明，这种转变比工业革命“发生的速度快10倍，规模大300倍，影响几乎大3000倍”。像200年前电力彻底颠覆人类世界一样，人工智能正在掀起一场新的产业革命。在经历了这一系列技术冲击后，更为专业的保险技术服务已经成为全球保险行业最热门的话题之一。科技将进一步释放保险行业的活力，推动保险业和各产业的资源整合，为保险业在支付手段创新、产品形态演变、风险管理提升等方面提供巨大的想象空间。拥抱AI、利用AI、AI化转型，将是助力保险业腾飞、更好发挥其功能和作用的关键。

（十一）加强行业基础研究

原文：“加强行业基础研究。推动完善行业基础数据标准，促进行业数据安全共享，进一步提升基础数据质量，丰富基础数据来源。持续开展产品条款标准化、简单化、通俗化工作。推动区域性疾病、流行性疾病的研究，开展老年人、儿童、新产业新业态从业人员等特定人群经验数据分析，合理划分不同人群风险等级，为产品精准化供给提供支撑。加强失能收入损失保险、护理保险及医疗意外保险的行业经验数据收集，探索制定行业标准发生率表。”

人身保险产品相关数据已经汇集到中国银行保险信息公司（以下简称中银保信），形成了产品数据库。当前，监管部门应该针对不同的保险产品采用不同的工作方式，并督促保险公司共同推动完善行业基础数据。

第一类：长期产品（含终身类）。该类产品应该由行业协会或者监管机构指定机构进行数据库的构建，一方面是促使该产品能够合规合法地履约，另外一方面可以在保险机构在合约存续期出现风险时能够按照《保险法》《保险保障基金办法》等规章制度进行更快更高效的给付责任转移。

第二类：短期产品。监管机构对该类产品应该定义基础的过程节点，督促保险公司建立数据库，并对相关数据（含双录等关联数据）进行索引和链接。

第三类：长期护理保险产品。监管机构应该协调社保部门、医保局、卫生健康委等，共同建立跨部门的过程数据库，该数据库提供跨越行业支撑我国养老和健康的数据，具有国家数据的基本特征。

（十二）改革产品监管机制

原文：“改革产品监管机制。加强监管能力建设，健全机构监管职能，完善产品精算制度。建设产品智能审核系统和登记管理机构，发挥第三方机构服务监管作用，提升信息化水平和监管质效。强化属地监管优势，形成上下联动的监管合力，防止‘伪创新’‘乱创新’，保护消费者合法权益，坚决打击各类违法违规行为，牢牢守住不发生系统性风险的底线。”

保险监管部门需要进一步加大对保险误导销售的查处惩戒力度。针对损害保险消费者合法权益的典型问题和突出公司，组织开展“精准打击行动”，从严整治、从快处理、从重问责，发挥警示和震慑作用；针对人身保险销售、渠道、产品和非法经营等方面问题开展人身保险“治乱打非”专项整治，查处违法违规行为，整顿规范市场秩序，切实保护好消费者合法权益。

人身保险监管需要坚持不懈治理金融市场乱象，进一步遏制违法违规经营行为，依法处置高风险机构，下大力气补齐监管短板，做到远近兼顾，标本兼治。坚定不移深化金融改革、扩大开放，着力完善公司治理机制，优化金融机构体系，推进市场化兼并重组，扩大保险业开放，加快建立多层次、广覆盖、差异化保险体系，形成全方位、多层次、宽领域的高水平开放新格局。创新和完善监管方式方法，做到审慎监管与行为监管、风险监管与合规监管、定量监测与定性判断、前瞻预判与持续防控，以及国际经验与中国国情相结合，动态前瞻把握好工作节奏与力度，真正提升监管能力和监管效率。

人身保险互联网新规倒逼寿险公司变革

一、人身保险主体生存反思

2021年10月22日，中国银保监会印发《关于进一步规范保险机构互联网人身保险业务有关事项的通知》（以下简称《互联网寿险通知》），作为《互联网保险业务监管办法》配套规范性文件。《互联网寿险通知》着力规范互联网人身保险领域的风险和乱象，统一创新渠道经营和服务标准，旨在支持有实力、有能力、重合规、重服务的保险公司，应用互联网、大数据等科技手段，为社会公众提供优质便捷的保险服务。

《互联网寿险通知》分为三个部分，共二十二条，主要内容与2021年初发布的《关于进一步规范互联网人身保险业务有关事项的通知（征求意见稿）》基本一致。对照互联网人身保险业务的发展现状，影响较大的是《互联网寿险通知》第八条第二款："互联网人身保险产品范围限于意外险、健康险（除护理险）、定期寿险、保险期间十年以上的普通型人寿保险（除定期寿险）和保险期间十年以上的普通型年金保险，以及银保监会规定的其他人身保险产品。不符合本通知要求的互联网人身保险产品不得上线经营，不得通过互联网公开展示产品投保链接或直接指向其投保链接。"

根据《互联网寿险通知》第八条第二款规定，保险期间十年以下的普通型人寿保险和普通型年金保险，分红型、万能型、投资连结型保险将被禁止通过互联网销售。这对于部分寿险公司将产生巨大的影响，包括主要业务为投资连结保险、万能型长期护理险的公司以及一些主要以互联网为渠道的寿险公司。为什么会这样要求？这样要求的结果又会如何？

二、互联网人身保险监管政策解读

（一）《互联网寿险通知》的主要影响

《互联网寿险通知》发布之后，笔者相信寿险公司也有点手足无措。按照这个文件，在91家寿险公司中，人们熟知的一些公司按照该公司2021年9月底的经营情况将不能再销售互联网保险；可销售十年期以上普通型人寿保险和普通型年金保险的公司仅为20家左右。综合来看，2022年互联网人身保险市场将会大洗牌，当然也不排除“道高一尺，魔高一丈”，更不排除“监管放水”。

中国保险行业协会公布的数据显示，2020年91家寿险公司中共61家公司开展了互联网保险业务，占比为67%；寿险公司互联网保险保费收入为2110.8亿元，同比增长13.6%。从险种角度分析，2020年互联网人身保险产品结构持续调整，人寿保险实现规模保费为1173.5亿元，同比减少3.2%；年金保险实现规模保费为490.1亿元，同比增长38.8%；健康保险实现规模保费374.8亿元，同比增长58.8%；意外险实现规模保费为72.4亿元，同比增长29.1%。

为了更清楚地分析《互联网寿险通知》的影响，表3-7给出了2016—2020年互联网人身保险保费分布情况，下面的分析暂不考虑健康保险、意外伤害保险和年金保险，仅分析人寿保险。《互联网寿险通知》第八条第二款规定，在2020年互联网人寿保险业务中，不受新规影响的是定期寿险和终身寿险，保费规模占比是19.14%；部分受新规影响的是两全保险，保费规模占比是15.87%；全部受新规影响的是分红保险、投资连结保险和万能保险，保费规模占比是65.00%。可见，《互联网寿险通知》对2022年的互联网人身保险市场产生巨大的冲击。

表 3-7　2016—2020 年互联网人身保险保费分布情况

类别	2020 年	2019 年	2018 年	2017 年	2016 年
互联网人寿保险（亿元）	1173.5	1212.4	675.4	799.6	1494.1
其中：定期寿险（亿元）	7.7	4.4	2.5	1.2	1.8
终身寿险（亿元）	216.9	78.7	47.2	34.7	29.2
两全保险（亿元）	186.2	237.5	55.4	319.0	158.6
分红保险（亿元）	552.5	605.9	240.3	148.1	127.9
投资连结保险（亿元）	88.9	77.9	127.4	162.1	889.9
万能保险（亿元）	121.4	208.0	202.6	134.6	286.7
互联网健康保险（亿元）	374.8	236.0	122.9	59.0	31.8
互联网意外伤害保险（亿元）	72.5	56.1	57.1	63.3	23.3
互联网年金保险（亿元）	490.1	353.2	337.9	461.3	247.5
互联网寿险合计（亿元）	2110.8	1857.7	1193.2	1383.2	1796.7
互联网人寿保险占比（%）	55.60	65.26	56.60	57.81	83.16
不受新规影响的保费占比（%）	19.14	6.85	7.36	4.49	2.07
部分受新规影响的保费占比（%）	15.87	19.59	8.20	39.89	10.62
全部受新规影响的保费占比（%）	65.00	73.56	84.44	55.63	87.31

资料来源：笔者根据中国银保监会及中国保险行业协会公布的数据整理。

（二）《互联网寿险通知》的出台目的

2020年12月9日，国务院常务会议研究部署了如何促进人身保险扩面提质稳健发展，如何满足人民群众的多样化需求；2021年10月8日，中国银保监会印发了《关于进一步丰富人身保险产品供给的指导意见》，就“深化保险业供给侧结构性改革，促进人身保险扩面提质稳健发展，更好服务民生保障和经济社会建设”提出了12条意见。这些都标志着中国寿险业迈入“扩面提质时代”，为此，中国寿险业务必要做好几方面的工作：

一是祛病。切除历史遗留下来的“股权之争”“治理之伤”“财务之乱”等毒瘤，是促进寿险业健康发展的必然条件。二是减肥。正如“政府管了一些不应该管或者管不好的事情”一样，寿险公司也做了一些不应该自己做的事情。要通过聚焦于进行瘦身，砍掉历史遗留下来的“销售之大”“科技之差”“人员之全”等毒瘤，鼓励借助于周边的保险科技生态等进行内部改革，并借此实现寿险内部职能减肥。三是提质。减肥不是为了“瘦骨伶仃”，而是为了“强健体魄”，集中主要的人力、物力强化“业务之专”“服务之优”“经营之稳”等基因，实现寿险业的健康发展。

《互联网寿险通知》第八条第二款规定正是为了“祛病”“减肥”和“提质”，只有如此才能控制并化解部分寿险公司因前期“短期主义”经营所导致的风险，倒逼寿险公司转向“长期主义”，只有如此才能切实保护保险消费者合法权益，促进互联网保险业务高质量发展。

（三）《互联网寿险通知》的“长期主义”

2021年10月21日，中国银保监会官网公布了“关于防范保险诱导销售的风险提示”，其披露的“首月0元”“零首付”“免费保障”“抽奖获取”等互联网保险产品销售诱导行为，都是保险机构和从业人员因“短视思维”而导致的“短期行为”。这些间接反映了部分寿险公司存在定位不清、保障功能弱化、发展方式粗放等问题，其中一个重要原因就是它们对寿险业的经营规律缺乏深刻认知，寿险公司应当清醒地认识到“长期主义”才是寿险业需要坚持的价值观和方法论。

坚持“长期主义”的思维和原则，一方面可以避免出现“首月0元”“免费保障”等互联网保险业务的违规行为；另一方面可以规避部分寿险公司“急转弯”“急刹车”等行为。《互联网寿险通知》正是从“长期主义”的角度对互联网人身保险提出了新要求，这可以让人们对互联网人寿保险业务当前存在的问题、矛盾和风险保持足够的警觉并及时处置，从而保证寿险业的长期稳定发展。

在《论保险业的“长期主义”》一文中，孙祁祥教授提出：“长期主义的践行者至少都具备以下五个重要特质，即战略定力、专业实力、诚信精神、创新能力和商业向善。”《互联网寿险通知》将倒逼寿险公司进行变革，倒逼寿险公司重新思考和秉持“战略定力”“专业实力”“诚信精神”“创新能力”和“商业向善”，如此寿险业才能科学地迈入“扩面提质时代”，否则所有的“祛病”“减肥”“提质”行为都是“短期行为”，无法实现寿险业的高质量发展。

人身保险互联网新规也许是一个导火索

一、人身保险主体生存反思

“人身保险互联网新规倒逼寿险公司变革”一文谈道，《互联网寿险通知》将倒逼寿险公司转向“长期主义”，但是人们也有疑问：部分寿险公司还有机会过渡到“长期主义”吗？会不会出现“出师未捷身先死”的现象？

这一波的寿险改革源于2017年7月的第五次全国金融工作会议，对此次会议之后中国保险业的发展历程，笔者称之为“与国同行”阶段（2017年至今）。对比之前的“摸着行走”（1980—2000年）、“跟着行走”（2001—2008年）、“自个儿行走”（2009—2016年）阶段，显然留给寿险业变革的时间已经不多了，对于部分寿险公司来说，未来10年要么绝地重生，要么灰飞烟灭。

回顾2017年以来寿险业“与国同行”的变革，也许《互联网寿险通知》就是一个导火索，并且是一个即将点燃的导火索，这个导火索连着的“雷”会不会爆炸？爆炸的威力又如何？这一切在于两个方面：一是外部环境（宏观之经济、中观之保险、微观之市场），二是内部环境（战略之再定位、路径之再规划、行动之再出发）。

二、为什么是导火索？

2017年第五次全国金融工作会议之后，中国寿险业的发展又可以分为三个阶段。

一是控制风险阶段（2018—2020年）。这个阶段保险监管部门出台了一系列文件，但是主要目的是控制风险的蔓延和放大。从政策来看虽然趋严但是留有一定的灵活空间，或者说存在一定的“监管套利”空间。随着安邦保险重组为大家保险，华夏人寿和天安人寿等公司的接管延期，以及部分寿险公司的股权调整，整体来说整个寿险业的风险得到了初步控制，“防范化解金融风险取得决定性成就”。在2021年3月2日举行的国新办新闻发布会上，中国人民银行党委书记、中国银保监会主席郭树清指出：“银行业保险业风险从快速发散转为逐步收敛，一批重大问题隐患‘精准拆弹’，牢牢守住了不发生系统性风险的底线。”

二是风险缓冲阶段（2021—2022年）。在此期间监管政策频出，在“防范化解金融风险取得决定性成就”的基础之上，保险监管部门开始引导行业迈入“扩面提质时代”。2020年12月9日，国务院常务会议研究部署了如何促进人身保险扩面提质稳健发展，如何满足人民群众的多样化需求。《关于进一步丰富人身保险产品供给的指导意见》《关于进一步规范保险机构互联网人身保险业务有关事项的通知》等文件开始为寿险业的高质量发展进行顶层设计。

三是风险化解阶段（2023—2025年）。相比于第一阶段的行政手段，这一阶段将主要通过市场手段进行“精准拆弹”。我们将会看到监管政策进一步收紧、“监管套利”空间进一步收缩，保险监管部门控制的“外生变量”已经或即将明确，寿险公司只能通过“内生变量”寻求变革与发展。

第三个阶段可能会延续到2030年，因为从寿险业负债的平均久期来看，

2017年以来的新增风险得到完全化解至少需要10年时间。

从以上三个阶段可以看出，《关于进一步丰富人身保险产品供给的指导意见》只是一个“引线”，没有明确所指向的对象；但是《关于进一步规范保险机构互联网人身保险业务有关事项的通知》《万能型人身保险管理办法（征求意见稿）》……将变成一个个“导火索”，已经明确了所指向的对象。

三、导火索背后的“雷”是什么?

当前宏观经济延续稳中有进的基本态势，但寿险业历史上积累的一些风险和矛盾正在显现，对寿险业形势要客观认识、理性看待，对存在问题要开准药方，及时解决。结合2021年中国寿险业的发展状况，下面给出了中国寿险业当前需要思考并解决的十大问题：

问题1：中国寿险业保费增速全面放缓，现金流风险与日俱增！

问题2：中国寿险业资金运用穿透后指向房地产业，金融风险的传染效应正在强化，要警惕偿付能力监管的失效！

问题3：中国寿险业资金运用收益开始下行，利差率风险正在酝酿发酵！

问题4：中国寿险业的资本喜好度在下降，未来净资产增长速度将放缓，抗风险能力值得关注！

问题5：中国寿险业盈利能力（ROE）虽然领跑其他金融业，但如果拆开来看却令人担忧！

问题6：中国寿险业的盈利主力是个人代理人业务，随着知识经济智能进化时代的到来，消费者开始觉醒，个人代理人业务的利润正在被蚕食！

问题7：中国寿险业的半壁江山是银行保险业务，随着消费者开始适应银行互联网业务，银行保险成为明日黄花！

问题8：中国寿险业的新起之秀是互联网保险业务，随着人身保险互联网新规的施行，互联网保险将会大幅缩水！

问题9：中国寿险业真正的未来在养老保险或养老金融，虽然过去20年徘徊不前，但能不能找到方向就在当前！

问题10：中国寿险业因新冠疫情放大了其价值，但是未知的风险也在放大！

十大问题背后隐含的正是保险业面临的四大风险：一是传统风险（包括保险风险、市场风险、信用风险、流动性风险等）；二是经营风险（包括公司治理风险、经营激进风险等）；三是宏观环境风险（包括经济下行、资本市场波动、金融泡沫等）；四是全球风险的传染、传递。

基于十大问题面临的风险，中国寿险业安全问题的风险源头（“雷”）如下：最大的不确定性（金融危机）、最大的风险源（投资业务）、重大的危险源（承保业务）和重大的隐患源（保险机构）。

91家寿险公司，面向“十四五”期间，或者站在“2022年”，我们要谨记“每一次深度危机都会留下一个故事，这是指向未来的叙述”。同样，人身保险互联网新规已经开始续写这个故事，结局到底是“绝地重生”还是“灰飞烟灭”，关键不在“外生变量”，只在“内生变量”。

人身保险业急需“生前遗嘱”这个金箍

一、人身保险主体生存反思

“人身保险互联网新规也许是一个导火索”一文罗列了当前寿险业面临的“十大问题”，指出“十大问题”正是寿险业安全问题的风险源头：最大的不确定性（金融危机）、最大的风险源（投资业务）、重大的危险源（承保业务）和重大的隐患源（保险机构）。

为什么会产生这样的局面？主要是因为我们缺少对金融（保险）的认知和敬畏感，我们经历了P2P的疯狂，但是部分寿险机构有过之而无不及，真乃“无知者无畏”；归根结底，都梦想“大而不倒”。为什么“大而不倒”？又该如何破解？也许除了公司治理、市场行为、偿付能力监管之外，还需要一个金箍——“生前遗嘱”。

二、金融业的“生前遗嘱”

2008年，美国次贷危机引发的金融海啸席卷全球，多家世界知名大型金融机构倒闭。痛定思痛，为防范金融机构引发“多米诺骨牌”效应，尤其是防范外部关联性强的银行引发社会性危机，“生前遗嘱”（living wills）机制应运而生。

金融机构的“生前遗嘱”，包含恢复计划（RCP）和处置计划（RSP）两部分，所以又称“恢复与处置计划”，由金融稳定理事会（FSB）提出，要求金融机构拟订并向监管机构提交，是当其陷入实质性财务困境或经营失败时快速有序的处置方案，以促使机构恢复日常经营能力，或者实现部分业务功能分拆或机构整体有序关闭的制度安排。

2021年9月，银保监会发布了《系统重要性银行附加监管规定（试行）》，并于2021年12月1日正式施行，制订恢复和处置计划正式成为19家国内系统重要性银行的“规定动作”。算上此前《银行保险机构恢复和处置计划实施暂行办法》明确的“调整后表内外资产达到3000亿元人民币及以上的存款类金融机构”以及设立时须提交恢复和处置计划的民营银行，我国将有数十家银行面临集团层面恢复和处置计划的制订任务，中国银行业开始步入“生前遗嘱”时代。

三、寿险业的“生前遗嘱”

《银行保险机构恢复和处置计划实施暂行办法》第四条规定：“表内总资产达到2000亿元人民币及以上的保险（控股）集团和保险公司均应当制定恢复和处置计划。”该办法主要还是针对“大而不能倒”的保险机构，但“小而容易倒”也是当前中国寿险业的“痛点”。

2014年初，中国银监会要求5家试点民营银行设立“生前遗嘱”；2017年初，中国保监会拟在3家相互制保险机构试点“生前遗嘱”，可惜没有最终落地。

回顾中国寿险公司近20年的成立过程，基本上每家机构都少不了地方政府的支持，“地方政府的支持函”成了寿险公司成立的必要条件。这些“支持函”所隐含的就是一种“承诺”，给予保险监管部门的承诺，给予社会大众的承诺，所以地方政府发出的“支持函”成了道义上的“生前遗嘱”。

从2021年某地产公司的处置方案来看，地方政府正在履行“生前遗嘱”，主要是为了避免产生“多米诺骨牌”效应，因为“大而不能倒”，更因为地方政府历史上的各种“支持函、承诺函”已经成为了道义上的“生前遗嘱”。

对于寿险业来说，各地政府出具的“支持函”虽然不是法律意义上的“生前遗嘱”，但却是道义、民心上的“生前遗嘱”，这些都会记入保险业的历史。

根据《保险保障基金管理办法》第二十条、第二十一条规定，寿险公司也存在被依法撤销或者依法实施破产的可能，在此情况下个人保单持有人的救助金额不会超过保单利益的90%。所以，保险监管部门保护消费者权益不能变成“口号”，也不能变成“承诺”，只能进一步约束保险公司股东的行为，要求所有股东签署“生前遗嘱”。

从法律性质上来看，寿险机构和民营银行承担的责任基本一样，所以需要借鉴民营银行的“生前遗嘱”来重新确定寿险业的生前遗嘱规则。《系统重要性银行附加监管规定（试行）》《银行保险机构恢复和处置计划实施暂行办法》虽然做了一些规定，但无法解决当前部分寿险机构存在的实际问题。

《关于进一步丰富人身保险产品供给的指导意见》第一条就是“坚持以人民为中心”，这需要落到实处，除了产品设计之外，关键在于产品的安全。一旦产品发生问题之后，要解决“如何追索、向谁追索”的问题。

虽然对是否应设立“生前遗嘱”议论纷纷，理论界产生了“支持论”和“反对论”两种鲜明观点；但是当前部分寿险机构暴露的问题正是因“大股东贪婪、小股东不作为”“董事会一言堂、监事会不作为”“执行董事操纵、独立董事不作为”造成的，所以必须通过“生前遗嘱”来约束股东的行为，必须通过“过错推定、连带赔偿责任机制”来约束董事、监事和高管的行为。

所谓“治标先治本”，最近几年保险业的“穿透式监管”解决了部分机构的股东关联性问题，还需要“生前遗嘱”来进一步放大股东的连带赔偿责任。如此，我们才能谈畅想未来10年、20年中国寿险业的变革与发展，否则人身保险业所有问题都指向了“钱”。

过去一年寿险公司真的在变革吗?

一、人身保险主体生存反思

2020年12月16日，在国务院政策例行吹风会上，中国银保监会副主席黄洪介绍：“2020年前三季度，商业养老年金保险实现保费收入551亿元，累计积累了超过5623亿元的责任准备金。”

2021年10月21日，在金融街论坛“实体经济与金融服务”平行论坛上，中国银保监会副主席肖远企介绍：“2021年前三季度，商业养老年金保险实现保费收入有460亿元，累计积累了超过6200亿元的责任准备金。”

综上，2021年前三季度商业养老年金保险保费收入同比负增长16.52%。如此，靠什么实现2025年累计积累6万亿元责任准备金的目标？近一年，监管部门可谓政策频出，一副“剃头挑子一头热”的姿态；而寿险公司却无动于衷，完全一副“事不关己高高挂起”的神态。为什么会产生这样的局面？

二、寿险业与第三支柱养老保险

国务院常务会议多次研究部署人身保险发展问题，2014年研究加快发展商业健康保险；2017年研究加快发展商业养老保险；2019年研究促进社会服务领域商业保险发展措施；2020年研究部署了促进人身保险扩面提质稳健发展的措施。

显然，规范发展第三支柱养老保险已经被国家列为银保监会重点工作任务。2018年，税延养老保险试点启动，这是我国首次探索运用税收优惠推动第三支柱养老保险发展。2021年6月在浙江省和重庆市启动专属养老保险试点；9月在武汉、成都、青岛、深圳市启动养老理财产品试点。这些试点通过深化养老金融供给侧结构性改革，丰富了第三支柱产品和服务形式；但寿险公司却无动于衷，完全一副“事不关己高高挂起”的姿态。

2021年，保险业在“防范化解金融风险取得决定性成就”的基础上，监管部门开始引导寿险业迈入“扩面提质时代”。反观寿险公司，好像还没有做好要变革的准备，这与笔者所提出的中国寿险业进阶图（见图3-1）基本一致。

从经济理性的角度来说，未来5年寿险公司主要还是发力健康险，下一个5年才是养老险的爆发期。但是从“保险与人民、保险与国家”的角度来说，或者从为下一个5年布局的角度来说，寿险公司不能再无动于衷。

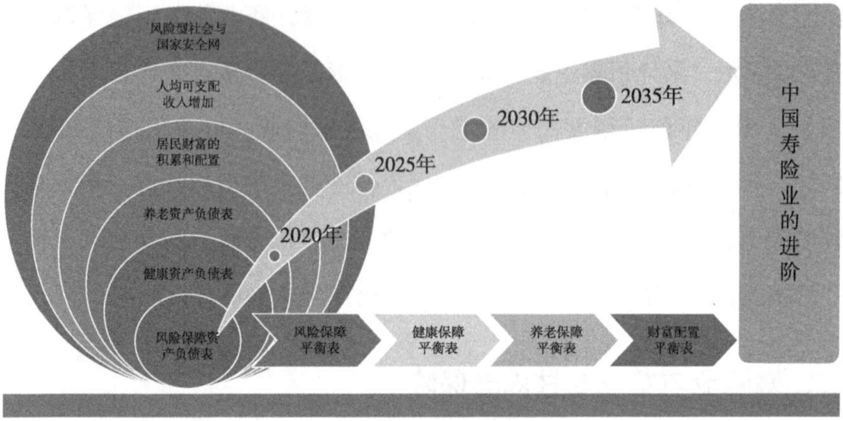

图 3–1　中国寿险业进阶图

三、寿险业如何布局第三支柱养老保险

目前，我国60岁及以上老年人口为2.64亿人，占比为18.7%，养老金融需求非常大；同时，我国居民存款已经超过90万亿元，可转化为长期养老资金的金融资产也非常可观，可以说规范发展第三支柱养老保险的基础和条件已经比较成熟。

随着房地产税试点落地，叠加未来中国人口增长率降低，逐步进入老龄化社会，居民的购房需求下降，将推动非金融资产占比走低。天风证券发布的报告显示，“未来10年居民非金融资产占比将从目前43%降至33%，资产配置持续向金融资产转移，整体财富管理市场将从目前的253万亿元增至660万亿元，占居民总资产的比例会从2020年的40%提高到2030年的55%，年化复合增速为10.06%。按照期初期末的结构比例测算，在未来407万亿元的增量中，120万亿元将来自非金融资产占比下降”。

这些对于寿险业来说，可谓“天时地利人和”，关键在于寿险业能从这些金融产品中分得几杯羹，所以寿险业面临的竞争不在于同业，而在于基金、信托、银行理财等业态。

2020年10月21日，中国银保监会主席郭树清在2020金融街论坛年会上表示，对于养老金融改革发展，总的方针是“两条腿”走路，一方面抓现有业务规范，就是要正本清源，统一养老金融产品标准，清理名不副实产品；另一方面是开展业务创新试点，大力发展真正具备养老功能的专业养老产品，包括养老储蓄存款、养老理财和基金、专属养老保险、商业养老金等。将选择条件较好的金融机构和专营机构先行参与，坚持从我国实际出发，借鉴国际正反两方面经验，探索养老金融改革发展的新路子。

2020年12月16日，在国务院政策例行吹风会上，中国银保监会副主席黄洪提出将从“加快发展专业化经营市场主体，扩大商业养老保险领域对外开放，加大养老保险产品创新，强化养老保险基础建设，加强人才队伍建设、提升专业能力”等五个方面来推动商业养老保险的发展。

2021年10月21日，在金融街论坛“实体经济与金融服务”平行论坛上，中国银保监会副主席肖远企提出将从“建立丰富的产品供给体系、增加第三支柱产品的吸引力、培育专业养老金融机构”等三个方面来推动商业养老保险的发展。

综上，寿险业如何布局第三支柱养老保险的顶层设计已经基本成形，剩下的就是寿险公司的再定位、再规划和再出发。

中国银保监会公布的数据显示，2021年寿险业保费同比下降1.42%，赔付同比增长12.17%。我们不妨思考一下，为什么会产生这么大的反差？未来一段时间寿险赔付快速增长的趋势是否会延续？寿险摆脱增长低迷需要攻克哪些关键难题？

“人身保险互联网新规也许是一个导火索”一篇中谈道，“2021年”为风险缓冲期，“2022—2025年”是风险化解期，或者说是调整期。从现在来看，2021年部分寿险公司还在观望，还寄希望于“短期套利”，但是外部环境已经倒逼寿险公司要转向“长期有利”。

2021年，人身保险业在变革吗？行业到底要变革什么，是产品、渠道、服务，还是数据、互联网、保险科技？2022年，互联网保险市场的变革已经开始，代理人业务、银保业务等也都在变革中，所有的一切都在变化。

过去20年寿险公司的所有问题都指向了“资本”

一、人身保险主体生存反思

自2001年以来，中国寿险业取得了快速发展，在服务经济发展和民生保障方面发挥着越来越重要的作用。20年来（2001—2020年），寿险市场主体从23家增加到91家，其中养老险公司有5家、健康险公司有7家；寿险市场规模从1392亿元增加到31674亿元。当然，这20年的历程并不平坦，既有经验，也有教训；既取得很了大成绩，也受过一些挫折。

回顾过去20年来的坎坷历程，发现寿险公司的所有问题都指向了“钱”——“资本”。为什么？怎么办？

二、为什么？

2001年，中国保险业总资产为2591亿元，净资产为-128亿元，实收资本为262亿元，此时的保险业已处于破产边缘。2020年，中国保险业总资产为232984亿元，净资产为27525亿元，实收资本为7347亿元；其中，寿险业总资产为199790亿元，净资产为15336亿元，实收资本为5085亿元。

2001—2020年，中国保险业累积实现利润1.9万亿元，年化ROE为10.47%，高于银行业的9.98%、证券业的4.34%，低于信托业的12.02%。

综合来看，过去20年约5000亿元的资本注入了寿险业，获取了超过10%的年化收益；但10%的年化收益低于同期名义GDP年化增长率（12.40%），低于同期M2年化增长率（14.86%），高于同期沪深300指数年化收益率（1.49%）。这就是“资本”背后的寿险业一波三折的问题所在，寿险业所能给予“资本”的ROE低于其预期，寿险业对于部分“资本”也就变成了“钱袋子”。

部分“资本”主导的寿险公司，正在给行业带来“灰犀牛”风险。这些公司从最开始的批设，到股东变化、资本增加，到产品设计、业务开展，再到资金运用，都是带着问题做大起来的。这些公司之前的发展以销售中短存续期产品或非寿险投资型产品为主，现金流规模较大，短时间内资金大进大出，资金成本高，短钱长用，资产负债严重不匹配。投资型产品停售或受限后，必然会出现其他业务资金流入不能弥补现金流缺口的情况，流动性风险突出。这些问题公司的风险体现在流动性上，但根源在公司治理，根子在于股东出资虚假、资本不实和不当关联交易。一些股东进入保险行业的动机不纯，通过违规代持等方式，造成事实上的“一股独大”，使公司治理沦为摆设，缺乏对大股东的有效制衡。其实际控制人利用保费收入形成的资金，通过复杂的金融产品和资产管理计划等，自我注资、循环使用，虚增资本。

部分“资本”主导的寿险公司，正在给行业带来“黑天鹅”风险。大量社会“资本”涌入保险业，问题股东正在把自身的风险转移到保险公司。近两年债券市场违约事件频发，在经济转型、去杠杆和打破刚性兑付背景下，保险资金运用面临的信用风险加大。部分寿险公司的保险资金通过投资信托、私募基金等产品违规开展多层嵌套、通道等业务，模糊资金真实流向，掩盖了风险的真实状况。

部分“资本”主导的寿险公司，正在给行业带来“大白鲨”风险。我们要警惕由于行业、监管转型所带来的衍生风险。部分公司受宏观经济环境和监管政策的影响，可能在经营模式和业务类型上转大弯、转急弯，导致因转型过猛而产生发展失速和失控的问题。

中国寿险业面向“十四五”，当前最大的问题或者说外部冲击就是主流经济学对于“资本”的无能为力。因为过去20年，理性和效率都不适用于寿险业，寿险业一直处于“非常态世界”。在寿险业的非常态世界里，我们需要思考“黑天鹅”事件、“大白鲨”事件和“灰犀牛”事件对于行业的影响，并有针对性地通过对“资本”的约束来实现风险的化解。

三、怎么办?

“人身保险互联网新规也许是一个导火索”一文提出，2017年第五次全国金融工作会议之后，中国寿险业的发展经历了三个阶段：风险控制阶段（2018—2020年）、风险缓冲阶段（2021—2022年）和风险化解阶段（2023—2025年）。其中，风险化解阶段可能会延续到2030年。

当前来看，寿险业的“黑天鹅”事件、“灰犀牛”事件基本得到了控制，所以才有“防范化解金融风险取得决定性成就”的判断，但不能忽视“大白鲨”事件，这直接决定了未来一段时间寿险业能否化解当前的风险。

“黑天鹅”事件，即不可预测、影响重大并且事后可以解释的事件，如新冠疫情；“灰犀牛”事件，是指那些以很高的概率发生、具有巨大影响但是容易被忽略的事件，如地球变暖；“大白鲨”事件，是指那些随时可能发生并难以预测，且破坏力很强的事件，如活火山爆发。

技术地说，“黑天鹅”是一种极端的不确定性事件，我们不能基于过去的历史推测其概率分布，因此无法预测；“灰犀牛”是一种可预测的事件，我们知道其会在未来某个时点发生；“大白鲨”是一种能推测其概率分布的事件，但不知道何时会发生。

如果说“黑天鹅”事件、“灰犀牛”事件是整个寿险业面临的风险，那么“大白鲨”事件就是部分寿险公司面临的风险，对这些寿险公司我们基本可以预测其风险分布，甚至风险分布的时间点。

“人身保险业急需‘生前遗嘱’这个金箍”谈道，为了标本兼治，要在“穿透式监管”的基础上实施“生前遗嘱”，进一步放大股东的连带赔偿责任。除此之外，当前还需要确定以下几个原则：

第一，生存永远第一，而不是利润第一。极端事件迫使部分寿险主体必须做出“生存还是毁灭”的离散选择（极端选项），而不是“活得一般”和“活得很好”的连续选择（普通选项）。部分寿险公司背后的“资本”必须改变利润最大化的目标，在保证生存的前提下追求适当利润。

第二，要有底线思维，而不是目标最大化。为了保证生存，保险监管部门要强制部分寿险公司以及背后的“资本”转向高度风险规避，要保住最差情况下的最好情况。用博弈论的话来说，就是“最大最小原则”。

第三，永远都有“备胎”，而不是孤注一掷。在一个快速变化的世界里，部分寿险公司决不能满足于在现有领域做大做强，比如不全部依靠投资型业务，而是永远留有一手（Plan B），否则就会在这一次的寿险业变革中一败涂地。

第四，重新认识保险，面向未来再定位、再规划和再出发。保险作为风险管理者、风险承担者和投资者的统一，在经济社会中实现了风险治理、价值创造和资源配置三大职能。面向“十四五”期间，保险业发展的关键在于要实现从保险的认识到认知。

当前和未来一个时期，部分“资本”控制的寿险公司的风险将会逐步暴露，这要求保险监管部门以及寿险公司“资本”方要进一步通过“穿透式监管”“压力测试”等方法来预测公司未来五年的风险分布，并基于上述四项原则制定包含恢复计划（RCP）和处置计划（RSP）的“生前遗嘱”。

寿险业对科技的关注不应多于对人的关注

一、人身保险主体生存反思

最近做了几期关于“保险科技与保险业发展”的培训，交流的对象主要是寿险公司的销售精英。在授课的过程中，笔者一直在调整授课的内容，一直在思考保险科技到底改变了什么，同时也在调研当前寿险业存在的问题。

通过一段时间的研究，笔者发现最近几年寿险公司对科技的关注远远多于对于“人”的关注。寿险公司被互联网、大数据、人工智能等保险科技所“诱惑”，被动地陷入了“保险科技要颠覆保险”的谬论中，却忽视了保险销售人员素质的提升和保险消费者的变化。

对于保险销售人员来说，保险科技是且仅是一种工具，不应把“引流、留存、转化、复购、裂变……”等概念“赋能、助能、产能”于保险销售人员。

对于保险消费者来说，保险科技或者科技不仅是一种生活方式，更是一种新的认知方式，一种快速迭代的知识进化方式。

保险销售人员陷于一堆无用的概念，而保险消费者的知识结构却在不断迭代，三年左右的时间，保险销售人员和保险消费者已经出现了认知的“代沟”，当前寿险业真正需要的是保险销售人员的素质快速提升，避免“代沟”变成“鸿沟”。

二、科技对于保险消费者的改变

科技和保险消费，对于寿险业的经营者来说往往被视为截然不同的两个主题，然而在当下，科技对保险消费者正体现出越来越强大的影响力。

当前，“搜索”在营销链路中的重要性下降，基于“社交”和“粉丝”的社会化营销崛起。但对于保险来说，因与其他消费品存在差异，互联网平台并没有取代线下，成为新一代连接消费者、保险产品、保险公司的中枢。相反，保险KOL在各自领域所提供的保险专业内容，以及一些即时性、参与性、互动性的保险产品解读，却让消费者的保险知识结构快速优化，并且是全面的优化，对于保险的认知水平得到了空前的提高。

知识经济智能进化时代背景下的保险业，消费者的保险知识得到了快速迭代，消费者对于保险的理解甚至超过了保险销售人员，导致过去20年代理人主导的消费者保险知识学习发生了根本性的变革。此时，保险销售人员与消费者的沟通时空发生了错位，显然如果还是就保险谈保险，代理人与消费者已经没有了共同话题。

这是保险业主流的进化，同时也因为部分互联网保险平台过度重视“引流、留存、转化、复购、裂变……”，放大了消费者的“恐惧和贪婪”，因为保险不是万能的，导致没有保险产品能“接住”这被放大的保险认知。这种非主流的进化，导致部分消费者对于保险的认知回归到了“20年前对于保险代理人的感觉”，这是对保险的过度开发，并把消费者对保险的认知引上不归路。

无论是主流的进化，还是非主流的进化，这背后都是科技对保险消费者的改变。我们只有认识到这种改变，才能认知当前寿险业发展停滞的根本原因所在，才能实现消费者保险知识进化与保险消费提升的良性循环。

三、保险销售人员如何跟上消费者的变化

对于保险业非主流的进化，完全靠保险公司的经济理性显然是不可能的，只能依靠监管约束。可喜的是，保险监管部门已经开始行动，如2021年10月15日下发的《关于进一步丰富人身保险产品供给的指导意见》，以及对于“首月0元”“零首付”“免费保障”“抽奖获取”等互联网保险产品的严监管。这些将阻

止保险业非主流进化的趋势，保险公司也将会慢慢回归经济理性，但要修复保险消费者对于保险的认知则需要几年时间。

对于保险业主流的进化，显然不再是监管约束的问题，而是保险公司如何理性经营、科学经营、前瞻经营的问题。对于寿险公司而言，最关键的是让保险销售人员跟上消费者的变化，避免当前的“代沟”演变成“鸿沟”。

随着科技的发展，保险销售人员和保险消费者成了两类人：保险销售人员生活在传统保险世界里（消费者的保险认知来自保险代理人的解读甚至误导），保险消费者生活在数字保险世界当中（消费者的保险认知来自保险知识的智能进化）。两个世界的人一定会出现“代沟”，结果就是保险销售人员与保险消费者在开始接触沟通时就矛盾不断。

显然，如何让保险销售人员和保险消费者成为一类人，不是科技能解决的问题，而是需要关注“人”。具体来说，就是如何完善保险销售人员的知识体系，如何引导保险消费者的知识进化，进而从目前的两个平行世界变成一个世界。

问题已经明了，方向也已清晰，所以保险业当前最重要的是如何让保险销售人员的知识进化速度进入快速模式。显然，完全靠保险科技来解决这个问题是不可能的，只会让“代沟”进一步扩大；要颠覆现有的保险销售人员培训体系，让保险知识不再是保险销售人员的门槛，而是保险销售人员的“敲门砖”。

“代沟”是思想狭隘的借口。这是一种自己的观点不被别人接受，或不能接受别人观点时的说辞，其本质是理性思考的缺失。要消除当前的“代沟”，保险销售人员就要通过不断提升自身素质以逐步融入保险消费者的世界。为此，不妨重新构建健康、财富与保险的知识图谱；不妨沿着笔者提出的“健康+财富+保险=智慧”（保险视野新三观），探索“新科技+新经济+新社会+新思想”理念下的新保险知识体系，推动保险销售人员知识体系的进化并融入消费者眼中的新保险。

寿险业如今的局面不在于人而在于趋势

一、人身保险主体生存反思

“寿险业对科技的关注不应多于对人的关注”一篇提到，当前寿险业面临的问题不能寄希望于保险科技的赋能、助能和产能，而是要推动保险销售人员知识体系的进化并融入消费者眼中的新保险。

显然，寿险业如今的局面又不在于“人”，而在于“趋势”。保险销售人员知识体系进化是一种趋势，消费者对保险的认知也是一种趋势，更重要的是“寿险人”和寿险公司要理解寿险业的发展趋势，特别是长期发展趋势。

最近，笔者抽时间看了《新格局下寿险业高质量发展之道暨2021年中国寿险业转型发展峰会》相关材料，看到大家讲的更多的是问题，不是问题背后的趋势。我们不妨回顾一下过去20年寿险业的发展，寿险业的成功真的是“寿险人”和“寿险公司”的功劳吗？如果真要“论功行赏”，也许“寿险人”和“寿险公司”的功劳占比低于50%，真正的“功臣”是“趋势的力量”。

二、趋势的力量

所谓趋势，就是市场运动的大方向，随着经济或市场发展阶段的不同，趋势的方向也不一样。作为保险人，把握了保险市场的大方向就意味着顺风顺水。正如笔者在《漫谈保险》一书中分析的那样，大多数寿险产品背后的支撑是GDP、M2供应量，如万能险与M2供应量基本完全正相关，这就是万能险的趋势。相关内容如下。

（1）人寿保险：关注与GDP、M2供应量、卫生总费用、总人口、居民可支配收入、沪深300指数以及上述指标的波动率等指标的关系。

（2）健康险：关注与GDP、M2供应量、居民可支配收入、卫生总费用、政府卫生支出、社会卫生支出、个人现金卫生支出、人均卫生费用等指标的关系。

（3）意外险：关注与GDP、居民可支配收入等指标的关系。

（4）普通型寿险：关注与GDP、总人口、利率、居民可支配收入、居民储蓄存款总额等指标的关系。

（5）分红型寿险：关注与GDP、总人口、利率、居民可支配收入、居民储蓄存款总额、债券收益率曲线等指标的关系。

（6）万能型寿险：关注与GDP、总人口、利率、居民可支配收入、居民储蓄存款总额、M2供应量、股票市场指数、债券收益率曲线等指标的关系。

（7）投资连结型寿险：关注与GDP、总人口、利率、居民可支配收入、居民储蓄存款总额、M2供应量、股票市场指数、债券收益率曲线等指标的关系。

正如中泰证券首席经济学家李迅雷在《趋势的力量》一书所论述的那样，在全球经济运行的周期性变化、中国经济结构性调整及疫情影响下，中国寿险业已经呈现出了新发展趋势，当下真正要解决的是认清这种新趋势，并探讨其对寿险业发展机遇和寿险产品结构的影响。中国寿险业高增长的时代已经过去，寿险业分化的趋势日渐凸显，在纯保障型产品需求定向饱和（主要是指定寿、重疾和医疗险、意外险）、投资型产品总量供给过剩（主要指万能险产品与银行理财、基金、信托等产品的高度重合）、养老年金等产品供给与需求错位（主要指商业养老保险产品的保险属性不足）三者叠加下，总的来看寿险供给总量处于“过剩”阶段，当前只能寻求结构性的机会，并在这个过程中布局下一个五年。

三、寿险业的发展趋势

中国寿险业过去20年的高速而非高质量的发展，导致了现在的市场格局：纯保障型产品需求定向饱和、投资型产品总量供给过剩、养老年金等产品供给与需求错位，这是当前寿险业的格局。寿险业急需要研究的是“寿险业的发展趋势”，如此方能推动寿险业从高速转向高质量发展，并迈入寿险业的新发展格局。当前，寿险业的发展趋势包括：

（1）中国的经济依然在增长，但是增速一直在下滑，这是经济驱动下的寿险发展趋势。除此之外，老龄化问题、居民财富配置问题、居民养老问题、社会转型问题等都是寿险业的发展趋势驱动因素，这些问题笔者不再展开论述。

（2）中国保险业依然在增长，但是增速一直在下滑，导致投资者（支撑寿险业发展的资本）普遍持悲观预期；另外，过去几年金融监管对于资本的“不友好”态度，导致资本对保险业的主动远离，投资者的信心需要5~10年的时间重建，这是资本驱动下的寿险发展趋势。

（3）中国保险业的风险还没有完全出清，“人身保险互联网新规也许是一个导火索”一文罗列了当前寿险业面临的“十大问题”。“十四五”期间这些问题背后的风险将会逐步得到化解，这是风险驱动下的寿险发展趋势。

（4）中国保险业因为“限量供应”，寿险公司的估值比较高，导致寿险公司的股东关注的重点不在公司经营，而在于寿险背后的“钱”或寿险牌照的价值，这是利益驱动下的寿险发展趋势。

（5）中国寿险业的原动力不足，因为过去三年寿险公司对于科技的关注远远多于对人的关注，导致寿险销售人员的薪酬低于物流配送小哥、外卖小哥等，结果就是2021年保险销售人员数量下降超过20%，同时寿险新业务规模也大幅下滑，这是“销售人员”驱动下的寿险发展趋势。

（6）中国资本市场周期性特征发生了变化，中国保险业的资金运用所隐含的风险正在暴露，如期限结构的匹配、利率下行、非标存量集中到期等，这对寿险业的资产配置和流动性风险管理提出了更高的要求，还有“偿二代”、新会计准则等约束，这些都是投资驱动下的寿险发展趋势。

（7）中国保险业迈入存量经济博弈的时代，竞争会更加激烈，内卷会更加严重，目前寿险业的真正机会无论是健康险还是养老年金或其他，都将会是结构性的，且大多会是强者恒强，这是市场驱动下的寿险发展趋势。

第四篇　创想未来保险

拨开云雾见天日，守得云开见月明。

——《送征雁》(唐·钱起)

2020年，一场突如其来的新冠疫情，给世界经济、商业模式和人们的财富状况带来持续的影响，使全球社会经济蒙受了难以计数的损失。新冠疫情“大流行”强力冲击着人类经济秩序和经济活动，引发全球“系统性风险”，触发全球“大动荡”。这种冲击不仅造成了经济活动全要素停摆，而且也正在重塑全球治理结构，影响了全球保险业的发展趋势和未来。

2022年，一场“突如其来”的俄乌冲突，除了带来苦难和人道主义危机之外，也造成了世界经济的增长放缓和通胀加快。俄乌冲突正在从根本上改变全球经济和地缘政治秩序，地缘政治紧张局势的加剧进一步增加了经济分裂的风险，影响了全球保险的风险发展和格局。

“不确定性时代”或“动荡时代”的到来，意味着我们要做出困难的抉择和认清必须放弃的路径。人们往往会问：如果当时做出了其他的决定或者选择了另外的道路，历史会怎样？这正是“创想未来保险”需要思考和解决的问题，在“先立后破，不立不破；时光不语，静待花开；心平气和，淡泊流年”脉络中，我们慢慢厘清了未来保险应有的战略、战术和行动。

“创想未来保险”，是为中国保险业把脉问诊，是为“开创保险服务中国式现代化新局面”建言献策。平静流淌的时间，因为人类的奋斗而变成跌宕起伏的历史。未来，意味着创造历史的无限可能。追寻现代保险，创想未来中国，重塑美好保险。

“追寻现代中国，创想未来保险”，当前，中国保险业正为“开创保险服务中国式现代化新局面”建言献策，我们要反思中国保险业“巨变之后，何去何从”，面对中国保险业的巨大变革，我们如何应对才能找到出路。

“如何追寻现代中国？”，创想未来保险，需要展现中国的社会、政治、经济、思想、文化等方面的变迁，追索隐藏在历史帷幕后面的蛛丝马迹。因此，“追寻现代中国”仿佛一道思想之光，可以照亮中国保险航程——创想未来保险的航程。

“阳光灿烂的日子”，回顾那段“阳光灿烂的日子”，保险人被汹涌的时代裹挟着，被人性深处的欲望怂恿着，被现实世界的残酷压榨着，中国保险业早已面目全非。

“阴云弥漫的日子”，无论是从经济周期还是保险业资产负债情况来看，中国保险业的存量风险要得到完全化解至少需要10年时间，因此“阴云弥漫的日子”可能会延续到2030年，此时关键是寻找初心、不忘初心。

“宏观：先立后破，不破不立”，创想未来保险，保险业要“先立后破，不破不立”。到底“立”什么？应该“破”什么？无论是“立”还是“破”，前提是“追寻现代中国”，目标是“重塑美好保险”。

“中观：时光不语，静待花开”，面对社会、经济、思想和科技的变化，保险业要审时度势，要从“时光不语，静待花开”的视角给出解决方案，包括风险解决方案、健康解决方案和财富解决方案。

“微观：心平气和，淡泊流年”，展望未来，总体上来看，保险业的结构性机会大于趋势性机会，传统业务机会大于创新业务机会，这种形势可能会持续一段时间。在这样的背景下，保险业需要看得更长，想得更多，规划得更远，为未来5/10/20年的崛起创造条件：一是强化保险优势，二是补齐风险短板，三是挖掘科技潜力，四是构建新的科技、风险和保险体系。

“战略：从战略到战术，把握三条主线”，“国之大者”事关大势、事关全局、事关根本。中国保险业要心怀“国之大者”，着眼全局、放眼长远，在千头万绪、纷繁复杂的局势中，处理好保险与人民、保险与国家、保险与人类的关系，同时正确认知保险与中国观、保险与全球风险观、保险与新世界观等问题。

“战术：从战术到行动，抓住三大重点”，时代机遇、商业秘诀和基业长青，是企业管理的外部环境和内部环境，也是企业成功与失败的内因与外因、客观与主观因素，是保险业研究历史性、理论性、实践性的有机结合与统一，创想未来保险，就要立足这三者的深度融合。

“行动：从行动到平衡，遵循三个原则”，保险与风险的均衡、资产与负债的持衡、聚焦与整合的平衡，这一切都是为了实现“时间、风险、收益的均衡”。“时间、风险、收益”是金融产品的三个重要属性，也是现代金融学的研究对象，“高流动性、低波动率和高收益”在一个成熟的金融市场里是不存在的，保险也不可能背离这个“三元悖论”，这对于中国保险业在当前市场环境下生存下来具有重要的意义。

追寻现代中国，创想未来保险

一、追寻现代保险

党的二十大胜利召开，开启了新的中心任务，我们进入全面建成社会主义现代化强国、实现第二个百年奋斗目标、推进中华民族伟大复兴的新时代新征程。

党的二十大报告指出："中国式现代化，是中国共产党领导的社会主义现代化，既有各国现代化的共同特征，更有基于自己国情的中国特色。中国式现代化是人口规模巨大的现代化，是全体人民共同富裕的现代化，是物质文明和精神文明相协调的现代化，是人与自然和谐共生的现代化，是走和平发展道路的现代化。"随着中国式现代化的推进，中国保险业要在服务中国式现代化大局中再定位，要在把握保险业发展大趋势中再定位。

"中国产险业的'中国故事'"和"中国寿险业的'中国故事'"指出，中国保险业高质量发展是实现可持续发展的根本途径，可持续发展是实现高质量发展的必由之路。在微观上，高质量发展和可持续发展要建立在保险业经营效率的提高之上；在中观上，要重视保险业结构包括产业结构、市场结构、区域结构等的升级，把有限资源配置到最需要的地方；在宏观上，则要与国家经济社会均衡发展。

当前，中国保险业正为"开创保险服务中国式现代化新局面"建言献策，我们要反思中国保险业"巨变之后，何去何从"。面对中国保险业的巨大变革，我们如何应对才能找到出路？

巨变之后，何去何从？出路也许就在"追寻现代保险，创想未来中国"。追寻现代中国、当代中国，追寻现代保险、中国保险，创想未来中国、未来世界，探索中国保险之未来，中国与世界保险之未来。

二、创想未来保险

"周虽旧邦，其命维新"，这是当今中国社会的真实写照，更是中国保险业的现实。新的时代，新的征程，中国保险业要承接过去，立足现实，拥抱未来，勇敢接过历史的重担，踔厉奋发。与时代同行，与国家同行，再续保险业新篇章。

创想未来保险，需要重新诠释“中国保险学”科学体系，需要重新构造中国保险业的逻辑，需要重新定位保险与科技的关系，需要引领中国保险业知识体系向未来进化，需要认知全球保险业的新变局，更需要了解中国保险业的新作为。这是一个生机勃勃、万物生长的伟大时代。中国保险业本身可以说是一个有无穷生命力的有机体。如果能够善待它，能够与时俱进，那么中国保险业就有很多发展和想象的空间。所谓大道至简，回归商业本质，回归保险的本源，“创想未来保险”需要拥有能够驾驭未来的智慧。

一是聚焦于当前世界形势和热点问题，加快构建中国保险学学科的学术体系和话语体系，推动国际保险学术理论中国化、中国保险发展经验学理化、中国保险学话语国际化，努力产出“中国特色、世界水准”的原创性科研成果，服务新时代经济建设。

二是聚焦于重大现实问题，提出中国方案。着眼于国际国内经济社会发展中的重大问题，充分发挥保险发展基础，实施“现实需求引领计划”，聚焦于现实问题开展保险科学研究，提升保险服务国家社会经济发展战略能力，致力于提出解决世界性问题和中国现实性问题的中国保险方案。

三是服务经济社会发展，贡献中国智慧。保险业要进一步发挥经济“减震器”和社会“稳定器”功能，围绕国家重大战略、人民美好生活需求，加快构建有效服务实体经济的体制机制，助推经济转型和结构调整。

四是提炼改革发展经验，发展中国学派。总结中国保险业发展经验，发布一批重要原创性学术成果，提升中国保险学学科的实力，构建中国保险学术话语、打造中国保险学派。

追寻现代保险，中国保险业取得了优异的成绩；创想保险未来，中国保险业将走向何方？这成为当下中国保险业必须思考和解决的问题。只有重新诠释“中国保险学”学科体系、重新构造中国保险业的逻辑、重新定位保险与科技的关系，方能解决中国保险业的可持续、高质量发展问题，方能推动中国保险业全面融入国家发展大局，方能提升中国保险业在全球保险市场中的影响力和话语权。

如何追寻现代中国?

一、创想未来保险的方向

“创想未来保险”，是为中国保险业把脉问诊，是为“开创保险服务中国式现代化新局面”建言献策。平静流淌的时间，因为人类的奋斗而变成跌宕起伏的历史。未来，意味着创造历史的无限可能。创想未来保险，需要追寻现代中国和当今中国。

《追寻现代中国》是世界著名汉学家史景迁（Jonathan D. Spence，1936年8月11日—2021年12月26日）研究中国的著作之一，取代了早期费正清的中国近代史教科书，成为西方大学中国史课程的通用教程。《追寻现代中国》通过另外一个视角解读了中国的历史变迁，回答了何谓现代社会以及现代中国等问题。

“追寻现代中国”，目的是展现中国的社会、政治、经济、思想、文化等方面的变迁，追索隐藏在历史帷幕后面的蛛丝马迹。因此，“追寻现代中国”仿佛一道思想之光，照亮了中国保险航程——创想未来保险的航程。

二、“追寻现代中国”之时代背景

“创想未来保险”，是指在中国特色社会主义理论引领下，在党的二十大报告的指引下，面向“十四五”和“2035”，如何从“追寻现代中国”中找到思想之光，照亮中国保险业高质量、可持续、自适应发展的航程。

“追寻现代中国”，除了中国历史之外，更要关注党的十八大以来的社会变迁、经济发展和金融改革，这些都“隐藏”在宏观经济政策、保险配套政策及重要会议之中。

（一）宏观经济政策

（1）习近平新时代中国特色社会主义思想；

（2）习近平新时代中国特色社会主义经济思想；

（3）《中共中央关于认真学习宣传贯彻党的二十大精神的决定》；

（4）《中共中央关于党的百年奋斗重大成就和历史经验的决议》；

（5）《中共中央关于制定国民经济和社会发展第十四个五年规划和二〇三五年远景目标的建议》；

（6）《中华人民共和国国民经济和社会发展第十四个五年规划和2035年远景目标纲要》；

（7）《中共中央 国务院关于新时代加快完善社会主义市场经济体制的意见》；

（8）《中共中央 国务院关于构建更加完善的要素市场化配置体制机制的意见》；

（9）《中共中央 国务院关于全面推进乡村振兴 加快农业农村现代化的意见》；

（10）《中共中央 国务院关于完整准确全面贯彻新发展理念做好碳达峰碳中和工作的意见》；

（11）《中共中央 国务院关于优化生育政策促进人口长期均衡发展的决定》；

（12）《中共中央 国务院关于加快建设全国统一大市场的意见》；

（13）《中共中央 国务院关于深化医疗保障制度改革的意见》；

（14）《中共中央 国务院关于支持浙江高质量发展建设共同富裕示范区的意见》；

（15）《国务院关于加快发展现代保险服务业的若干意见》（国发〔2014〕29号）；

（16）《国务院办公厅关于加快发展商业健康保险的若干意见》（国办发〔2014〕50号）；

（17）《国务院办公厅关于加快发展商业养老保险的若干意见》（国办发〔2017〕59号）；

（18）《国务院办公厅关于推动个人养老金发展的意见》（国办发〔2022〕7号）；

…………

（二）保险配套政策

（1）《关于保险业服务“一带一路”建设的指导意见》（保监发〔2017〕38号）；

（2）《关于保险业支持实体经济发展的指导意见》（保监发〔2017〕42号）；

（3）《关于推动银行业和保险业高质量发展的指导意见》（银保监发〔2019〕52号）；

（4）《关于促进社会服务领域商业保险发展的意见》（银保监发〔2020〕4号）；

（5）《关于加强新市民金融服务工作的通知》（银保监发〔2022〕4号）；

（6）《关于银行业保险业支持公路交通高质量发展的意见》（银保监发〔2022〕8号）；

（7）《关于银行业保险业数字化转型的指导意见》（银保监办发〔2022〕2号）；

（8）《关于2022年银行业保险业服务全面推进乡村振兴重点工作的通知》（银保监办发〔2022〕35号）；

（9）《关于2022年进一步强化金融支持小微企业发展工作的通知》（银保监办发〔2022〕37号）；

…………

（三）重要会议精神

（1）党的二十大和二十届历次全会及党中央其他重要会议精神；

（2）全国人大、全国政协有关重要会议精神；

（3）中央经济工作会议精神；

（4）全国金融工作会议精神；

（5）全国银行业保险业监管会议精神。

三、“创想未来保险”之学习材料

“追寻现代中国”，是一个动态的过程，虽然大的方向已经确定，但因我们处在“超级不确定性时代”，所以我们还需要时时学习，从国家治理层面学习，从金融保险层面学习。

（一）国家治理层面

（1）中共全国代表大会；

（2）中共中央全会；

（3）中央政治局会议；

（4）中央政治局集体学习；

（5）中央专项领导小组/委员会会议；

（6）大型工作会议；

（7）重要座谈会；

（8）考察调研；

（9）两会讲话；

（10）外交场合讲话；

（11）重大场合讲话；

（12）学习班讲话；

（13）指示、信函、贺电、主席令；

（14）重要文件、著作；

…………

（二）金融保险层面

（1）金融保险相关的法律法规；

（2）国务院金融稳定发展委员会历次会议；

（3）中国人民银行规章制度；

（4）中国银保监会规章制度；

（5）中国证监会规章制度；

（6）国家其他部委发布的与金融保险有关的文件；

…………

无论是总结过去，还是观照现实，都需要用“大历史”的视野跳脱当下一时一地的时空局限，方能从中把握更完整和清晰的发展脉络。

一个国家的现代化是全方位的。现代中国所追寻的，不仅是国家治理能力的更新与完善，更包含每一个微观个体的全面发展，这也包括了“追寻现代保险”，中国保险业需要基于此找到迈向现代化的突破口。

面对这个充满希望和挑战的世界，如若缺少“追寻现代中国”的眼光，中国保险业将注定在复杂的现实、狭隘的利益面前故步自封，进而丧失共同发展的机遇。

中国保险业在与世界的互动中，要从中国自己的历史文化传统出发，学习、探索、创新，走出一条适合自己、属于中国的发展道路。

阳光灿烂的日子

一、阳光灿烂的日子

“创想未来保险”，我们从追寻现代中国保险和当今中国保险说起。笔者2000年接触保险，2003年学习保险，2006年从事保险方面工作，2017年“离开”保险，如果用一句话来形容这段时光，也许“阳光灿烂的日子”比较合适。

《阳光灿烂的日子》是姜文执导的剧情类电影，改编自王朔的小说《动物凶猛》。影片的背景是“文革”时的北京，一群生活在部队大院里面的孩子，在耀眼的阳光与遍地的红旗中间，度过自己的青春。意识流的故事里有爱情和性的冲动，有幼稚和失败的革命精神，也有成长的故事。

2017年，随着“野蛮人”“妖精”“害人精”“大鳄”等“凶猛动物”概念的提出，中国保险业“阳光灿烂的日子”不再。

“阳光灿烂的日子”，正是中国保险业“跟着行走”和“自个儿行走”的阶段，这是一代保险人的“保险意识流”故事，是一代保险人的青春故事，是一代保险人的成长故事。

2000年至2017年，在那“阳光灿烂的日子”里，中国保险业在混沌中长大了。这一时期正是中国保险业的“草莽时代”，保险也在混沌中生长。

回顾那段“阳光灿烂的日子”，我们发现每年保险业都活得不一样，每年都在巨变。当嗅到那个时代保险的味道时，我们的内心和思考方式每天都在发生很大的变化。我们有时也会感叹这是个草莽时代，各种新公司、新产品层出不穷，就像海浪一波一波涌向海滩，无休无止。

回顾那段“阳光灿烂的日子”，每个焦点都会被汹涌而至的浪潮迅速淹没，因为每天都会产生新的焦点，每年都会诞生新的“明星”，我们不用担心明年这些“焦点”“明星”会销声匿迹，因为明年会诞生更多“焦点”和更闪耀的“明星”。身处其中的我们也概莫能外，我们不用担心今年和明年，因为今年无所谓，明年也无所谓……类似的还有很多。

回顾那段“阳光灿烂的日子”，所有的焦虑是如何变成“焦点”和“明星”，变成主导中国保险业发展的一部分的呢？因为所有保险人都不想“跟着行走”，而是想“自个儿行走”，并让别人“跟着行走”。所有保险人总想走上“正轨”（保费和资产越大越好）、一劳永逸，总想着打造“集团”（产险、寿险和资管）、一应俱全，走着走着就发现，这是一个妄念。

回顾那段“阳光灿烂的日子”，保险人被汹涌的时代裹挟着，被人性深处的欲望怂恿着，被现实世界的残酷压榨着，中国保险业早已面目全非。

二、戒掉“欲望”

《阳光灿烂的日子》里的故事发生在夏天，炎热的天气使人们裸露得更多，也更难掩饰心中的欲望。这也许注定了一些保险人被称为“凶猛动物”，因此《动物凶猛》影视化作品取了一个极具黑色幽默的名字——《阳光灿烂的日子》。

“阳光灿烂的日子”，保险（保险主体和保险产品）在每一年都是不同的，“中国保险”每天都在不断被重塑，中国保险业发生了根本性的变化。我们忘记了“现代保险”的定义，中国保险业也偏离了现代保险。中国保险为什么没有成为现代保险？面对正在崛起的现代中国，中国保险如何才能成为现代保险，如何才能成就现代中国？

“阳光灿烂的日子”，所有保险（保险人和保险主体）都在寻找时代中那一丝适合自己的机会，都在钢丝上寻找现实和理想世界的平衡。但是因为“夏天”难掩心中的“欲望”，结果是在迷茫和清晰的交替中，没有一步步靠近那个真实的保险；在失望和希望的轮回中，没有发展成为梦想中的又大又强的保险机构。

我们都知道“欲望不等于理想”，因此千万不要把所追求的“欲望”当成梦想。金融考验的是人性的欲望、贪婪、自私，而能否在巨大的诱惑面前，坚守底线，就是每个保险人需要自省和思考的问题。

“阳光灿烂的日子”不再，但保险仍然在继续，时代仍然在前行，中国保险还没有老去，我们需要创想未来保险，需要找到一束思想之光，照亮中国保险前程。

但愿，在“阳光灿烂的日子”之后，在“追寻现代中国”的思想之光中，中国保险业能成长为现代保险。

阴云弥漫的日子

一、阴云弥漫的日子

2017年，中国保险业步入“与国同行”阶段，开始回归本源，“阳光灿烂的日子”也变成了“阴云弥漫的日子”。

《阴云弥漫的日子》是杨·雅各·科尔斯基（Jan Jakub Kolski）执导的剧情类电影。影片讲述了一个屋子的地下室成了珍藏人心中最原始梦想的地方。一开始，那里都是属于孩子们的，他们单纯地相信信念和决心会使梦想成真。后来，大家庭的成年人们也加入了，他们想通过人类的精神，以宗教的形式来战胜这个不友善的世界。

“阴云弥漫的日子”，关键是寻找初心、不忘初心，但目的是“续写新章”。《阴云弥漫的日子》告诉我们信念和决心会使梦想成真，但不是宗教的形式。为了续写新章，我们需要创想未来保险，这是走出“阴云弥漫的日子”所需要的信念。

2017年第五次全国金融工作会议之后，中国保险业存在的问题开始出清，中国保险业也步入了“阴云弥漫的日子”。正如人的一生就是不断成长的过程。中国保险业的成长过程，注定既有阳光灿烂的日子，也有阴云弥漫的岁月，但不管怎样，中国保险业都要勇敢面对，这样中国保险才会成为现代保险，才能成就现代中国……

“阴云弥漫的日子”，中国保险业大概要经历三个阶段：

一是风险控制阶段（2018—2020年）。在这个阶段保险监管部门出台了一系列文件，但是主要目的是控制风险的蔓延和放大，从政策来看虽然趋严但是留有一定的灵活空间，或者说存在一定的“监管套利”空间。随着安邦保险重组为大家保险，华夏人寿和天安人寿等公司的接管延期，以及部分保险公司的股权调整，整体来说整个保险风险得到了初步控制，“防范化解金融风险取得决定性成就”。在2021年3月2日举行的国新办新闻发布会上，中国人民银行党委书记、中国银保监会主席郭树清指出：“银行业保险业风险从快速发散转为逐步收敛，一批重大问题隐患‘精准拆弹’，牢牢守住了不发生系统性风险的底线。”

二是风险缓冲阶段（2021—2022年）。这两年监管政策频出，在“防范化解金融风险取得决定性成就”的基础之上，保险监管部门开始引导行业迈入“扩面提质时代”。2020年12月9日，国务院常务会议研究部署了如何促进人身保险扩面提质稳健发展，如何满足人民群众多样化需求。

三是风险化解阶段（2023—2025年）。相比于第一阶段的行政手段，这一阶段将主要通过市场手段进行“精准拆弹”，我们看到监管政策进一步收紧，“监管套利”空间进一步收缩，保险监管部门控制的“外生变量”已经或即将明确，保险公司通过“内生变量”寻求变革与发展。

“阴云弥漫的日子”，可能会延续到2030年，无论是从经济周期还是从保险业资产负债情况来看，中国保险业的存量风险要得到完全化解至少需要10年时间。

“阴云弥漫的日子”，所需要的是信念和决心，因此我们要创想未来保险（信念），更要重塑美好保险（决心）。

二、点燃“希望”

2022年，中国GDP总量突破120万亿元人民币，人均GDP达到12741美元，连续两年保持在1.2万美元以上。根据世界银行收入划分标准，人均国民收入（GNI）不到1036美元的为低收入国家，在1036美元到4045美元之间的为中等偏下收入国家，在4046美元到12535美元之间的为中等偏上收入国家，高于12535美元的为高收入国家。2021年中国初步迈入高收入国家门槛，2022年中国正式迈入高收入国家。

根据中金财富发布的《大类资产战略配置白皮书（2022）》，中国家庭住房的市值估值达到330万亿元左右，房产是居民占比最大的资产类别；居民资产占比第二的是存款，约为110万亿元；居民直接持有的广义基金（银行理财、公募基金、私募证券基金）约为26万亿元；居民直接持有的股票市值约为20万亿元（加上私人产业资本则约为40万亿元）；居民持有的保险资产约为15万亿元。按照以上口径计算，住房占财富的比例约为60%，存款约为24%，剩余金融产品约为16%；而同期美国住房占财富的比例约为28%，存款约为11%，剩余金融产品约为61%。

总体来看，中国家庭资产配置逐步由房地产向金融资产转移的长期趋势下，中国保险业将迎来“黄金时代”，关键是保险机构自身如何“再规划、再定位和再出发”。

“阴云弥漫的日子”，所需要的是信念和决心，我们需要做出艰难的抉择，需要放弃“欲望”的路径，只有这样才能“点燃希望”。因为在历史的每一个转折点上，都意味着我们要做出艰难的抉择和认清必须放弃的路径。

“阴云弥漫的日子”还在延续，近期由于俄乌冲突、美联储加息、房地产销售下滑、输入性通胀压力上升等因素叠加，经济出现新的下行压力，资本市场开年调整，中概股更是雪崩，投资者对一些短期负面因素出现了过度反应。中国保险业正在经历至暗时刻，怎么看？怎么办？

“阴云弥漫的日子”之后，我们不要才想起来反问：如果当时做出了其他的决定或者选择了另外的道路，历史会怎样？此时，我们要点燃希望，因为“每临大事有静气”，在泡沫时克制欲望，在低谷时克制恐惧。

经济学家任泽平在《世界终将属于理性乐观主义者》（“泽平宏观”公众号）一文结尾写道：“展望未来，我们选择深爱这个国家，深爱所从事的事业。展望未来，我们选择深信时代的进步，深信梦想的力量。即使在最黑暗的时刻，也不放弃底线和梦想。即使遇到再大的困难，也要勇敢前行。经历过改革转型洗礼后的中国经济，前景将更加光明，未来最好的投资机会就在中国。相信未来。”同样，我们之所以“创想未来保险”，因我们相信未来保险，相信未来中国。

宏观：先立后破，不破不立

一、创想未来保险的三个维度

“阳光灿烂的日子”，我们没有克制住欲望；“阴云弥漫的日子”，我们不能再克制不住恐惧。为了点燃希望，我们需要创想未来保险。

面对这个“超级不确定性时代”或“动荡时代”，如何创想未来保险？又该如何重塑美好保险？身处这个时代的我们，无须定义也无法定义“未来保险”，我们能做的是去厘清趋势脉络，提升保险认知，改变保险思维，升华战略智慧。正如阿尔伯特·爱因斯坦所说的那样：“我这辈子用很长时间悟得了一个道理，那就是我们所有的科学在被用于衡量现实时，都是原始而天真的——然而迄今为止这是我们最值得珍惜的财富。”

重新审视我们的时代，“未来保险”尽管仍笼罩在迷雾中，但其已经开始在我们脑海中浮现出整体的轮廓。创想未来保险，顺着“先立后破，不立不破；时光不语，静待花开；心平气和、淡泊流年”的脉络，我们会缓慢揭开“未来保险”的神秘面纱。

二、宏观：先立后破，不破不立

“十四五”时期，我国正处于“百年未有之大变局”的深度调整期、“百年未遇之大疫情”的持续影响期和“百年发展目标‘转段’”的长期优化期，这三个百年大局相互影响、叠加和作用，共同塑造了新时期我国经济社会发展错综复杂的时代背景。这个历史背景的最大特点是“不确定性”或“超级不确定性”，因此，难以用一种技术、模型和知识加以预测和判断，需要以一种与时俱进的心态和能力，用一个思维框架，不断地分析、判断和把握，并以问题和效果为导向，实时进行调整和改变，力求做到“以不变应万变”。

“十四五”期间宏观环境的思维框架，可以简单概括为“1个原点、2个循环、3个背景、4个变革、5个动能、10大趋势”（如图4-1所示）。

2021年中国GDP规模达114.4万亿元（17.7万亿美元），美国GDP为23.0万亿美元，中国GDP相当于美国的约77.0%。2021年中国实际GDP增长8.1%；同期，美国GDP同比增长5.7%、德国2.8%、英国7.5%、日本1.7%。如果未来中国经济保持年均5%左右的增长，则将在2030年前后超越美国成为全球第一大经济体，重回世界之巅，全球政经格局和治理版图进入新的篇章。

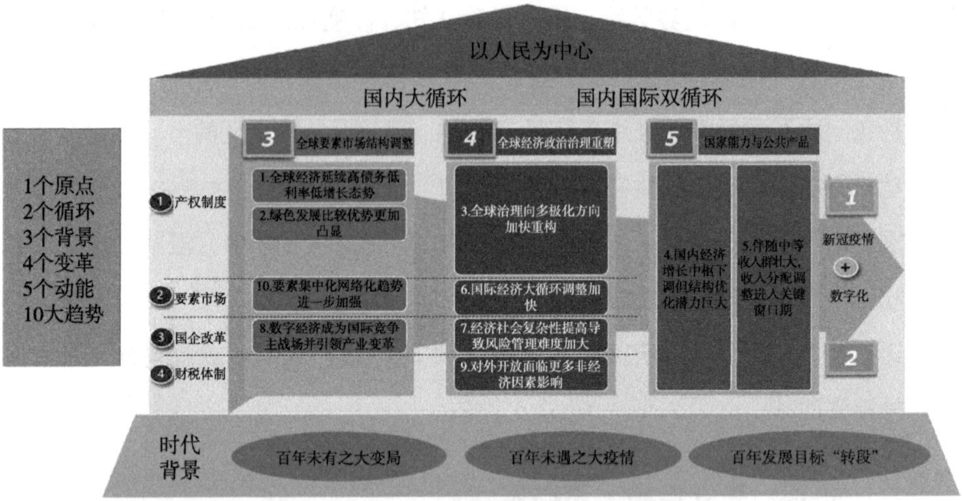

图 4-1 “十四五”期间宏观环境的思维框架

总的来看，中国经济在速度上，“从高速增长转为中高速增长”；在结构上，“经济结构不断优化升级”；在动力上，“从要素驱动、投资驱动转向创新驱动”。中国的经济规律注定了保险业的发展模式和发展能力将出现“换挡”和“迭代”，即保险业的发展将不再是粗放式的快速发展，而是具有内涵价值的创造性发展，发展将更有效率、质量、价值和意义。这一切对于中国保险业来说，注定要重视“先立后破”，同时也决定了“不破不立”，为此我们要：

（1）重新认识环境，“两个一百年”到底意味着什么？

（2）重新认识财富，“纳川成海”对于保险业的影响是什么？保险能否引导私人财富从不动产转向金融资产？

（3）重新认识保险，“长期主义”对于保险意味着什么？保险如何成为“优质的金融资产”？

（4）重新认识风险，风险社会的“危害、脆弱性、敞口”需要保险从“时间、风险、收益”帮助消费者克服财富配置的“三元悖论”。

三、保险：先立后破，不破不立

2017年第五次全国金融工作会议以来，中国保险业开始从规模扩张转向质量提升变革，正在进入高质量发展阶段。截至2021年末，保险业共有法人机构235家，总资产共计24.89万亿元，提供保险金额12146.20万亿元，保险资金通过多种方式为实体经济融资超过20万亿元，已经连续四年保持全球第二大保险市场地位。2021年，保险业实现保费收入4.49万亿元，赔付支出1.56万亿元，较好地发挥了保险保障的功能作用。

“阴云弥漫的日子”，中国保险业能否点燃希望，关键是我们采取什么样的策略。以往我们做事习惯于“先破后立”“破字当头，不破不立”的模式，结果走了一些“弯路”和“冤枉路”：许多旧规则、旧制度、旧体制被“打破”，但却没有新的可以替代、接盘，结果是保险市场乱了，保险机构茫然了，保险人人心散了。我们在保险业变革与发展的过程中，多次面临“破”与“立”的冲突与艰难抉择。

“阳光灿烂的日子”，是中国保险业“跟着行走”和“自个儿行走”的阶段。那时我们对现代保险认识不足，同时对国际保险市场和国际保险规则不熟，结果导致中国保险制度体系“破”了旧体制、旧规则，但未能“立”起新体制、新规则，导致中国保险市场处于某种混沌之中，结果才有了“阴云弥漫的日子”。

党的十八大以来，国家高度重视金融在经济发展和社会生活中的重要地位和作用，或者说重视金融的力量。在这个过程中，我们也逐步掌握了金融“立”与“破”的关系，它们不是永远一成不变，不是时时都要变，而是“与事俱变”的客观存在。金融是国家重要的核心竞争力。防范化解金融风险，事关国家安全、发展全局、人民财产安全，是实现高质量发展必须跨越的重大关口。2017年第五次全国金融工作会议以来，中国金融业采取了去杠杆“精准拆弹”基本政策，提前为预防风险扎下了制度的篱笆，保障了我国的金融安全。

创想未来保险，要做好“先立后破”。这是保险决策者（包括保险政策制定者和保险机构管理者）的职责、义务和必需，这需要保险决策者有精准的前瞻性，有敏锐的洞察力，有坚定的抉择力和毫不动摇的执行力。没有这些，新的规矩、新的体制也可能立不住，即使立住了也不能持久。“立”与“破”的关系实质也在于此。

创想未来保险，离不开对当前“中国经济规律”和“先立后破”的理解和认识，这将在很大程度上影响保险如何“续写新章”。无论是“立”还是“破”，都离不开“稳”字，“以稳为纲”“以立为常”，是未来中国保险工作中的“规律性”，不可忽视。因为“稳”乃是“立”的前提，而“立”则是“稳中有进”的动力和保证。“稳”与“立”的共同目的就是实现“稳中有进”这个根本战略的发展目标。

创想未来保险，保险业要“先立后破，不破不立”，关键在于要把中国保险业置于“中国特色社会主义理论”下进行思考，要从中国保险学学科体系、学术体系、话语体系、发展体系和市场体系等方面来思考中国保险业的变革与发展。

创想未来保险，保险业要“先立后破，不破不立”，关键在于理解“保险是风险管理者、风险承担者和投资者的统一”，要融入国家新发展大格局。正如笔者在《保险思政课》一书中所论述的，“保险在行动、保险在倾听、保险在进化、保险在引领”。保险在行动，我们需要认知金融的力量（保险的力量），并见证保险的发展；保险在倾听，我们需要厘清保险与人民、保险与国家、保险与人类的关系和联系；保险在进化，我们需要认知保险的变革与发展，包括保险与中国观、保险与全球风险观、保险与新世界观等问题；保险在引领，我们需要通过保险思政来升华保险理论，讲好中国保险故事，传播好中国保险声音，提升中国保险话语国际影响力。

创想未来保险，保险业要“先立后破，不破不立”，到底“立”什么？应该

“破”什么？无论是“立”还是“破”，前提是“追寻现代中国”，目标是“重塑美好保险”。

中观：时光不语，静待花开

一、中观：时光不语，静待花开

金融是现代经济的发动机。“十四五”规划提出，构建新发展格局需要金融的支持，同时我们将由“金融大国”向“金融强国”迈进。保险作为金融的重要组成部分，要积极融入国家发展大局，但更要明白“时光不语，静待花开”之意，不能揠苗助长，要顺其自然，以一种淡泊的心态看待保险与银行和证券的关系，静静地、心平气和地让保险从银行和证券中脱颖而出。

“时光不语，静待花开”，随着中国经济社会的发展，一定是风险管理、健康管理和财富管理的时代，保险能否给出风险解决方案、健康解决方案和财富解决方案，成为决战“金融”的关键。

“阴云弥漫的日子”，等一朵花开的时间，就是中国保险业自我“修炼”的时间。在等花开的时间里，中国保险业注定会经历挫折、孤独、窘迫等困境，但是只要戒掉欲望，坚守初心，摆正位置，点燃希望，相信未来，中国保险业定会花开万里。

2022年，各国逐渐走出疫情的阴霾，但复苏也并非一帆风顺。在各国疫情周期错位、全球供需错位、供应链和物流危机，以及病毒变异和疫情反复的影响下，全球经济跌跌撞撞走过了2022年。

2023年，全球经济延续复苏，但复苏基础并不稳固，存在波动性大、脆弱性高、结构失衡等问题。2023年全球经济复苏具有以下特征：一是随着疫情“黑天鹅”落地，经济增速将逐渐回落至常态；二是复苏仍分化，发达经济体继续领衔全球经济复苏；三是全球进入加息周期，经济面临的“滞胀”风险加大；四是俄乌冲突，这场战争以及对俄罗斯的经济制裁正在冲击着全球能源和金融市场。

如果说2022年的关键词是不平衡的回归，那么2023年是不平衡的分化。俄乌冲突、疫情散发风险、出口增速回调、新动能势头放缓、美联储收紧货币政策等多重风险叠加，中国经济走势仍存在较大不确定性。

放眼全球，中国仍是全球最有活力的经济体之一，美国逆全球化，欧洲日本人口老龄化，中东战火纷飞，非洲尚未开启现代之旅。虽然历经曲折，但经过40多年的改革开放，中国经济社会发展取得了举世瞩目的伟大奇迹。我们深信中国经济前景会更加光明，相信未来中国。时光不语，静待花开。

二、保险：时光不语，静待花开

根据国家统计局公布的数据，2022年，全国居民人均可支配收入36883元，比上年名义增长5.0%，扣除价格因素，实际增长2.9%。综合来看，居民人均可支配收入的持续增加为私人财富的积累奠定了稳定的基础，同时为保险业的开展带来了旺盛的需求和充足的流动性。综合来看，当前我国居民收入增速持续领跑全球，财富的积累必然会提升对保险配置的需求。另外，家庭资产配置由房地产转向金融资产是长期趋势，对金融投资专业性的需求给保险市场的发展提供了契机；再有风险社会的到来，风险管理和健康管理等业务快速增长；最后，老龄化背景下，“老有所养”的美好愿景将孕育出新的保险配置需求。

面对社会、经济、思想和科技的变化，保险业要审时度势，要从“时光不语，静待花开”的视角给出解决方案，包括风险解决方案、健康解决方案和财富解决方案。

（1）风险解决方案，通过构建“风险管理+保险工具+非保险工具”来实现；

（2）健康解决方案，通过构建“健康保险+健康服务+健康生态”来实现；

（3）财富解决方案，通过“保险产品+财富管理+养老服务”来实现。

同时，保险业要审时度势，要从“先立后破，不破不立；时光不语，静待花开”的视角重新思考保险的内涵和外延，思考保险的功能和定位。

一是不断提高政治站位。把保险发展融入国家大局，积极推进保险供给侧结构性改革，服务构建国内国际双循环相互促进的新发展格局，在巩固脱贫攻坚成果、推动乡村振兴、完善社会保障体系、实现共同富裕等方面做出应有的贡献。

二是坚持走高质量发展道路。保持战略定力，坚定不移地回归保障本源，积极参与健康中国、应对人口老龄化等国家战略的顶层制度设计。

三是提升服务社会民生能力。牢固树立以人民为中心的理念，优化保险产品供给，更好地满足社会大众日益增长的养老、健康等保障需求。发展服务“三农”、新市民等领域的普惠保险，加强小微企业和弱势群体保险服务，切实促进共同富裕。

四是牢牢守住风险底线。加强风险监测预警，稳定经营管理，在风险化解过程中要特别注重保护保险消费者的权益。

“时光不语”，是为了在“阴云弥漫的日子”自我修炼；“静待花开”，是期待在“阳光灿烂的日子”收获成功。时光不语，且须静待花开！

微观：心平气和，淡泊流年

一、微观：心平气和，淡泊流年

心平气和，淡泊流年。“阴云弥漫的日子”可能会延续到2030年，中国保险业的存量风险要得到完全化解至少需要10年时间。存量风险需要10年出清，发展模式的建立也非一朝一夕之功，也许需要5年、10年，甚至20年的努力。

心平气和，淡泊流年。“阳光灿烂的日子”，我们失去了什么、收获了什么、缺少了什么，这些已经不重要；“阴云弥漫的日子”，我们需要思考未来5/10/20年到底该怎么办、办什么。

2020年以来新冠疫情对全球经济造成了严重冲击，2023年全球经济逐步从疫情中复苏，但在病毒的不断变异下，疫情的反弹依然对全球经济持续造成影响。尽管全球疫苗接种进度仍在推进，死亡病例明显较此前有所下降，但疫情对宏观经济的冲击在2023年被进一步放大。

2022年4月29日，中共中央政治局召开会议，分析研究了当前经济形势和经济工作。会议传递“一个核心、八大举措”，实现“稳增长、稳就业、稳物价”。一个核心是“加大宏观政策调节力度，努力实现全年经济社会发展预期目标”。八大举措具体如下：

（1）疫情。高效统筹疫情防控和经济社会发展，最大限度减少疫情对经济社会发展的影响。

（2）政策。退税减税降费+用好各类货币政策工具+谋划增量政策工具。

（3）投资。新老基建逆周期加码，适度超前建设。

（4）消费。保市场主体、保就业是关键，一揽子纾困。

（5）物价。做好能源和粮食保供稳价工作。

（6）房地产。适度放宽，因城施策，促进平稳，软着陆。

（7）平台经济。完成专项整改，支持规范健康发展，稳定预期，提振信心。

（8）股市。注册制改革，积极引入长期投资者，保持资本市场平稳运行。

基于2023年的经济形势，从金融市场的维度来看，我国金融市场可能经历一个从追逐风险（Risk On）到回避风险（Risk Off），再到追逐风险（Risk On）的过程。无论是Risk On还是Risk Off，对于保险业来说也许最好的选择就是“心平气和，淡泊流年”。

二、保险：心平气和，淡泊流年

展望未来，总体上来看，保险业的结构性机会大于趋势性机会，传统业务机会大于创新业务机会，这种形势可能会持续一段时间。在这样的背景下，保险业需要看得更长，想得更多，规划得更远，为未来5/10/20年的崛起创造条件：一是强化保险优势，二是补齐风险短板，三是挖掘科技潜力，四是构建新的科技、风险和保险体系。

保险作为风险管理者、风险承担者和投资者的统一，其存在价值在于降低社会资源配置成本、提升社会资源配置效率，实现社会（特别是风险社会）的帕累托最优：一是辅助专业风险管理，降低风险成本；二是通过保险有序配置，减少摩擦成本；三是借助于科技优化交易，降低交易成本；四是构建新的科技、风险和保险体系，并站在消费者一边，且理性地为其在风险社会代言，提升消费的有序性和品质化，改善消费生态圈，降低消费成本和未来的不确定性。

为实现上述四个条件，当前需要做好这三件事：再定位，未来5/10/20年再创业；再规划，专业型发展策略；再出发，轻而精运营体系。再定位、再规划、再出发，我们才有动力创想未来保险（Think for Insurance，TKIns），才有机会重塑美好保险（CBIns）!

如何科学“再定位、再规划、再出发”？家家有本难念的经，大有大的烦恼、小有小的忧愁，关键在于认清自我、修正自我、找准方向、突破自我、完善自我，让自己成为“破局者”，而不是“搅局者”，甚至“出局者”。

再定位，即重新定位，关键是定什么位。这涉及聚焦于什么、创新什么、整合什么。

再规划，即围绕定位找路径，坐标有了之后，还需要合理的路径规划。

再出发，即沿着路径实现梦想，纵使前路漫漫，荆棘重重，既然选择了出发，何必再去问归途在何方？

“心平气和，淡泊流年”，是一个了解环境、了解保险、了解自我、了解变化的过程。基于“再定位、再规划、再出发”的逻辑框架，大概流程如下：

一是筛选赛道（了解趋势）：了解经济社会的发展趋势，筛选出自己的核心/非核心业务。

二是匹配能力（了解自我）：依据自己的发展目标和能力，依据核心/非核心业务的特征匹配相应的能力。

三是分散聚焦（了解保险）：在适合自身的备选业务中，分散并聚焦于合适的保险业务。

四是动态轮动（了解变化）：根据市场变换和核心轮动，动态调整保险业务结构比例。

战略：从战略到战术，把握三条主线

一、创想未来保险的战略

“创想未来保险”，是一个了解环境、了解保险、了解自我、了解变化的过程。基于“再定位、再规划、再出发”的逻辑框架，要从战略、战术和行动三个层面展开。具体到战略，是一个从战略到战术的过程，关键在于把握三条主线。

2021年11月，党的十九届六中全会通过了《中共中央关于党的百年奋斗重大成就和历史经验的决议》，将“国之大者”写入这份党的历史重要文献。“国之大者”包含两个关键字：一个是“国”，一个是“大”。“国”字本义是指疆域、地域，后来泛指国家。“大”，本义是讲容量、体积、面积、数量、力量、年龄等方面超过一般或所比的对象，引申之后就是范围、程度等深广。“国之大者”，顾名思义就是国家大事要务。

“国之大者”是具体的，主要包括国之大局、国之大要、国之大事、国之大计、国之重器、国之所需、国之未来等。当前，中国保险业要深刻理解把握“国之大者”的理论内涵、历史依据、内在逻辑，正确处理好保险与人民、保险与国家、保险与人类的关系，同时抓住这三大关系所蕴藏的历史机遇。

二、保险与人民：紧紧扭住让人民生活幸福这个“国之大要”

从洪荒走来，防灾避祸、寻求保障是人类亘古不变的主题。保险自诞生之日起，就是人与人之间互助的一种机制，诚如谚语“千家万户保一家”所言，互助共济是保险的本质特征。无论是几千年前东方扬子江上船伙们共担风险的承诺，还是修建埃及金字塔时工匠们汇聚丧葬基金的行为，都是同行之间为应对共同风险而相互扶助开创的保险萌芽。今日之现代保险虽已远离其滥觞期的形态，却未能改变其人人互助的精髓。穿越历史的长河，保险制度发展到今天，已经成为现代经济的核心。

保险是金融体系的重要组成部分，它对促进改革、保障经济、稳定社会、造福人民具有重要的作用。保险与人民的关系，正如胡适所言：“保险的意义，只是今天做明天的准备；生时做死时的准备；父母做儿女的准备；儿女幼时做其长大时的准备；如此而已。今天预备明天，这是真稳健；生时预备死时，这是真旷达；父母预备儿女，这是真慈爱。能做到这三步的人，才能算作是现代人。”

悠悠万事，民生为大。“民生福祉达到新水平”已经成为我国经济社会发展的主要目标之一。习近平总书记在庆祝改革开放40周年大会上的重要讲话中指出：“我们要着力解决人民群众所需所急所盼，让人民共享经济、政治、文化、社会、生态等各方面发展成果，有更多、更直接、更实在的获得感、幸福感、安全感，不断促进人的全面发展、全体人民共同富裕。”不断提高人民群众的获得感、幸福感、安全感，对于凝聚起把新时代改革开放继续推向前进，实现“两个一百年”奋斗目标、实现中华民族伟大复兴的中国梦的磅礴力量具有十分重要的意义，是新时代全面深化改革的重要着力点。

为了谁、依靠谁，是一个根本问题。坚持以人民为中心，不断实现人民对美好生活的向往，是习近平新时代中国特色社会主义思想的核心要义，是新时代坚持和发展中国特色社会主义的基本方略之一，也是不断提高人民群众获得感、幸福感、安全感的重要前提。因此，保险作为防范化解重大风险的重要制度，必须有鲜明的立场。保险与人民的关系，是一个风向标、指挥棒，决定了保险为谁保、保什么、怎么保。

三、保险与国家：抓好加快构建新发展格局这个“国之大事”

自布雷顿森林体系解体以来，伴随着浮动汇率制度下的全球信用货币体系的逐步生成和数十年发展，金融取得了在现代经济体系中的核心地位。这是人类社会发展的一个全新阶段，是人类经济体系内在规律决定的必然结果，是在货币化、资本化基础上演化而来的一个经济发展大趋势，不以人的意志为转移。中国改革开放40多年来所取得的卓越成就，离不开国家对金融重要性的深刻认识。

“金融是国家重要的核心竞争力，金融安全是国家安全的重要组成部分，金融制度是经济社会发展中重要的基础性制度”。这一重要论断说明了21世纪全球金融化发展趋势决定了中国必须更加强调金融的重要性；现代化经济强国必须要有强大竞争力的金融体系作为必要条件；金融安全不仅关涉人民财产安全，更关涉国家的主权安全；防范系统性金融风险和提防外部金融冲击是关系国家安全的大事；金融制度是社会主义市场经济的基础性制度。

2017年全国金融工作会议还强调了加强党对金融工作的领导，提出了服务实体经济、防控金融风险、深化金融改革三项任务和回归本源、优化结构、强化监管、市场导向四项原则，并决定设立国务院金融稳定发展委员会，统筹协调跨境金融监管和国内金融监管。这充分体现了以习近平同志为核心的党中央对当代金融发展规律和发展趋势的洞察力，也进一步发展了中国特色社会主义金融理论。

保险作为金融的重要组成部分，更要正确认识保险与国家的关系。美国前总统里根曾言："为了保存明天，我们今天必须行动；对于国家大事如此，保险行业亦是！"

四、保险与人类：扎扎实实保护好生态环境这个"国之大计"

"天有不测风云，人有旦夕祸福"，人类从洪荒走来，各种自然灾害和意外事故时常威胁人类的生存与发展，在人类繁衍生息与自然抗争的过程中，古代社会的人们就萌生了对付灾害和意外的保险思想。保险机制是最古老的风险管理方法之一，保险制度是人类最伟大的文明制度之一。

保险机制比保险公司的历史远为悠久，渗透也更为广泛，是人类伟大的发明之一。在大部分时间里，它只是自发地形成和延续。正因如此，其运行机制和对社会冲突的协调作用，往往被低估了。所谓保险机制，就是三个环环相扣的功能：准确评估风险的或然率，对投保者提出合理的行为约束，并分摊个别投保者遭遇的损失。任何同时具有上述三项功能的社会机制，都是有形或无形的保险机制。家庭就是一种典型的保险机制。父母担负起对子女的教育和监督责任，不仅是出于对子女的爱护，也是为了降低子女潜在的保险索赔，因为子女一旦遭遇意外损失，全体家庭成员将共同分担。为了降低风险，家庭成员倾向于互相关心、互相监督。

世事无常，人类从面对自然灾害茫然无助到共同分担风险，摸索、探寻了4000多年，形成了如今完善多样的保险制度，解决了人们生有所备、老有所养、病有所医、死有所留、残有所靠的朴素愿望。

因此，保险肩负着人类的使命，为人类创造美好的未来。保险在应对风险上，保障了各类风险出现时的互助共济，保险是有担当的，保险是人类团结起来的一种机制。面向未来，保险会更好地服务社会，服务人类，使人类共同走向美好的未来。

古语云，“先谋于局、后谋于略、略从局出”。习近平总书记反复强调要心怀“国之大者”，是立足中华民族伟大复兴的战略全局和世界百年未有之大变局，根据我国发展阶段、发展环境、发展条件变化提出的要求，具有很强的现实针对性和战略引领性。

“国之大者”事关大势、事关全局、事关根本。中国保险业要心怀“国之大者”，着眼于全局、放眼长远，在千头万绪、纷繁复杂的局势之中，处理好保险与人民、保险与国家、保险与人类的关系，同时正确认知保险与中国观、保险与全球风险观、保险与新世界观等问题。

战术：从战术到行动，抓住三大重点

一、创想未来保险的战术

“创想未来保险”，是一个了解环境、了解保险、了解自我、了解变化的过程。基于“再定位、再规划、再出发”的逻辑框架，要从战略、战术和行动三个层面展开。具体到战术，是一个从战术到行动的过程，关键在于抓住三大重点。

《金融模式》（任泽平、曹志楠著）一书，通过研究高盛、罗斯柴尔德、瑞银、贝莱德、黑石、伯克希尔、平安、泰康、复星以及安邦、明天系、华信系等国内外大型金融机构发现，虽然所处行业、发展战略、商业模式各异，但成败有三点至关重要：第一，时代机遇，抓住时代发展机遇是大型金融机构崛起的前提；第二，商业秘诀，找到源源不断地产生正向现金流的商业模式，是稳坐金融业头部位置的关键；第三，基业长青，能否秉承创始初心、传承公司基因文化，并不断保持创新和拼搏进取精神，施以有效的公司治理，是公司有效传承并基业长青的保障。

创想未来保险，需要把握三大重点：时代机遇、商业秘诀和基业长青。如此，方能成就未来保险。

二、时代机遇

党的十八大以来，我国高度重视金融在经济发展和社会生活中的重要地位和作用，或者说金融力量。2017年4月25日，习近平总书记主持中共中央政治局第四十次集体学习时强调："金融是现代经济的核心。保持经济平稳健康发展，一定要把金融搞好。改革开放以来，我们对金融工作和金融安全始终是高度重视的，我国金融业发展取得巨大成就，金融成为资源配置和宏观调控的重要工具，成为推动经济社会发展的重要力量。"

没有人能靠做空自己的祖国获利，同样没有人不靠祖国能够成长。观大势、定大局、谋大事，保险业崛起的前提是把握时代发展机遇。每个行业、每家企业、每个人最终都是时代的产物，保险业受经济趋势和国家政策影响较大。当今的保险巨头，无一不是抓住中国崛起或保险业趋势的历史性机遇，在承担国家使命的同时，成就巨头伟业。而后起之秀，也是把握住了细分赛道的机遇，打造了自身优势护城河。反观被时代遗落的昔日巨头，皆因故步自封而丧失了创新和拼搏的精神。

时代机遇用好了就是成功的良机，错失时代机遇就会困难重重。要实现保险业的高质量、可持续发展，保险人就要增强机遇意识和风险意识，牢牢把握住时代机遇，积极创想未来保险和重塑美好保险。

三、商业秘诀

金融（保险）巨头成功的关键是找到符合自身优势源源不断地产生正向现金流的商业模式。商业模式纷繁复杂，但万变不离其宗，现金流是解锁商业密码的钥匙。商业模式是否可持续，归根结底要看现金流能否覆盖支出和成本。

聚焦到保险领域，作为风险管理者、风险承担者和投资者的统一的保险，商业模式更为复杂，提供的商品和服务是虚拟的、无形的，短时间内很难验证商业模式是否成立，但如果牢牢抓住现金流这把钥匙，就可以看透保险商业模式的底层逻辑，辨别保险创新或伪创新，甚至庞氏骗局。

对于保险业来说，好的商业模式，保险经营活动自身可以产生源源不断的正向现金流，维持自身运转并持续创造利润，对资产负债的错配或股东输血依赖程度较低。中等的商业模式，短期内保险经营现金流入不足以覆盖支出，需借助于保险资产负债错配或股东输血，依靠保费现金流来支持运转，如果未来保险经营活动的正向现金流足够覆盖支出，也是可持续的商业模式。坏的商业模式，自身缺乏造血能力，基本依靠保费高速增长或股东输血现金流来维持，而一旦未来保费增幅下降将无法覆盖保险赔付或给付，则会变质为庞氏骗局，走向破产深渊。

反观最近失败的保险商业模式，有的靠股东输血，有的靠保费高速增长掩盖风险甚至庞氏骗局，有的靠炒概念幻想弯道超车，有的靠关联交易控制保险机构并将其作为“提款机”，还有的靠保费腾挪虚假入资。这些公司褪去华丽外衣后，现金流根本无法做到一一匹配和覆盖，保险伪创新暴露无遗。

四、基业长青

《基业长青》一书研究了一批企业如何应对世界发生急剧变化（两次世界大战、大萧条、革命性的科技、文化动荡等）而依然基业长青。这本书的逻辑并不复杂，全书的主要思想或者说卓越公司的成功经验，可以表述为如下几个方面：做造钟师，也就是做建筑师，不要做报时人；拥护兼容并蓄的融合法；保存核心，刺激进步。这三点成功经验之间有着内在的逻辑联系，“造钟”的原理，即企业制度和文化的设计思想，就是企业的核心理念，企业要使“钟”持续地自动运转，就必须坚守自己的核心理念，而为了适应不断变化的市场环境，企业必须进行各种创新，不断进步，这就是“保存核心，刺激进步”。

金融（保险）巨头地位维持的基石在于公司基因能否传承并不断创新。“性格决定命运”，人如此，企业也如此。一家企业的性格或者基因，很大程度上受其创始人或管理人塑造和影响。第一代创始人通常是公司的灵魂人物，对公司战略决策掌控力最强，为公司注入基因，带领公司乘风破浪。但公司如何在未来接管人手中依然拥有战略定力和进取精神，这就需要一套制度文化和治理机制。研究发现，成功的公司基因，通常包括开放包容的公司文化、行之有效的治理机制，能帮助公司筛选出有能力的管理者；反之，封闭的公司文化、过于集中或过于分散的股权结构、形同虚设的公司治理、无视法律底线，是保险机构走向衰落、灭亡的根源。

时代机遇、商业秘诀和基业长青，是企业管理的外部环境和内部环境，也是企业成功与失败的内因与外因、客观与主观因素，是保险业研究历史性、理论性、实践性的有机结合与统一，创想未来保险，就要立足这三者的深度融合。

行动：从行动到平衡，遵循三个原则

一、创想未来保险的行动

“创想未来保险”，是一个了解环境、了解保险、了解自我、了解变化的过程。基于“再定位、再规划、再出发”的逻辑框架，要从战略、战术和行动三个层面展开。具体到行动，是一个从行动到平衡的过程，关键在于遵循三个原则。

前面谈到，“再定位、再规划、再出发”的流程包括筛选赛道（了解趋势）、匹配能力（了解自我）、分散聚焦（了解保险）、动态轮动（了解变化），其中蕴藏着三大原则：保险与风险的均衡、资产与负债的匹配、聚焦与整合的平衡。

二、保险与风险的均衡

保险作为风险管理者、风险承担者和投资者的统一体，其存在价值在于降低社会资源配置成本，提升社会资源配置效率，实现社会（特别是风险社会）的帕累托最优：一是辅助专业风险管理，降低风险成本；二是通过保险有序配置，减少摩擦成本；三是借助于科技优化交易，降低交易成本。因此，保险与风险的均衡是保险谓之保险的重要原则。

保险是风险管理中的风险融资工具之一，因此风险与保险关系密切，主要表现为以下几点：风险是保险产生和存在的前提，无风险则无保险；风险的发展是保险发展的客观依据；保险是风险处理传统且有效的措施；保险经营效益受风险管理技术的制约。

从全球保险业来看，秉承两大理论：“海派”和“山派”理论。“海派”理论源于地中海地区，以劳合社为主要代表，在管理策略上尤为强调保险是金融的一支，注重公司未来的现金流，指出公司的利润主要来源于对公司资金的有效运用；“山派”理论以德国保险公司为主要代表，认为保险公司更应遵循基尔特制度，提倡互助精神和共同分担，强调保险是一种责任分担，保险公司应在责任分担中追求利润，因而公司利润应主要来源于承保利润。

无论是“海派”还是“山派”，保险与风险的均衡是保险经营的“商业秘诀”，也是保险机构“基业长青”的关键。

三、资产与负债的匹配

资产负债匹配是保险经营的重要基础之一，也是保险业防范风险的重要措施之一，目的是控制保险企业的资产与负债相匹配，并且是持续的匹配。

资产负债管理以资产负债表各科目之间的“对称原则”为基础，来缓解流动性、波动性和收益性之间的矛盾，达到三性的协调平衡。所谓对称原则，主要是指资产与负债之间时间（期限）、风险、收益的对称，以期限对称和收益对称的要求来不断调整资产结构和负债结构，以实现风险最小化和收益最大化。资产负债的资产与负债的持衡主要包括：

（1）规模对称原则。这是指资产规模与负债规模相互对称、统一平衡，这里的对称不是一种简单的对等，而是建立在合理经济增长基础上的动态平衡。

（2）结构对称原则，又称偿还期对称原则。保险资金的分配应该依据负债的性质来决定，即保险资产和负债的偿还期应该保持一定程度的对称关系。

（3）目标互补原则。金融产品具有三个重要投资属性：收益率、波动性和流动性。收益率指各类资产长期平均收益，波动性指短期收益跟长期平均收益的背离（例如股票有时候会出现亏损），而流动性指该类资产的变现容易程度或事先规划的投资期限。因此，投资人无法在单一资产类别中同时获得高收益、高流动和低波动，最多只能选择其中两个。这个结果称之为投资组合的“三元悖论”：高流动性、低波动率和高收益之间必须舍弃其中之一。这一原则认为收益性、波动性和流动性这三性的均衡不是绝对的，可以相互补充。

（4）资产分散化原则。保险资金的运用要遵循“资产选择、分散投资和长期主义”三大原则，其中分散投资的前提是根据负债客观约束和投资主观偏好制定目标预期收益率。最理想的分散投资是保持组合的预期收益率不变，同时降低波动率。由于资产的价格包含了对忍受其风险的补偿，资产配置的过程就是收益率和波动率权衡的过程。

四、聚焦与整合的平衡

笔者在参与研究某保险公司“十四五”规划时，最后确定“聚焦、专业、创新、整合”的核心理念，这是在总结和传承的基础上，根据中国保险市场发展现状与趋势而确定的保险机构在新时期应该具备的经营理念。

聚焦与整合的平衡，包含了聚焦、整合和平衡三个概念。先说“聚焦”，聚合而定焦，这看起来是摄影用语，却蕴含了原型概念在其中，或者说介于道家的“意和象”之间，涵盖了世间许多现象。比如金字塔，就是聚焦原型的图像化，保险业如此，保险机构也如此，保险巨头更是如此。

“物以类聚、人以群分”是聚焦的结果，事物的边界也是聚焦的体现。因此，为了打破这种“边界”，“聚焦”到一定阶段就要“整合”。整合的意义在于确保战略的导向性，在整体性的视角下，对资源有计划地综合管理，以贯彻战术的连续性。概括地看，整合的核心在于整体与综合，是对“多”的管理，接近于军事上的集中原则；而聚焦是战略取舍之后，对“少”的管理。在调用资源对“少”的战略目标进行实施时，可以采用“多”的方法与工具，所以聚焦实际上包含了整合，即聚焦与整合是一个平衡的过程。正如刘伯温（明代）所言“兵散则势弱，聚则势强，兵家之常情也”。再如摄影时，我们为了聚焦，会在放大倍率为一倍、五倍、十倍和取消放大中循环，循环的目标是“聚焦”景物，而不是“整合”所有景物。

《金融模式》一书研究发现，高盛的投行业务、瑞银的财富管理、黑石和贝莱德的资产管理业务，均为典型的轻资产模式，每做一笔业务赚一笔钱，赚取的是中间业务收入。这类商业模式不需要前期重资本投入，依靠资产获取、产品创设、客户服务、投资交易、风险控制等能力打造护城河，为客户提供差异化、专业化、高附加值的服务，现金流非常稳定。伯克希尔、平安、泰康以及产融结合平台，走的是“重资产”道路，将募集来的资金并入资产负债表，赚取利差。伯克希尔商业模型的成功，正是基于对底层资产现金流的严格把控，每一笔投资都能产生正向现金流，严防偿付和流动性风险。复星作为中国快速崛起的一家产融平台，很大程度上得益于收购“现金牛”资产，负债与资产的风险敞口相匹配。

通过研究高盛、罗斯柴尔德、瑞银、贝莱德、黑石、伯克希尔、平安、泰康、复星等国内外大型金融机构发现，商业模式的基础是“聚焦”，“整合”只是结果，过程是聚焦与整合的平衡。

保险与风险的均衡、资产与负债的匹配、聚焦与整合的平衡，这一切都是为了实现“时间、风险、收益的均衡”。“时间、风险、收益”是金融产品的三个重要属性，也是现代金融学的研究对象，“高流动性、低波动率和高收益”在一个成熟的金融市场里是不存在的，保险也不可能背离这个“三元悖论”，这对于中国保险业在当前市场环境下生存下来具有重要的意义。

第五篇　重塑美好保险

人面不知何处去？桃花依旧笑春风。

——《题都城南庄》（唐·崔护）

创想未来保险，我们需要的并不是一个规模更大的保险，而是更好的保险。回顾过去70年、40年、20年中国保险业的发展，中国保险也许无法用“好保险”来形容，所以我们要重塑美好保险，要重塑我们这个时代的保险。

重塑美好保险，其主题是如何才能实现“中国好保险”，解决中国保险面临的信任危机，更解决中国保险作为“金融中介”存在的价值。

桃花依旧笑春风，一个时代的逝去留下的并不仅仅是一曲悲歌。未来经年，以科学理性精神勇于面对发展中第一性的问题，以乐观和不放弃的精神捕捉那些“破裂世界里透过缝隙照进来的光（莱昂纳德·科恩）”，那么穿山越岭，我们或会迎接一个新的更伟大的时代的到来！

“擘画保险蓝图，重塑美好保险”，何谓美好保险？美好保险是风险保障之美、健康服务之美和财富管理之美，是风险治理之美、价值创造之美和资源配置之美，是向上、向善、向美好的保险。

“金融一体化背景下保险存在的意义”，主要论述投资型寿险产品存在的价值，回答投资型寿险产品存在的意义。

“风险一体化背景下保险存在的意义”，主要论述保险如何应对风险的变化，回答除投资型寿险以外的保险产品存在的意义。

“保险是存在的，但存在却并非美好”，重塑美好保险在于思考保险与人民、保险与国家、保险与人类的关系，并基于此从可持续金融、可持续保险、负责任投资、负责任银行等给出实施路径。

“美好保险之向上（To Up）”，“向上”或“向上而生”，是指在新时代（新科技、新经济、新社会、新思想）下，保险企业要借助于新科技、打造新生态、逐步实现自我净化、自我完善、自我革新、自我提高。

“美好保险之向善（To Good）”，“向善”或“向善而为”，是指在新时代下，保险企业要秉承善心善念自觉追求社会价值的实现，要以满足消费者深层次需求为归因，实现企业创新服务能力的大幅度提升和改观，用心守护人民的幸福生活。

“美好保险之美好（To Better）”，“向美好”或“向美好而行”，是指在新时代下，保险企业要在高质量、可持续发展中为实现人的全面发展和人民的共同富裕而精进，不断提高保险服务的可得性和便利性，切实增强人民的获得感、幸福感、安全感。

“重塑中国保险体系（上）：好保险与坏保险”，新时代中国保险发展需要提高作为“金融中介”的效率，降低中介成本。

“重塑中国保险体系（中）：中国保险的十大断裂点”，新时代中国保险发展需要思考并解决“金融的十大断裂点”和“保险的十大断裂点”。

“重塑中国保险体系（下）：如何发展新时代保险体系”，破题中国保险体系的痼疾，推动保险作为“金融”的转型，建设中国“好保险”，必须围绕降低金融中介成本这一根本目标，并聚焦中国金融的十大断裂点和中国保险的十大断裂点。这些断裂点的存在为在我们这个时代建设“好保险”指出了可行的路径。

擘画保险蓝图，重塑美好保险

一、引言

重塑美好保险（CBIns）是创想未来保险的延续，是为中国保险业“开方抓药”，是为“开创保险服务中国式现代化新局面”建言献策。未来，意味着创造历史的无限可能。追寻现代保险，创想未来中国，重塑美好保险。

纵观世界保险史，可以得出一个结论：保险作为市场经济的一种内生机制，是市场经济发育的重要动力和市场经济成熟的重要特征。可以说，经济越发展，社会越进步，保险越重要。因此，我们在创想美好保险之外，更要重塑美好保险。

重塑美好保险，中国保险业一直在行动。《保险，让生活更美好》《大国保险》……保险，关爱您的成长（子女保障），陪伴您的出行（意外保障），守护您的收获（资产保障），珍视您的健康（疾病保障），心系您的幸福（养老保障），这是保险行业的承诺！保险，让生活更美好！

重塑美好保险，中国保险业一直在行动。《中国保险业社会责任报告》《中国保险业可持续发展报告》……保险，服务国家重大战略，保障民生安康，坚持人民至上，为人民群众提供全面风险保障。2022年，保险业实现保费收入4.70万亿元，资产总额达到27.15万亿元；全年为全社会提供风险保障金额13678.65万亿元，同比增长12.62%；全年赔付支出1.55万亿元，同比负增长0.79%。

重塑美好保险，中国保险业一直在行动。何谓“美好保险”，是不陌生的保险、不寻常的保险、不一样的保险，还是有温度、有情怀、有体验的保险，抑或是责任之美、承诺之美、关爱之美、心声之美，也许是看护之美、守护之美、呵护之美、陪护之美……是风险保障之美、健康服务之美和财富管理之美。

重塑美好保险，中国保险业要在行动中倾听进化的声音，要追求美好、歌颂美好、展示美好，要传递向上（To Up）、向善（To Good）、向美好（To Better）的价值观，做有温度的保险，成为中国最有美好感的金融力量。

二、重塑美好保险

重塑美好保险，是在行动中倾听进化的声音，是在行动中激活进化的基因，是在行动中迭代进化的能力，是在行动中重塑风险保障之美、健康服务之美和财富管理之美。2020年以来，笔者一直在策划推进“重塑美好保险”行动，并在不断完善重塑美好保险的行动框架（如图5-1所示）。

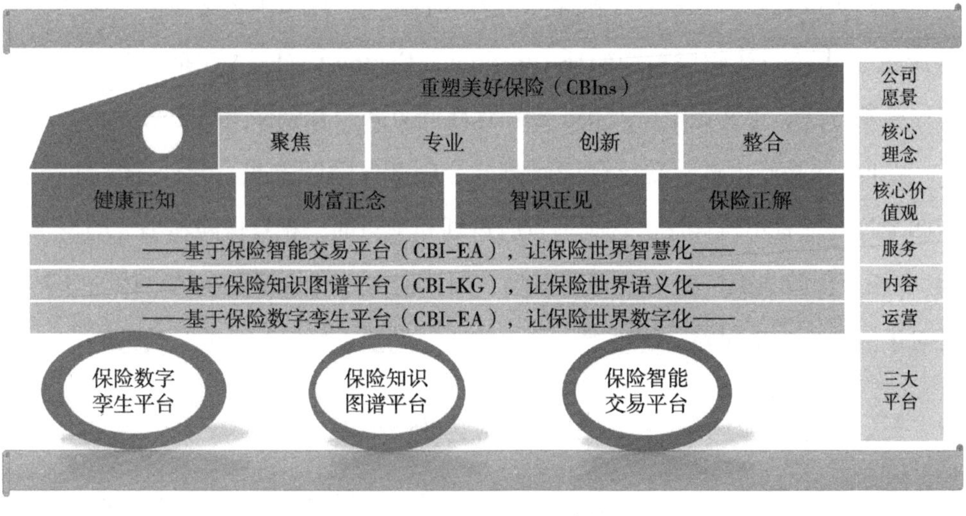

图5-1　重塑美好保险的框架

重塑美好保险，重塑风险保障之美，关键是重塑风险服务平台、风险交易平台和风险定价平台，这需要弘扬“6S”精神：专业（specialized）、专长（specialty）、专家（specialist）、专诚（specially）、专攻（specialize）、专注（specialization）。

重塑美好保险，重塑健康服务之美，关键是重塑健康管理科学、健康服务体验和健康生态体系，这需要思考“10H”主线：健康风险（HealRisk）、健康数据（HealTa）、健康科技（HealTech）、健康服务（HealServ）、健康生态（HealEco）、健康沟通（HealCom）、健康运营（HealOP）、健康创新（HealInn）、健康科学（HealSci）、健康保险（HealIns）。

重塑美好保险，重塑财富管理之美，关键是重塑资产选择、分散投资和长期主义原则，这需要遵循“8P”原则：平台（Platform）、发展（Progress）、人员（People）、产品（Product）、理念（Philosophy）、流程（Process）、组合（Portfolio）、业绩（Performance）。

重塑美好保险，关键在于战略、战术和行动（“创想未来保险”已论述，不再赘述），其是一个保险控制循环（Insurance Control Cycle），包括四个过程：开启保险新方式、定义保险新方式、创新保险新方式、开创保险新未来。

“开启保险新方式、定义保险新方式、创新保险新方式、开创保险新未来”这四个过程笔者不再详述，这是笔者所策划和撰写的“相互保险丛书”的逻辑框架。“相互保险丛书”是写给相互保险人的，但也是写给保险人的，因为这是笔者对于“创想未来保险”的理解，更是关于“重塑美好保险”的行动策略。

三、重塑美好保险：以相互保险为例

为积极探索新时代的相互保险，大力推动相互保险的发展，为建设我国多层次保险市场体系做出新的更大的贡献，由中央财经大学保险学院/中国精算研究院院长李晓林担纲总顾问，中国精算研究院陈辉博士牵头策划和主编了《相互保险丛书》。

《相互保险丛书》约110万字，所含5册专著内容丰富、各有专攻，分别围绕相互保险制度及其发展的不同侧面，从理论到实践、从创新到思考、从国内到域外进行了深入研究。

（1）开启保险新方式。《相互保险：开启保险新方式》，通过现状篇、借鉴篇、建议篇和展望篇四个视角对相互保险的试点制度进行了研究。围绕相互保险这一保险业改革与发展中的重要问题，对国内外保险特别是相互保险的历史沿革和发展完善状况进行了全面、系统的回顾和总结，此书涉及对国内外相互保险的历史、法律法规、基础理论、保险品种、监管体系、经典案例、发展前景等多方面的介绍、分析和研究，开创了我国相互保险系统性研究工作的先河，为今后我国相互保险的发展提供了具有重要参考价值的知识性、理论性和经验性的研究成果。

（2）定义保险新方式。《相互保险：定义保险新方式》，通过基础篇、治理篇、财务篇和会员篇四个视角对相互保险的运行方式进行了研究。通过对国内外的研究，并对国内开展试点的三家相互保险组织设立及发展模式进行了梳理，提炼出相互保险组织的运营实践标准，并对相互保险组织运营过程中遇到的困惑和挑战予以解读，有望促进公众对相互保险组织的全面认知，并有望能为我国相互保险的发展提供具有重要参考价值的知识性、理论性和经验性的研究成果。

（3）创新保险新方式。《相互保险：创新保险新方式》，通过基石篇、创新篇、引领篇、未来篇四个视角对相互保险的创新模式进行了研究。论述了相互保险的基石之道、创新之道、引领之道、未来之道。本书详细论述了相互保险的战略定位、内部控制和风险管理等基础之道；在此基础上论述了相互保险的三个层次、六大理论、十种关系、十大方法等创新之道，基于创新理论总结梳理了相互保险模式为中心的创新、平台为中心的创新和会员为中心的创新等三种引领之道；最后，论述了相互保险的创新思考、创新生态、创新未来等未来之道。

（4）开创保险新未来。《相互保险：开创保险新未来》，通过新生态、新思想、新模式、新未来四个视角对相互保险的未来发展进行了研究。新时代、新思想下的相互保险，必须经历五种模式、五个层次、三个阶段、三重境界的考验和磨炼，才能找到通向未来的路径，形成未来的十大空间，最后真正成为保险市场体系中的重要一极，成就相互保险的新模式、新未来。

（5）理论与实务教程。《相互保险：理论与实务教程》是对前述内容的提炼和升华，分为理论、实务和思考三部分。理论篇阐述了相互保险理论基础、相互保险的关系说和相互保险理论发展；实务篇阐述了相互保险的市场、治理、财务、运营等；思考篇阐述了新科技、新经济、新社会、新思想下的相互保险，包括相互保险的五种模式、五个层次、三个阶段、三重境界、四个连接、四个生态等。

至此，通过《开启保险新方式》《定义保险新方式》《创新保险新方式》《开创保险新未来》《理论与实务教程》，我们一起阅览了相互保险的昨天、今天和明天，从基本知识的学习，到实战的磨炼，然后再到大道至简的超脱境界，这是相互保险发展的必由之路，这也是相互保险发展必须经历的一条从技术到艺术的路。最简单的最有效，最简单的最长久，这就是从技术到艺术的全部含义。从技术到达的艺术，并不是所有的相互保险组织、相互保险从业人员都能到达的理想彼岸，因为除了知识和头脑，一个组织、一个人的器宇决定其境界，而一个组织、一个人的境界最终决定其成就。从技术到艺术，这是一条孤独的求索之路，更是一条志者锲而不舍证明自我的光辉之路。

四、重塑美好保险：以普惠保险为例

2022年12月，中国银保监会就《关于推进普惠保险高质量发展的指导意见（征求意见稿）》公开征求意见，指出：“发展普惠保险对完善多层次社会保障体系，提升人民群众总体保障水平，助力全面推进乡村振兴、实现共同富裕具有重要意义。”为推进普惠保险的高质量发展，亟须构建“五位一体”的普惠保险体系。

普惠保险，是指将保险普遍惠及所有群体，特别强调在贫困地区、少数民族地区、偏远地区以及残疾人和其他弱势群体中提供保险服务，让更多群体享受到惠而不费的优质保险服务，使保险业在促进脱贫、防止返贫，完善中低收入人群健康养老保障方面发挥更大作用。国际上，普惠保险着重强调发展中国家和贫困国家的保险服务，其强调的另一点是要使各个阶层跟上社会进步和现代化的步伐。

普惠保险的理念、功能、性质：①普惠保险的理念。普惠保险强调的是不排斥、包容的理念，即人人应有平等地享受保险服务机会的权利。普惠保险是保险的一种类型，本质上属于市场而非财政范畴，它不是馈赠、恩惠，更不是慈善。②普惠保险的功能。普惠保险是为所有有劳动能力和生产能力、有获得保险服务愿望、信誉良好的居民及中小微经济体提供方便、快捷、公平且价格合理的保险服务。③普惠保险的性质。普惠保险是政府引导、市场化运作、商业或财务可持续的保险，是保险公司、消费者双方互信、互助、合作、共赢的大众性、普遍性保险。

综上，普惠保险是“五位一体”的完整体系，它是由机构、产品或服务、监管、基础设施和政策支持五个部分组成的市场体系。具体而言，包括众多、分层、全覆盖的普惠保险机构体系；创新、多样、适用的普惠保险产品服务体系；协同、分层级、统分结合的普惠保险监管服务体系；配套、健全、社会化的普惠保险基础设施公共服务体系；多元、梯次、协调配合的普惠保险政策支持体系。

五、重塑美好保险：以高净值用户保险为例

2021年，中国GDP总量达到114.36万亿（约合17.73万亿美元），增速达到8.1%。2021年，中国经济增速创下近10年来的新高，远高于政府“6%以上”的预期目标。2021年，我国人均GDP为80976元（约合1.25万美元），已经超过世

界人均水平。

经过改革开放40多年的高速发展，我国居民财富实现了爆发式增长，已成为全球第二大财富管理市场。在宏观经济持续向好的基本前提下，中国私人财富市场也迎来稳健发展的态势。招商银行和贝恩公司联合发布的《2021中国私人财富报告》显示：2020年，可投资资产在1000万元以上的中国高净值人群数量达262万人，2018—2020年年均复合增长率为15%；2021年底，中国高净值人群数量预计约为296万人。

总体来看，我国居民家庭资产配置正在由房地产逐步向金融资产转移，各类金融机构都在积极布局财富管理业务。对于保险业来说，除做好普惠保险之外，更要积极创新高净值人群保险服务。如诺亚荣耀保险经纪打造了“人家企”一站式保险经纪和风险管理平台，与合作伙伴共建高净值客服服务生态（如图5–2所示）。

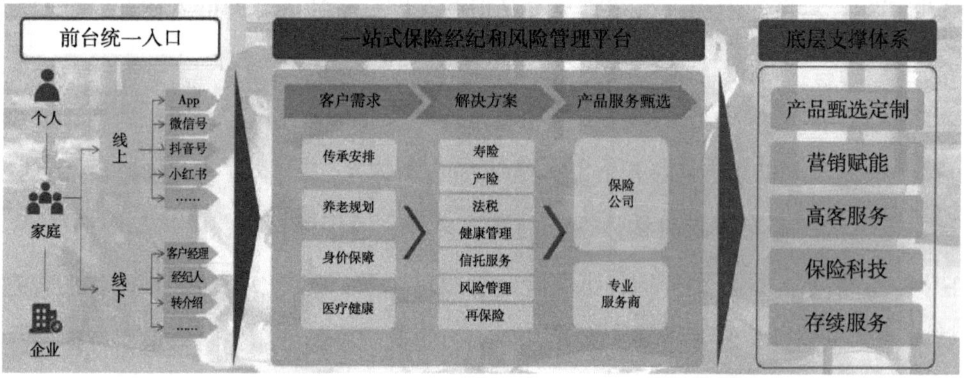

图5–2　诺亚荣耀保险经纪“人家企”一站式保险经纪和风险管理平台（示例）

通过该平台，诺亚荣耀保险经纪为高净值用户构建了超预期体验和保障、金融生态。荣耀保险经纪基于保险公司实力、经营状况、产品情况、增值服务、客户满意度、合作关系六个维度共计21个客观标签、8个主观标签等构建了产品甄选平台，实现了对保险公司产品的全方位、多角度评估，并基于此进一步定制战略产品，可满足客户的多元化保险保障需求。

创想未来保险，我们一起领略了保险的昨天、今天和明天，理论与实践。重塑美好保险，我们将一起穿越历史，回到现实。正如纪伯伦（Kahlil Gibran）在《先知》一书中所言："我们已经走得太远，以至于忘记了为什么而出发。"（We already walked too far, down to we had forgotten why embarked.）一切向前走，都不能忘记走过的路；走得再远、走到再光辉的未来，也不能忘记走过的过去，不能忘记为什么出发。

金融一体化背景下保险存在的意义

一、重塑美好保险的两个问题

重塑美好保险，其背景是"追寻现代中国、创想未来世界"，因此我们首先需要回答两个问题：金融一体化背景下保险存在的意义，风险一体化背景下保险存在的意义。

保险是风险管理者、风险承担者和投资者的统一体，因此，金融一体化和风险一体化是保险业最大的外部变量。外部变量是在函数外部定义的全局变量，它的作用域是从变量的定义处开始，到程序文件的结尾。显然，金融一体化和风险一体化也是重塑美好保险最大的外部变量。

"金融一体化背景下保险存在的意义"主要论述投资型寿险产品存在的价值，回答投资型寿险产品存在的意义。

"风险一体化背景下保险存在的意义"主要论述保险如何应对风险的变化，回答除投资型寿险以外的保险产品存在的意义。

二、金融一体化

2021年末，我国金融业机构总资产为381.95万亿元，同比增长8.1%，其中，银行业机构总资产为344.76万亿元，同比增长7.8%，占比90.3%；证券业机构总资产为12.30万亿元，同比增长21.2%，占比3.2%；保险业机构总资产为24.89万亿元，同比增长6.8%，占比6.5%。

金融一体化（Financial Integration），一般指国（地区）与国（地区）之间的金融活动相互渗透、相互影响而形成一个联动整体的发展态势，本书特指金融产品（银行产品、证券产品和保险产品）之间相互渗透、相互影响的发展态势。

金融一体化是金融市场发展的现状和必然趋势，各种金融产品间呈现出不同程度的相似性。与此同时，寿险公司推出的投资型寿险产品（包括分红型保险、万能型保险和投资连接型保险）与银行、基金等产品逐渐趋同，相互间的界限不断被突破。在这一背景下，投资型寿险似乎失去了存在的意义。本书认为，保险产品的定价以成本为基础，而其他金融产品的定价是以市价为基础，因此保险产品具有收益波动性小的特点。在投资者非完全理性和预期效用最大化的前提下，保险产品收益的低波动性可以有效地提高投资者的投资效用，进一步表明投资型寿险的不可替代性。

三、金融一体化背景下保险存在的意义

（一）问题的提出

传统上，保险业与其他金融行业在所提供的产品和满足消费者的使命方面是不同的。但是，在金融工具与交易手段不断创新的基础上，金融业逐渐呈现一体化的发展趋势。银行越来越多地融入销售保险产品的活动中，保险公司管理和销售的金融产品也越来越多。目前，保险公司的投资型寿险产品与银行、基金等产品逐渐趋同，相互间的界限逐渐模糊。可是，同样作为投资对象，投资型寿险产

品与其他金融产品相比，存在低透明性和低流动性的缺点。在此情况下，除了作为保险公司增加保费收入的方式，投资型寿险存在的市场意义是什么呢？

（二）投资型寿险产品与其他金融产品的区别

研究投资型寿险产品的优点，要先从投资者的角度将其与其他金融产品区分开来。从投资者角度来看，保险产品和其他金融产品最大的不同在于其定价与评估方法不同。保险产品的定价与评估是基于成本（MTC，Mark-to-cost），我们称之为MTC产品；其他金融产品（如基金和金融衍生物）的定价与评估是基于市场价值（MTM，Mark-to-market），我们称之为MTM产品。评估方法的不同，使保险产品形成两个基本特点。

其一，低流动性。一般金融理论认为，保险产品相对于银行或基金所提供的金融产品缺乏流动性。形成这种判断是有原因的，对于投资者来说，由于没有二级交易市场，保险产品是不可交易的，如果选择退保，则要承担一部分损失。但是，作为低流动性和低透明性的补偿，保险公司的产品向投资者提供了一个较高的期望收益水平。低流动性和低透明性被认为是金融产品的两个负面因素，因此期望收益中应该包括对这两个因素的调整。在一个非有效的市场中，期望收益的增加值一般高于流动性和透明性风险所要求的风险溢价。实际上，一些经济和金融文献已经探讨了流动性和要求收益之间的关系，如Amihud（2002）、Pastor和Stambaugh（2003）。Pastor和Stambaugh（2003）通过定义一个总的流动因子，检验了这个因子是否在期望收益中得到了定价，他们发现在考虑了其他一些标准风险因素之后（如市场、规模和价值），对流动性比较敏感的股票的收益比对流动性不敏感的股票的收益每年平均高7.5%；Acharya和Pedersen（2005）研究发现其差额为4.6%，其在度量流动性风险时与Pastor和Stambaugh使用的方法不一样。在这两种情况下，流动风险溢价都比较大，其经济影响都比较显著，特别是对于市场风险溢价而言。

其二，低透明性。保险产品相对缺乏透明性是因为保险产品在一段时间的收益并不完全依赖投资组合市场价值、股利和红利的大小，还依赖保险公司所做的收益平滑决策。通过管理基础资产组合，保险公司为了平滑收益可以在一段时间内影响账面收益率。

一直以来，低流动性和低透明性成为投资型寿险产品被批评的对象。但是低流动性和低透明性的背后，是MTC产品收益的稳定性。MTM产品的价值随金融市场的波动而波动，而MTC产品的价值不随金融市场的波动而波动，是相对稳定的。因为MTC产品的供应者可以对收益进行管理，并承担了一部分市场的波动性风险。因此，MTC产品的价值一般比MTM产品稳定。具体来讲，保险公司在所销售的产品中都会提前设置一个产品评估周期，用于计算保单持有人的收益。在每一个评估周期末保险公司告知资产的MTC收益，资产MTM收益和MTC收益之间的差额如果为正，则用于建立一个缓冲基金，平滑未来的收益；如果为负，则需要利用缓冲基金进行弥补；如果缓冲基金减少到零，则需要利用公司的资本进行弥补。此模型想证明的就是对于某些投资者来说，收益的稳定性更加重要。

（三）模型的构建

为解决本书提出的问题，我们构建了一个简单的研究模型，从投资者的角度，以效用最大化为目标，研究投资型寿险产品存在的意义。此模型希望通过比较MTM产品和MTC产品给投资者带来的效用，证明投资型寿险产品可以增加投资者的福利。

为了便于比较，我们假设MTM产品和MTC产品是两个债券组合，投资期为T。MTM产品在不同时期的价值是x_1^M，x_2，…，x_T^M，MTC产品在不同时期的价值是x_1^C，x_2，…，x_T^C。假设两个投资组合的最终价值相等，即$x_T^C=x_T^M$。现在我们考虑两个投资者，完全理性投资者和非完全理性投资者。完全理性投资者的效用方程为：

$$U_1(t)=p_i\log(W_{t,i}) \qquad (5\text{-}1)$$

其中，$W_{t,i}$是在情景i的情况下，在时间t时刻的财富值。假设所有财富都投资于上述金融产品中，则基于MTM下的投资者预期效用是$\sum_{i=1}^{n_t} p_i \log(X_{i,t}^{M})$，基于MTC下的投资者预期效用是$\sum_{i=1}^{n_t} p_i \log(X_{i,t}^{C})$，其中$n_t$是在时间$t$时可能发生的情景的数量。

非完全理性投资者是短视的厌恶损失者，其效用函数采用Benartzi和Thaler（1995）的效用方程：

$$U_2(t)=\pi_i v(\Delta W_{t,i}) \tag{5-2}$$

其中，$v(\Delta W_{t,i})=\begin{cases} \Delta W_{t,i}^{\alpha} & \Delta W_{t,i}>0 \\ -\lambda-(\Delta W_{t,i})^{\alpha} & \Delta W_{t,i}<0 \end{cases}$，$\pi_i=w(P_i)-w(P_i^*)$

P_i表示收益结果不低于ΔW_i的概率，P_i^*表示收益结果好于ΔW_i的概率，并且有：$w(x)=\dfrac{x^{\gamma}}{(x^{\gamma}+(1-x^{\gamma}))^{1/\gamma}}$。

Benartzi和Thaler（1995）采用的参数值：$\alpha=0.88$，$\lambda=2.25$，$\gamma=0.65$。这个效用方程与完全理性投资者的效用方程不同，它考虑的是投资者的财富相对于某时点的变化情况。在这里，我们选择投资者最初的财富作为比较的基础，研究投资者财富的变化量。根据式（5-1）和（5-2），投资者分别用两个方程去评价收益和损失。

我们假设该金融产品的投资期限是6年，首先，模拟5000种可能出现的收益结果；其次，计算在每种模拟结果下最终的财富值和财富值的变化，利用上述结果，我们可以分别计算出完全理性投资者和非完全理性投资者的效用；最后，我们比较每个投资者在MTM和MTC情况下的保险产品的效用。在模拟利率变化时，我们选用Cox-Ingersoll-Ross（1985）模型。

表5-1中的数据是根据Andrea Beltratti和Giuseppe Corvino（2007）的模拟结果整理而得。在MTM在情况下，没有平滑的规则，所以在每次模拟中，收益结

果都由一个随机变量所决定；在MTC的情况下，收益率是一个确定的值，所以其波动性为零。

表 5-1　MTM 产品和 MTC 产品的平均收益和方差

时间	平均收益MTM（%）	方差MTM（%）	平均收益MTC（%）	方差MTC（%）
1	3.23	6.96	3.75	0
2	3.66	6.33	3.75	0
3	3.63	5.26	3.75	0
4	3.96	4.46	3.75	0
5	4.25	3.84	3.75	0
6	4.61	3.97	3.75	0

表5-2比较了两种金融产品对两种投资者分别产生的效用。表中数据清楚地显示，从预期效用的角度来说，尽管相差得比较小，但MTC明显优于MTM。只有到投资期的最后，市场波动的可能性比较小时，MTM产品才会优于MTC产品。这也表明，损失的可能性与投资收益的波动性对投资者影响很大。

表 5-2　MTM 产品和 MTC 产品对投资者的效用比较

预期效用投资者MTM	预期效用投资者MTC	短视的损失厌恶者MTM	短视的损失厌恶者MTC
4.6347	4.6420	–0.0497	0.0540
4.6687	4.6788	–0.0197	0.0540
4.7031	4.7156	0.0020	0.0540
4.7410	4.7524	0.0321	0.0540
4.7820	4.7892	0.0574	0.0540
4.8263	4.8260	0.0701	0.0540

MTC增加效用是因为它减少了损失的波动性和损失发生的概率。模拟的结果显示：第一年产生负收益的概率为30%，第二年为26%，第三年为21%，第四年为14%，第五年为4%，第六年为0。因此，基于MTM的金融产品将使投资者

面对多种损失的可能性，从而降低了投资者的效用。

上述研究结果表明，对于一个不是特别在意损失的投资者来说，MTC金融产品的好处并不明显；但对于一个损失厌恶的投资者来说，MTC金融产品具有明显意义。由此，我们认为，保险公司提供的MTC产品的好处在于，它可以减少损失发生的概率，降低投资者收益的波动性。

（四）模型的修正

在上述模型中，假设了两种投资者：完全理性投资者和非完全理性投资者。在此，我们进一步讨论，现实中投资者是否具有完全理性。传统金融理论认为，投资者是完全理性的。如果这一假设是正确的，那投资型寿险产品的低流动性和低透明性就是缺点，投资型寿险产品存在的市场意义就不大。然而，现实中的投资者都是完全理性的吗？根据行为金融理论，投资者并非都是完全理性的。Barberis和Thaler（2003）对人类行为的其他特点也进行了研究，其中一些成果可以应用于理性金融选择的研究中，其研究发现人们的金融行为中不但有很多是非理性的，如过度自信等，还有一些系统性错误，如忽视基准利率、顽固、忽略样本容量等。

非完全理性的投资者（Behavioral investor）一般容易对信息过分反应、曲解信息或过分自信，他们往往不把大于初始资本的投资结果看作有风险。非完全理性投资者的突出特点就是频繁交易，而频繁交易容易造成收益率降低。Barber和Odean（2000）研究了金融产品的交易频率与收益率的关系。研究结果显示，投资者的收益率与交易频率之间是负相关的。投资者的毛收益率与交易额之间没有显著关系，但净收益率却与交易额呈负相关。很自然的解释是，收益不足以弥补频繁交易造成的成本。研究结果同时显示，频繁交易的投资者，其年投资收益率在6%以下。由此可见，对于这些投资者，高流动性可能是不利的。Andrea和Giuseppe（2007）发现，投资者经常会因为行为的冲动而改变投资组合和策略，进而影响投资收益。此时，流动性低的保险产品限制了频繁交易的可能性，对这些投资者来说这是一个优点。

因此，本书认为，在现实生活中，大部分投资者都是非完全理性的。得到这个结论后，我们再回到上文的模型中。不难发现，采用MTC形式的投资型寿险产品对大部分投资者都具有积极意义。保险产品收益稳定的特性，可以降低投资者频繁交易的可能性，最终增加投资者福利。

（五）结论

尽管对于完全理性的投资者来说，投资型寿险产品具有低透明性和低流动性的缺点，但这些缺点对于非完全理性的投资者却是优点。通过研究，本书不但证明了金融一体化背景下投资型寿险产品具有存在的合理意义，还可以得到以下两个结论：

第一，尽管投资型寿险产品与银行、基金等金融产品在形式上的界限逐渐模糊，但是二者在实质上还是存在很大区别的。我们应该正确认识这些金融产品之间的差异，而不能简单根据形式上的趋同而得出二者同质的结论。

第二，保险公司应该对投资型寿险产品正确定位，认准自身优势。在同其他金融机构的竞争过程中，不能盲目地开发基于市价的风险型投资产品，以己之短博人之长。

保险公司应该着力做好利率保障型投资产品的开发和推广，以收益的稳定性吸引投资者，从而在与其他金融机构竞争的过程中立于不败之地。

风险一体化背景下保险存在的意义

一、重塑美好保险的两个问题

重塑美好保险，需要回答两个问题：什么是金融一体化背景下保险存在的意义？什么是风险一体化背景下保险存在的意义？

“金融一体化背景下保险存在的意义”，指出投资型寿险产品具有低透明性和低流动性的缺点，但这些缺点对于非完全理性的投资者却是优点。

“风险一体化背景下保险存在的意义”，对于非投资型寿险产品（包括财产保险、意外伤害保险、健康保险和保障型寿险产品），其面向的消费者又是谁呢？其价值又何在？

2021年3月30日，在“洞见·趋势——2021中国保险家系列考察活动之走进华为暨第40期‘中国保险热点对话’”中“保险公司会消失吗？保险业会消失吗”这个话题引起了与会者的激励讨论。保险业是否会消亡，会向什么方向进化，还是一个需要持续探索的历程。但有一点是确定的，正如中国银行保险传媒股份有限公司党委书记、董事长朱进元所言：“不管科技怎么样发展，风险一定存在，保险业的初心和使命就是管理风险，只要风险存在，保险一定存在。科技可能颠覆的是传统的保险业态和经营模式，新生的一定是新型保险业。”

未来，保险业不管如何变，风险管理的特性不会变。在这个金融一体化和风险一体化下的无边界竞争时代，保险业的核心能力就是风险管理。保险是风险管理者、风险承担者和投资者的统一体，其风险管理者、风险承担者的职能不会随着“风险一体化”而不存在，但其存在的能力要求越来越高。

综上，“风险一体化背景下保险存在的意义”这不是一个问题，而是一个转型的思考。比如，根据统计目前90%以上的道路事故是人为失误造成的（如图5-3所示），一旦自动驾驶得到普及，汽车保险将被重新定义——风险从车辆用户转移到车辆制造商和软件/硬件供应商。

- □ 汽车的意义何在；
- □ 汽车保有量减少；
- □ 汽车设计将更注重舒适性；
- □ 年纪较大的司机占比会更高；
- □ 出租车/公交车/卡车送货司机减少；
- □ 医院和急救服务的负担降低；
- □ 交通意外伤亡降低；
- □ 交通高峰时段的拥堵显著改善；
- □ ……
- □ 此车险已非彼车险！

车辆碰撞归因	百分比（%）
驾驶员	94
车辆	2
环境	2
未知的因素	2
小计	100

资料来源：National Motor Vehicle Crash Causation Survey (USA).2005—2007 (cited in Singh. 2018)

图 5–3　自动驾驶的潜在影响分析：车辆碰撞的主因发生变化

二、风险一体化

2001年12月11日，中国正式加入WTO，中国和世界就此翻开了同一篇章。

2003年，中国遭受到了第一次冠状病毒——非典型肺炎的袭击！中国内地经济的总损失额为179亿元美元，占中国GDP的1.3%，但中国强劲的外贸动力，使得非典对中国经济的影响微乎其微。

从2001年到2021年，中国GDP从1.3万亿美元增长到17.73万亿美元，稳居世界第二，占全球经济的比重超过18%，预计2030年前后将超越美国成为全球第一大经济体，重回世界之巅。

20多年来，中国显然是全球化的最大受益者，中国攀越了诸多“高峰”。自2019年以来，逆全球化的呼声日渐嘹亮，在新冠疫情冲击下，更成为焦点话题。就在全球经济一体化受挫之时，另一个全球一体化悄然而至，那就是全球风险一体化。

笔者在《中国保险业可持续发展报告（2020）》《保险思政课》中，详细论述了全球风险一体化趋势下保险业要具有全球风险观。这个世界的风险正在放大，不管是人类还是国家，我们需要明白地球是“人类命运共同体”，需要认知人类命运共同体的全球风险观，需要聆听世界的哭声、战争的伐乱声、巨灾的咆哮声、疫情的动荡声、全球产业链的断裂声……需要认知全球风险观的构想，需要关注全球风险的急剧变化，从全球风险观的角度来思考全球风险的变化以及全球保险的发展。

三、风险一体化背景下保险存在的意义

随着现代科技的发展、经济全球化的深入以及人口老龄化速度的加快，今天中国保险业所面临的发展环境与过去相比，出现了很多新变化：风险发生的概率越来越高，涉及的主体越来越多，蔓延速度越来越快，交互影响越来越深。这一方面给以“风险保障”为己任的保险业创造了巨大的需求和市场，例如，人们对养老、医疗、长期护理、失能等保险产品的需求无疑将伴随着老龄化程度的加深而增大；而另一方面，“不确定性”的加剧导致新的风险出现，给保险业带来了更多的新挑战。

风险一体化背景下，“风险”的定义已经发生变化，不再局限于危害，还包括脆弱性和敞口（如图5–4所示）。风险呈现出四个特点：①风险造成的灾难不再局限在发生地，而经常产生无法弥补的全球性破坏，风险计算中的经济赔偿无法实现；②风险的严重程度超出了预警检测和事后处理的能力；③由于风险发生的时空界限发生了变化，甚至无法确定，所以风险计算无法操作；④灾难性事件产生的结果多样，使得风险计算使用的计算程序、常规标准等无法把握。

关于自然风险和人为风险导致的危害不再详述，这是传统保险产品所承保的范畴，我们重点关注社会经济变化产生的影响，图5–5给出了主要的社会经济变化内容，包括社会、经济、科技、思想等方面。

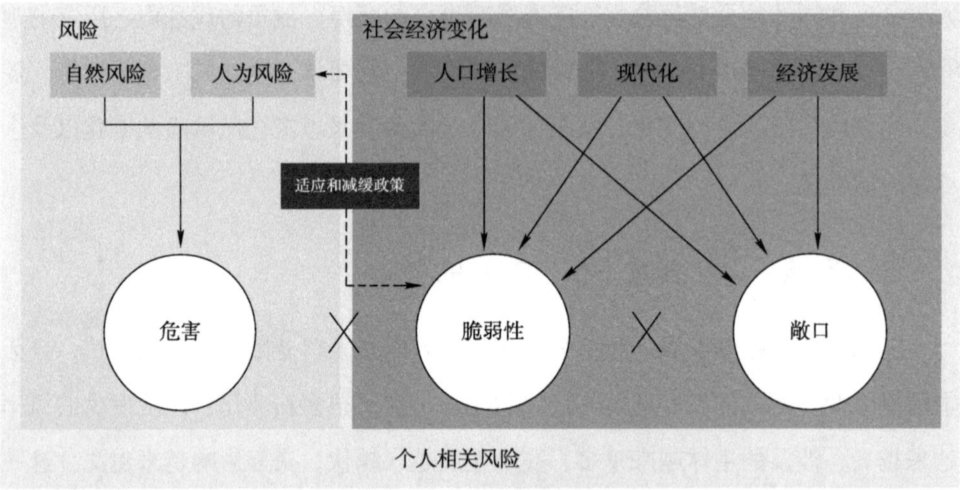

图 5–4　个人风险的变化

社会经济因素	度量指标	趋势
经济发展	GDP增长率	关键是趋势
物质资本积累	居民财富增长率、居民人均可支配收入增长率	
城市化	城镇居民比例	
开发边际土地	城镇化面积增长率、人口增长率	
居民资产配置情况	资产配置比例	
居民资产负债情况	债务比例	
金融资产配置情祝	金融资产配置比例	
保险发展概况	保险密度、保险深度	
医疗问题	医疗费用自付比例	
养老问题	养老金替代率	
不确定性	对未来的信心指数	
其他问题	其他指标	

图 5–5　社会经济变化内容

显然，在风险一体化背景下，此保险已非彼保险，“保险”的定义也相应发生了变化（如图5–6所示）。

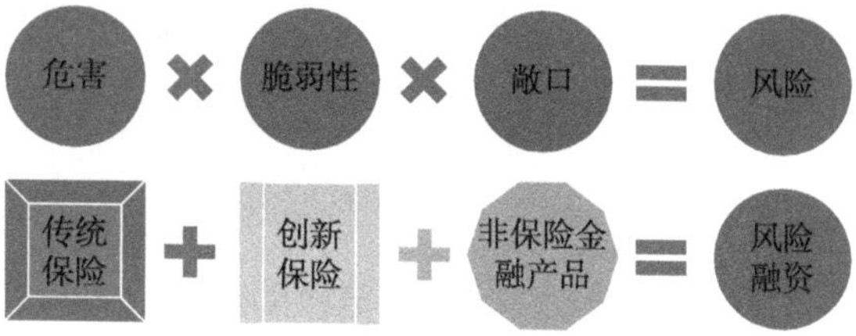

图 5-6　风险一体化背景下保险

综上，风险一体化背景下，我们需要重新认识风险，重新认识保险，顺应保险学科发展趋势，推动保险理论与实践的创新，促进“保险保障、资金融通和社会管理”传统功能向保险“风险治理、价值创造和资源配置”的现代功能转变（如图 1–23 所示），推进保险业的变革与发展，使保险成为经济增长的“助推器”与社会发展的“稳定器”，成为国家经济社会高质量、强韧性、可持续发展的重要金融工具。

风险一体化背景下的保险，对于这个话题的思考应秉持两大原则：一是风险特征原则，即不拘泥于全球风险观的概念，按全球风险的演变和风险的特征进行思考；二是重要性原则，即全球风险观是一个超级不确定性的概念，对于其认知应聚焦于全球灾难性风险和新兴风险。同时，具体到全球风险观下的保险上，我们需要处理好以下八大问题：原则与规则、简单与复杂、虚拟与现实、模拟与实战、预设与迭代、静态与动态、稳定与发展、科学与艺术。

保险是存在的，存在却并非美好

一、引言

“金融一体化背景下保险存在的意义”“风险一体化背景下保险存在的意义”

论述了保险存在的价值，或者说保险是“存在”的。“存在即合理”，任何存在的事物都有其存在的原因，存在的一切事物都可以找到其存在的理由，但存在并不代表美好。

走过了70多年的中国保险业来到了一个新的历史发展时期。今天的中国保险业，从保费收入和资产规模等“量”上看，已经是全球第二大保险市场了；但从保险深度、保险密度、保险市场的业务结构、市场环境等“质”的维度看，还存在很大的发展空间。保障功能不足、发展方式粗放、保险乱象频发的现象仍然存在，公司治理风险、市场投资风险、流动性风险、社会声誉风险等还在困扰着行业发展。显然，当前中国保险业很难用“美好”来形容，所以我们要重塑美好保险。

何谓美好保险？美好保险是风险保障之美、健康服务之美和财富管理之美，是风险治理之美、价值创造之美和资源配置之美，是向上、向善、向美好的保险。

无论是丘吉尔所言，“如果我能办得到，我一定要把‘保险’这两个字写到每家每户的大门上，写到每一个公务员的手册上”，还是胡适所言，“保险的意义，是今日做明日的准备，生时做死时的准备，父母做儿女的准备，儿女幼时做其长大时的准备”，这都是我们对美好保险的向往。何谓美好保险？显然有不同的评判标准，可以从保险业的发展进行评价，比如衡量一个国家保险业发展水平的关键指标有保险密度（一个国家的人均保费支出）、保险深度（一国保费收入占GDP的比重）、保险赔偿占灾害损失的比重、保险承担的医疗费用占医疗总费用的比重、保险资产在一国金融总资产中的比重、保险资产在个人金融总资产中的比重等，但我们更关心从人民、国家和人类的角度进行定义和评价美好保险。

二、人民：人民的获得感、幸福感、安全感

纵观世界保险史，可以得出一个结论：人类从洪荒走来，管理风险的要求孕育了保险的萌芽，保险的历史就是一部风险管理史。

人时时刻刻生活在一个充满风险的社会，以人身风险为例，表5–3给出了人一生所面临的主要风险。

表 5–3　人一生所面临的主要风险

受伤	危险概率1/3
难产	危险概率1/6
车祸	危险概率1/12
在家中受伤	危险概率1/80
受到致命武器攻击	危险概率1/260
死于突发事件	危险概率1/2900
死于车祸	危险概率1/5000
溺水而死	危险概率1/5000
死于火灾	危险概率1/5000
……	……

我们生活在风险之中，也就有了“人的一生需要9张保单”这种说法（如表5–4所示）。

表 5–4　人的一生所需要的主要保单

张数	购买保险的目的	保障范围
第1张	感谢父母养育之恩	父母健康
第2张	为自己	生活、健康
第3张	为爱人	爱人的正常生活
第4张	为孩子	意外、疾病
第5张	为孩子	教育
第6张	为财产	车子、房子

续表

张数	购买保险的目的	保障范围
第7张	为意外	还债保障
第8张	为晚年生活	大病养老
第9张	为遗产	遗产转移

2016年7月8日，在第一届上海国际保险节上，余秋雨在《中国保险的文化责任》演讲中谈到："每个人都想富裕，所谓富裕就是追求安全感、幸福感和荣耀感。文化会深沉人格。保险突破安全的机制，把全社会的安全制度集合起来，照顾到每个家庭和个人的安全，让中国人由家庭人变成社会人。如果金融保险人员做得好，等于对中华文明的推动立下汗马功劳。"

2022年3月4日，中国银保监会、中国人民银行发布《关于加强新市民金融服务工作的通知》（银保监发〔2022〕4号），指出保险机构要提高新市民保险服务的可得性和便利性，切实增强新市民的获得感、幸福感、安全感。

2021年，我国人均GDP超过1.25万美元，全国居民恩格尔系数为29.8%，接近联合国划分的富足标准。在生老病死、衣食住行、体育文娱等各个领域的保险服务将成为保障人民群众美好生活的必需品，但从我国的保险供给看，不平衡不充分的问题仍然十分突出。要保障人民群众的美好生活，解决不平衡不充分的保险供给与人民群众日益迸发、不断升级的保险需求之间的矛盾，保险供给和服务必须有大的飞跃，要着力在增强人民群众的获得感、幸福感和安全感上下功夫。

保险如何提升获得感的新高度、如何提升幸福感的新温度、如何提升安全感的新广度，这些问题笔者在《保险思政课》中进行了详细论述。中国保险业必须把"人民的获得感、幸福感和安全感"贯彻到行业发展和保险监管全部活动之中，把保障人民对美好生活的向往作为奋斗目标，要按照党的十九大强调的以人民为中心的理念，把人民群众需不需要、满不满意、获不获益、喜不喜欢作为检验保险业发展成果的根本标准，而不是把资产规模、行业影响、发展速度，甚至是资本的态度异化为检验标准。作为习近平新时代中国特色社会主义思想的重要内容，坚持以人民为中心必须在保险业不折不扣地贯彻落实。所有的保险公司和高级管理人员必须深刻认识到，在中国，背离了以人民为中心理念的保险公司没有生存和发展的土壤，这是中国保险业的政治逻辑、经济逻辑、市场逻辑和监管逻辑。

三、国家：国家安全网与国家新发展格局

纵观世界保险史，可以得出一个结论：保险作为市场经济的一种内生机制，是市场经济发育的重要动力和市场经济成熟的重要特征。可以说，经济越发展，社会越进步，保险越重要。

中国保险业经过多年深耕，中国保险深度（保费/国内生产总值）从1994年0.77%提升至2020年4.45%，2021年下降到3.92%；保险密度（人均保费）从31.55元提高至2020年3232.55元，2021年下降到3179.88元。目前，中国保险深度和保险密度低于全球平均保险深度6.13%和649.80美元保险密度水平（如表5-5所示），在众多领域保险消费存在缺口。总体来看，我国保险的保障能力还有很大提升空间，或者说目前保险的保障能力并不令人满意。在财产险方面，主要体现在灾害造成的损失中，保险业赔付占比还比较低，不仅低于主要发达国家，更远远低于全球的平均水平。在人身险方面，保障能力不足则更为明显。比如，过去很多短期储蓄的替代品并没有太多保障功能，没有很好地发挥寿险的核心作用。

表5-5　2019年全球各主要经济体保险深度和保险密度情况

项目	保险深度（%）	保险密度（美元）
全球	6.13	649.8
发达市场	7.76	3516.7
新兴市场	3.34	165.6

续表

项目	保险深度（%）	保险密度（美元）
新兴市场（除中国外）	2.62	104.8
经合组织	7.18	2752.6
G7	7.57	3629.5
欧元区	7.07	2613.5
欧盟	7.19	2429.1
欧盟15国	7.62	2953.4
北美自贸区	6.85	3089.3
东盟	3.63	155.6
美国	7.61	4481.0
中国	4.30	436.6

保险作为风险社会的重要管理工具，具有保障程度高、费率低、社会效益好等突出特点，一直是欧美发达国家居民确保家庭财富健康安全的主要途径之一，特别是健康保险、养老保险、房屋保险等，有助于金融风险的分散，有助于缓解金融风险过于集中于银行业的突出问题，有助于国家金融安全，有助于构筑国家安全网，有助于提升人民的获得感、幸福感、安全感。

为了提升人民的获得感、幸福感、安全感，在国家层面上，保险已经上升到“国家现代治理体系”“国家安全网”之定位，我们需要认真思考新保险之内涵。对于新冠疫情的黑天鹅，保险到底做了什么？对于信贷风险的灰犀牛，保险如何助力金融体系安全？面对自然灾害的黑天鹅，巨灾保险能做什么？对于构筑国家新型养老保障体系，保险业的使命是什么？……

为此，保险业需要对照《“十四五”规划纲要》提出的“实施金融安全战略”“发展巨灾保险”“发展多层次、多支柱养老保险体系，提高企业年金覆盖率，规范发展第三支柱养老保险”等要求，发挥自身“风险管理者、风险承担者和投资者统一体”的优势，助力国家安全网的构筑。

四、人类：可持续保险和负责任投资

纵观世界保险业发展的历史，我们可以得出如下结论：一部世界保险史，就是一部人类社会风险管理的历史，就是一部市场经济发展壮大的历史。基于保险的逻辑体系，保险作为风险管理者、风险承担者和投资者的统一体，保险与人类的关系主要体现在可持续保险和负责任投资。

可持续保险（Sustainable Insurance），英文由sustainable和insurance两个单词组成，同样是跨界整合。第一个领域是Sustainable Development（可持续发展），涉及环境与社会的可持续发展；第二个领域是Insurance（保险），涉及保险价值创造、风险治理以及资源配置的效率。可持续保险将保险和可持续发展结合在一起，旨在将保险导入人类可持续发展的重要领域，如环境污染责任保险、巨灾保险、突发公共卫生事件公共责任保险、普惠保险等。

可持续保险，就是将环境、社会和公司治理（ESG）理念嵌入保险业务中，以负责任和前瞻性的方式完成保险价值链中的所有活动，在保险产品的开发设计和承保过程中充分考虑ESG有关因素，降低承保风险；同时，通过开发创新解决方案，将保险业务与联合国2030可持续发展目标（SDGs）进行对标与融合，为环境、社会和经济可持续发展做出贡献，推动全球实现可持续发展。

保险公司除了可持续保险行动以外，作为机构投资者有责任使保单受益人获得最好的长期收益。在履行保险人职责时，相信ESG因素会影响投资组合的回报（影响程度因公司、行业、地区和资产等级以及时期的不同而不同）。负责任投资行动（责任投资行动），就是在保险业务投资管理期中贯彻落实联合国环境规划署金融倡议（UNEP FI）的负责任投资原则（PRI），旨在调动保险资金以实现可持续发展目标，确保保险资金投资支持有韧性的经济。

综上，重塑美好保险在于思考保险与人民、保险与国家、保险与人类的关系，并基于此从可持续保险、负责任投资、可持续金融给出实施路径（如图1–25所示），具体内容参见笔者的《中国保险业可持续发展报告（2021）》。

美好保险之向上（To Up）

一、美好保险的概念

美好保险，是风险保障之美、健康服务之美和财富管理之美，是风险治理之美、价值创造之美和资源配置之美，是向上（To Up）、向善（To Good）、向美好（To Better）的保险。

2022年，央视策划的《中国UP》节目引起了大家的共鸣，节目通过“向上”的故事分享了故事主人公的收获和感动，展示了厚积薄发、青春蓬勃的中国力量。除了《中国UP》，还有央视网打造的纪录片《大国保险》，再现了中国保险业百年来跌宕起伏的发展历程，同时也展现了中国保险业砥砺奋进、朝气蓬勃的保险力量。

《大国保险》是中国保险业从“远远落后于时代”到“日益走近世界舞台中央”的时代写实，但不是时代的开辟，因为我们离“世界保险中央”还很遥远。这也正是笔者策划“中国与世界保险观察”的本意和初衷，正如“中国与世界保险”我们经反复斟酌将其翻译为“China in the World Insurance”，而不是“China and World Insurance”。

中国保险业要走向“世界保险中央”，需要向上、向善、向美好的力量，需要向上而生，向善而为，向美好而行！

“向上”或“向上而生”，是指在新时代（新科技、新经济、新社会、新思想），保险企业要借助于新科技、打造新生态，逐步实现自我净化、自我完善、自我革新、自我提高。

“向善”或“向善而为”，是在新时代，保险企业要秉承善心善念自觉追求社会价值的实现，要以满足消费者深层次需求为归因，实现企业创新服务能力的大幅度提升和改观，用心守护人民的幸福生活。

“向美好”或“向美好而行”，是在新时代，保险企业要在高质量、可持续发展中为实现人的全面发展和人民的共同富裕而精进，不断提高保险服务的可得性和便利性，切实增强人民的获得感、幸福感、安全感。

新时代催生了新商业文明，进而又催生了新金融文明，保险企业要秉持“向上、向善、向美好”的理念，在谋求保险业可持续、高质量发展同时，真正诠释中国保险业的“向上而生，向善而为，向美好而行！”。

二、向上

向上，即进取，意味着奋发向上、追求进步。《周易》曰：“天行健，君子以自强不息；地势坤，君子以厚德载物。”其意谓君子要像天一样自强不息，像地一样厚德载物。向上是人们不断提升本领和境界的动态尺度，是向善的前提和基础；向善是向上的具体体现和标志，是向上的动力源泉和崇高境界。

《中国UP》记录了不同人所理解的“向上”。中国短道速滑队运动员武大靖、范可新：“向上，是并肩向前，绝不服输；向上，是不懈拼搏，绝不认怂。”《只此青绿》领舞孟庆旸：“向上，是闻鸡起舞；向上，是华夏风骨。”中国单板滑雪运动员苏翊鸣：“向上，是人生不设限；向上，是逐梦天地间。”……感动中国2021年度人物江梦南：“向上，是心中有光；向上，是静待花开。”

对于保险人、保险企业、保险业，“向上”又意味着什么呢？又该如何诠释

“向上”呢？

三、保险向上

向上是一种态度，更是一种力量。保险向上生长，如同一棵大树迎着阳光，让愈加茂密的枝叶保障更多人的美好生活。

对于保险人来说，“向上”意味着“撸起袖子加油干，不负春光不负卿”，意味着“我拼搏、我奋斗、我精彩”，意味着“思维的持续迭代，知识的持续更新，专业的持续打磨”……意味着“向下扎根、向上生长”。

对于保险企业来说，“向上”意味着逆境求生，在保险市场格局重新洗牌中向上而生。中国保险市场在2017年是一个分水岭，只有靠“向上”的力量才能重塑未来，这需要把握新发展阶段、贯彻新发展理念、构建新发展格局，更需要做到“聚焦、专业、创新、整合”。正如冯仑所说：“企业想要在变幻的社会经济环境中活下来，做得好，能穿越时代设置的各种各样的考验和挑战，活得长久，关键要做到6个字：简单、专注、持久。”

对于保险业来说，“向上”意味着要准确把握“国之大者”的深刻内涵和时代特征，就是要有大格局，对大是大非、大事要务、大政方针把得牢、守得住，做到心中有数，有方向、有定力。用习近平总书记的话说，就是打大算盘、算大账。具体来说，至少要算好旗帜鲜明政治账、人民幸福关切账和国家事业发展账这“三本大账”，为国分忧、为国解难、为国尽责。

保险向上，是向上的力量与保险力量的融合，是心怀“国之大者”贡献保险力量，既可彰显保险力量的魅力，同时也可传递向上的力量。相信向上的力量，这是保险人向上的精神动力，必将给保险企业注入向上的发展动力，也一定会向上引领中国保险业奔向更美好的未来！

美好保险之向善（To Good）

一、向善

新时代催生了新商业文明、新金融文明，新商业文明以开放、透明、分享、责任为四大准则，相应地要求社会向善、商业向善、金融向善。

何谓金融向善？正如诺贝尔经济学奖得主罗伯特·席勒（Robert J. Shiller）在《金融与好的社会》中指出："金融并非'为了赚钱而赚钱'，金融的存在是为了帮助实现社会目标。如果金融不负众望，那么它就是帮助我们实现美好社会的至佳手段。"再如平安集团董事长马明哲所言："服务国家、服务社会、服务大众是平安人共同的宗旨，扶贫及帮助有需要的人，更是我们义不容辞的责任。"

保险向善是一种选择，更是一种责任。新金融文明是时代发展、文明进步的必然产物，新的金融文明必将领导保险业健康发展，只有遵循新金融文明的保险企业，才能赢得用户的认可，赢得社会的信任。

向善，即崇德，意味着明德唯馨、择善而从。"善"于哲学的定义，是具体事物的运动、行为和存在具有的正面意义和正价值，有利于社会和绝大多数人的生存发展。

企业为何向善？诺贝尔经济学奖得主约瑟夫·斯蒂格利茨（Joseph Eugene Stiglitz）在《不平等的代价》中指出："虽然我们永远不能创造出一种完全机会平等的制度，但我们至少能够创造出更多的机会平等。"再如诺贝尔经济学奖得主奥利弗·哈特（Oliver Hart）在《现代合约理论》一书中指出："企业应该对自身的负面溢出效应承担责任。"

企业为何向善？《商业向善，一股即将澎湃的浪潮》（作者为长江商学院创始院长项兵）一文指出："一股'商业向善'的力量正在成为新的潮流。在人人都是中心的互联网时代，商业企业将更关注社会、用户、员工和环境的关系，把做‘好事’纳入企业的盈利策略中，为社会带来积极的影响力。他们发现，让商业成为一种向善的力量，对商业利益最大化也有帮助。”

商业向善被称为“一股即将澎湃的浪潮”。企业实践中，谷歌提出“完美的搜索引擎，不作恶”（2015年，谷歌删除了这一准则，取而代之的是“做正确的事”），腾讯公司提出了“科技向善”，众惠相互提出了“呵护向善的力量”……

企业如何向善？长江商学院朱睿教授提出“商业向善”共益理论三部曲：第一步，一家企业不仅要利己，更要利他，其中包括客户、职员、股东和供应商等，这才是一个“共益”的价值观；第二步，一家企业关注的公益问题如果和其他企业雷同，说明它没有经过真正的思考，它应该将其自身的业务与社会痛点结合起来，在其最有优势的地方发挥力量，创造最大的价值，这才能让企业的行为可持续；第三步，一家企业要对此有完善的制度保障。

无论任何类型的企业，如果希望做到可持续、高质量发展，都要认真考虑“共益三部曲”，从树立共益的价值观，到寻找擅长之处与社会痛点的结合，再到建立和不断完善制度保障。如此，企业才能走得更好。

二、保险向善

“向善”是时代的方向，企业家如何充分发挥社会责任感和使命感，助力社会发展、坚持义利并举，已经成为企业经营的重要部分。

面向未来，无论是科技还是资本，市场还是政策，它基本的走向或者最终的走向一定是向善。保险业的发展可借助的力量无非科技的力量、资本的力量、市场的力量和政策的力量，无论是哪种，其都要求“向善”。因此，“向善”成为保险业发展的时代要求，可以从以下三个方面向善。

（1）保险服务向善，包括发展普惠保险、推动ESG投资，也就是保险业要遵循《可持续保险原则》《负责任投资原则》及《负责任银行原则》，具体内容详见《中国保险业可持续发展报告（2021）》。

（2）保险机构向善，是指保险机构必须转变保险服务的理念，立足新发展阶段，特别是满足共同富裕的要求，思考如何让保险更好地服务社会。

（3）保险监管向善，对于需要禁止的行为，必须明确界限，具有执行的可操作性；对于需要鼓励的行为，尽可能用引导性政策手段，借助市场机制达到目的。

从全球范围看，世界正处于百年未有之大变局，也出现了许多亟待解决的环境问题、社会问题，人类、商业、资本都在呼唤可持续发展。商业向善、资本向善、金融向善的大潮已然涌来，贯彻可持续发展理念、积极主动投身自我革命已成趋势。面向新环境、新机遇，我们应当共同开启“新保险文明时代”，秉承善心善意，用心做好人民幸福生活的守护神，通过开放、共享、合作和共赢，壮大和繁荣保险生态，打开保险业发挥更大作为的新空间，推动整个世界向上向善，更好地服务人民对美好生活的向往。

美好保险之向美好（To Better）

一、向美好

通过“美好保险之向上”和“美好保险之向善”，我们了解了“好保险”不是只会赚钱的保险，而是越来越有格局和情怀的保险。“好保险”的逻辑是“跳出保险看保险”，是“跳出保险做保险”，不是“跳出金融做保险”，更深入、更充分地回应人民对美好生活的期盼和诉求，善于运用保险的力量赋能社会治理，将经济价值和社会价值进行很好的融合，在助力我国经济社会全面可持续、高质量转型和社会治理水平提升中发挥更大作用，担当社会责任，增进民生福祉。

通过“美好保险之向上”和“美好保险之向善”，我们也了解了一个好的保险企业和一个伟大保险企业的区别在于：好的保险企业可以向社会提供好的产品、好的服务，而伟大的保险企业不仅提供好的产品、好的服务，还要尽自己的努力让世界更美好。

因此，保险企业不仅要向上而生，向善而为，还要向美好而行！

美好，也作“清善”，是指美丽的东西让人身心舒畅，更好地生活，快乐地生活，出自《庄子·盗跖》。

向美好，也作“尚美”，也就是注重美好，推崇美好，发现美，追求美，欣赏美，创造美。

2012年11月15日，面对中外记者，习近平总书记发出了“人民对美好生活的向往，就是我们的奋斗目标”的强音。这是对“发展为了谁”和“怎样发展”这两个时代之问的明确回答，表达了党与人民心心相印、同甘共苦、团结奋斗的决心。正是在这一理念指引下，人民对美好生活的向往一步步照进了现实。

党的十八大以来，习近平新时代中国特色社会主义经济思想从社会主要矛盾变化出发，坚持以人民为中心，引领中国发展更加聚焦于“美”，是为人民谋幸福的经济学，在广袤大地绘就美好生活、美丽中国、美美与共的高质量发展画卷。

二、保险向美好

2015年9月25日，联合国可持续发展峰会在纽约总部召开，联合国193个成员国通过了《变革我们的世界——2030年可持续发展议程》，确定了17个可持续发展目标。可持续发展目标旨在用15年（2016—2030年）的时间以综合方式彻底解决社会、经济和环境三个维度的发展问题，使全球走向可持续发展道路，这正是可持续金融、可持续保险的时代背景，也是保险向美好的时代要求。

保险向美好，是保险企业向“美”而行，是向保险业“美好”而行，让人民更幸福，让国家更富强，让世界更美好。

（一）至公至美，满足“人的需要”

党的十九大报告指出，中国特色社会主义进入新时代，我国社会主要矛盾已经转化为人民日益增长的美好生活需要和不平衡不充分的发展之间的矛盾。这句话涉及了两方面的主体：一方面是“和”之前的“需要方”；另一方面是“和”之后的“供给方”。

社会矛盾在本质上讲的是需求和供给之间的矛盾。从需求侧看，“美好生活”日益多样化，不仅包括物质方面，而且还包括民主、法治、公平、正义、安全、环境等非物质需求；从供给侧看，虽然落后的社会生产已经实现质的飞越，社会生产能力在很多方面进入世界前列，但仍然不能满足14亿多人民对不同产品结构和各种服务的需求。

改革开放之初，保险业的主要矛盾是落后的保险供给与人民群众快速增长的保险需求之间的矛盾。进入新时代，保险业的主要矛盾转化为不平衡不充分的保险供给与人民群众日益迸发、不断升级的保险需求之间的矛盾。从人民群众的需求看，我国人均GDP已达1.25万美元，接近联合国划分的富足标准。具体来看，在生老病死、衣食住行、体育文娱等各个领域的保险服务将成为保障人民群众美好生活的必需品，从我国的保险供给看，不平衡不充分的问题仍然十分突出。要保障人民群众的美好生活，解决不平衡不充分的保险供给与人民群众日益迸发、不断升级的保险需求之间的矛盾，保险供给和服务必须有大的飞跃，要着力在增强人民群众的安全感、获得感和幸福感上下功夫。

（二）至诚至美，贡献保险力量

保险，作为一种社会制度安排，最重要的功能是基于时空的融通与平衡，继而是可持续生存与发展的目的。保险是实现和谐与平衡的现代社会管理的制度安排，其根本诉求、作用和价值就在于满足与服务“可持续”。同时，居安思危，防患未然，以丰补歉，耕三余一，同舟共济，成人达己等保险思想，也体现了可持续发展理念。

保险的“可持续逻辑”是沿着空间和时间展开的，前者表现为互助，即“他助”，后者表现为跨期安排，即“自助”。同时，保险作为现代社会市场化的风险管理与融资机制，为保障国民经济运行，个人（家庭）生活、企业生产保驾护航，通过经济手段，化解社会矛盾和纠纷，提升公共管理效率和水平，是保障和推动社会“可持续”发展的重要力量。

（三）至真至美，重塑美好保险

创想未来保险，需要把握三大重点：时代机遇、商业秘诀和基业长青。如此方能成就未来保险；重塑美好保险，需要把战略、战术和行动落实到“聚焦、专业、创新、整合”上，也就是要“把握保险本质，遵循保险常识，聚焦保险关键”，这是简约商业思维“简单、专注、持久”的核心要义。重塑美好保险，保险企业家要做的一件事，就是把复杂问题简单化，对保险的本质、常识和关键要有深刻的认知，并不断提高自己，用科技的力量、资本的力量、市场的力量和政策的力量来提升自己。

面向未来，中国保险业需要进一步贯彻新发展理念、融入新发展格局，需要聚焦共同富裕、乡村振兴、“双碳”目标、普惠金融等重点领域全力做好保险服务工作，推动实现保险企业政治责任、经济责任、社会责任、环境责任的和谐统一，打造践行责任、服务社会的向上、向善、向美好的保险。

保险业，要心怀“国之大者”（向上），要坚持“保险向善”（向善），要致力于重塑更加美好的保险（向美好），更好满足人民群众对美好生活的向往，为社会创造更大价值。

保险业，向上、向善、向美好，就是聚焦“美”，至公至美、至诚至美、至真至美，致力于成为让世界更美好的力量。

重塑中国保险体系（上）：好保险与坏保险

一、重塑美好保险的思路

“重塑美好保险”，对这个话题思考得越多发现其内容越庞杂，也发现很难用一两篇文章说清。同时，对这个话题的写作陷入了困境，只能去查阅各种文献资料，最后从《我们热爱的金融——重塑我们这个时代的金融》（以下简称《我们热爱的金融》）一书中找到了一点思路，感觉豁然开朗。

《我们热爱的金融》这本书的主题是中国金融的演进、演进背后的逻辑以及如何才能实现“中国好金融”。同样，对于保险业来说，也需要回答如何才能实现“中国好保险”这个问题。

前文我们已经回答了“何谓美好保险”这个问题，在此笔者尝试从“好保险与坏保险”来展开论述如何重塑中国保险体系。

二、好金融与坏金融

在任何文化中，金融其实都有两张脸——在被公众追捧的同时，却拥有并不那么光鲜亮丽的社会形象。

金融是什么？本质上就是“中介”，将资金供给方和资金需求方连接在一起。从历史来看，金融可追溯到7000多年前。几千年来，金融的变化非常大，但是本质从未变过，就是通过金融机构或者金融市场，把储蓄变成投资的过程。

《我们热爱的金融》提出了“金融发展之谜”：过去近130年，无论技术如何演进、人类智慧如何提升，几乎没能改变金融市场的成本——多年来，全球发达国家金融资产的平均成本始终维持在2%左右，而中国则相对更高。这是什么意思呢？简单来说就是每产生一块钱的金融资产大概需要付出两分钱，虽起起伏伏，但平均水平基本未有变化。

2021年，中国金融业总资产达到381.95万亿元，是GDP（114.4万亿元）的3.34倍；金融业增加值为9.12万亿元，占GDP的7.97%。从对经济增长的贡献来看，在过去40多年，中国金融追赶得非常快，不少指标已超过美国及其他发达的金融大国水平。但是我们产生一块钱金融资产的平均成本是多少？《我们热爱的金融》按照商业银行创造一块钱贷款发生的平均成本进行了测算，其中五大行平均约3%；如果考虑到其他银行及隐性成本，有些年份的平均成本甚至达到了7%、8%；笔者基于上述方法，经初步测算中国金融业近10年的平均成本超过了5%。

中国金融业平均成本是发达国家的2.5倍，中国金融业能称为“好金融”吗？显然，中国金融业规模越来越大，但是效率却是一个大问题。中国金融业所追求的方向不应是更多的金融，而应是好的金融。何谓好金融？金融的中介成本降下来就是好金融。

三、好保险与坏保险

如果金融业过去10年的平均成本是5%，保险业的平均成本又是多少呢？相较于金融中的银行、证券，保险的成本显然更高。我们可以通过产生一块钱保险资产的平均成本和产生一块钱保费的平均成本来衡量保险的“好坏”。

基于2014—2021年的数据，图5-7给出了中国保险业产生一块钱保险资产的平均成本和产生一块钱保费的平均成本，其中总成本包括业务及管理费、手续费及佣金支出两部分。2014—2021年中国保险业作为“金融中介”的平均成本：产生一块钱保险资产的平均成本为42%，产生一块钱保费的平均成本为25%。

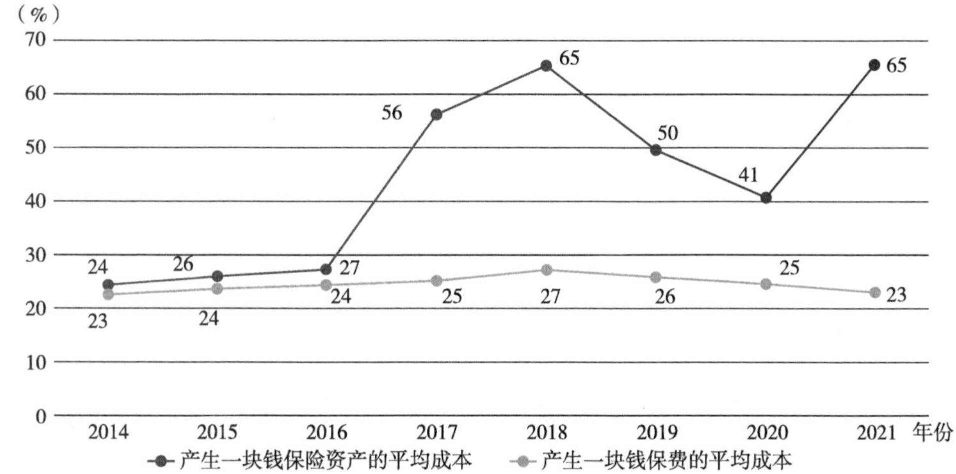

图 5–7　中国保险业作为金融中介的平均成本

显然，中国保险业的平均成本远远高于银行业和证券业，对照中国金融业来看，我们无法回答保险到底是“好保险”还是“坏保险”。为了增加数据比较的一致性，我们仅以寿险为例，再次分析中国寿险业的平均成本：产生一块钱保险资产的平均成本和产生一块钱保费的平均成本（如图5–8所示）。

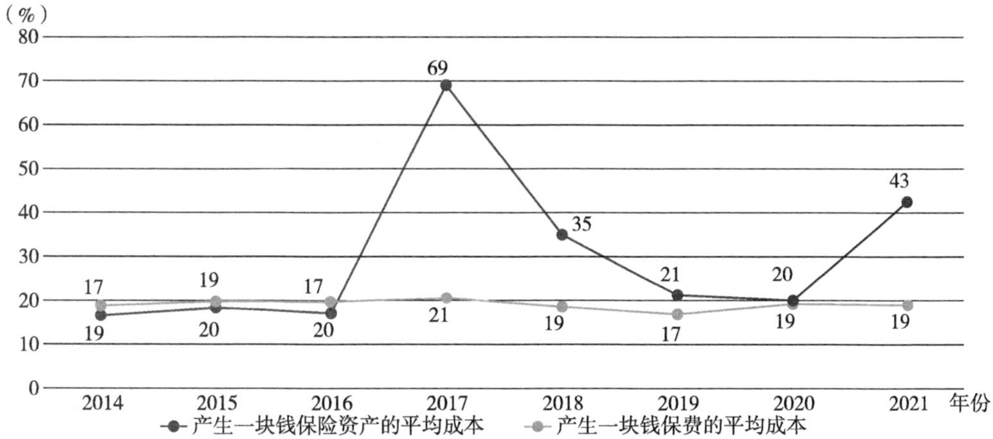

图 5–8　中国寿险业作为金融中介的平均成本

通过图5-8可以看出，2014—2021年中国寿险业作为“金融中介”的平均成本：产生一块钱保险资产的平均成本为26%，产生一块钱保费的平均成本19%。显然，寿险业的平均成本低于整个保险业，相应地，产险业的平均成本高于整个保险业，但寿险业的平均成本仍远远高于金融业平均成本。

图5-8的分析没有剔除保障型寿险，根据2014—2021年保障型寿险和投资型寿险的占比及投资型寿险的保证利率来看，笔者经初步测算投资型寿险产生一块钱保费的平均成本超过10%（获取100元投资型寿险保费的成本超过10元），显然远远高于金融业的平均成本。

通过图5-7和图5-8发现，保险平均成本起起伏伏，2021年又回到了2014年的水平，这是不是可以称为“保险发展之谜”，因此摆在中国保险业面前的不是“好保险”与“坏保险”的问题，而是如何甄别影响中国保险业成为“好保险”的第一性问题（First-order Issues）。“没有什么比正确地回答了错误的问题更加危险了！”（彼得·德鲁克）笔者多次指出，当前中国保险业（特别是寿险业）面对的竞争对手不是同业，而是整个金融业，因为中国保险业是中国金融业中的保险业。

四、如何成就“好保险”

“我们这个时代正经历着一场大众对金融的信任危机”。同样，我们今天正经历着一场大众对保险的信任危机。我们这个时代的保险人承担着为保险辩护以及重新赢回公众信任的责任，要求我们改变过往的傲慢和冥顽不化，展现出强大的自我修正能力。而重新定义并塑造我们这个时代的保险的第一步，是打破原本封闭的保险思想和保险实践，回归到保险发展需要降低中介成本这个基本准则。

《我们热爱的金融》指出，金融发展之谜的长期存在，究竟揭示了一个怎样的深层问题？这表明，现代金融正变为一个封闭的系统。金融演进或许是一个“熵”增的过程，为了中断这个“熵”增过程，“干预”（不断思考什么是好金融，并采取行动去建设好金融）是必须的！

同样，中国保险业的演进也是一个“熵”增的过程，为了中断这个“熵”增的过程，“干预”（不断思考什么是好保险，并采取行动去建设好保险）是必须的！援引热力学第二定理解释，按照“熵”增规律，如果不在适当的时候加以干预，现在的保险就会变成一个混乱的系统。

干预有两种方式：一种是非主动的，以成本高昂的破产、接管、监管甚至金融危机形式出现，最终从废墟中重新开始；另一种是主动的，一些人或机构在特定时间点，去思考究竟什么样的保险是好的或坏的，从而主动干预保险演进过程，促使其回到为风险治理、价值创造、资源配置的本质上来。

如何成就“好保险”？这几年我们一直寄希望于通过科技（金融科技、保险科技）等来降低保险的金融中介成本，但是“金融发展之谜”“保险发展之谜”告诉我们，保险业的变革与发展关键不是技术，而是技术背后能够定义美好和实现美好的人。技术从来不是答案，更可能是新的问题。

如何成就“好保险”？需要我们去研究并回答形成这个时代保险的第一性问题。

重塑中国保险体系（中）：中国保险的十大断裂点

一、重塑美好保险的思路

“重塑中国保险体系（上）：好保险与坏保险”指出，为了定义和塑造“好保险”，我们需要研究并回答形成这个时代保险的第一性问题。

《我们热爱的金融》指出，影响中国金融成为好金融的十大断裂点：低投资资本收益率、收入分配不平等、人口老龄化、城市人口布局不合理、高杠杆及隐身其后的“金融过渡发展”、衰退的企业资产负债表、金融资源的低效配置、金融拟制背景下金融机构的道德风险、缺乏给资产定价的“锚”、宏观政策边际效应的不断弱化。

保险作为金融业的重要组成部分，金融的十大断裂点同样也是保险的十大断裂点。比如“低投资资本收益率”，除了控制股东，保险企业的大多数中小股东（可能是99%）最近10年的保险投资收益低于同期银行存款利率，甚至低于一年期存款利率；比如“人口老龄化”，这本来是中国保险业的商机，但因过高的“金融中介成本”，正在演变为养老金融中的养老保险；比如“高杠杆及隐身其后的‘金融过渡发展’”，最近几年发生了保证保险的爆雷、意外伤害保险虚假繁荣的情况；比如“金融拟制背景下金融机构的道德风险”，最近几年被接管的企业普遍存在“通过保费变相注资”等违法行为；再比如“缺乏给资产定价的‘锚’”，随着中国社会的发展，地震等巨灾风险已经无法在中国保险市场进行分散，要在全球保险市场分散，关键是中国保险业在全球保险市场中的定价能力。

关于“金融的十大断裂点”在保险业的映射，笔者不再详述，因为除了这十大断裂点之外，中国保险业还面临保险特有的十大断裂点：保险的国情问题、保险的使命问题、保险的立场问题、保险的异化问题、保险的进化问题、保险的治理问题、保险的融合问题、保险的包容问题、保险的创新问题、保险的理论问题等。

二、保险的十大断裂点

马克思曾说，一切都取决于它所处的历史环境。在一个国家的发展历程中，每一个阶段都要面对不同的情势，承担不同的使命。所谓机遇，不过是“历史环境”造就的历史机遇；所谓挑战，也往往是“历史环境”催生的现实问题。中国保险业该如何从曲折跌宕的历史进程中认清时代的给予？又该怎样拿出百倍的勇气和智慧，应对现实的挑战?

（一）保险的国情问题

保险的国情问题，是指保险与中国传统文明融合并完善自身结构的问题。《周易》里讲,“孤阳不生，孤阴不长”，一条腿走路总是不稳，只有“阴阳平衡”、物质与精神齐头并进，才是长久之道，企业及从业人员才能走得久，行得远。中国保险业要从传统中淬炼精华，以滋养保险文化，形成保险业的软实力，最大限度地重塑美好保险。

（二）保险的使命问题

保险的使命问题，是保险与经济社会发展演进和时代变革中风险管理的主要矛盾相契合与协调发展的关系问题。作为金融行业，保险业自身发展与支持国家经济社会发展的力度息息相关。近年来，保险业能够快速发展，是因为在服务经济社会大局中聚集了能量，在分享国家政策红利中增厚了积累。

《关于促进社会服务领域商业保险发展的意见》指出，商业保险通过完善社会服务风险分担机制、提供长期资金支持等，有力促进了社会服务领域消费发展，但同时也存在支撑作用不够充分、保障功能和资金支持力度有待提升和加大等问题。因此，中国保险业要深化保险供给侧结构性改革，充分发挥商业保险在保障民生、促进消费和拉动内需等方面的重要作用。

（三）保险的立场问题

保险的立场问题，是保险与人民立场和社会立场的关系问题。为了谁、依靠谁，是一个根本问题。保险作为防范化解重大风险的重要制度，必须有鲜明的立场。它是一个风向标、指挥棒，决定了我们为谁保、保什么、怎么保。

（四）保险的异化问题

保险的异化问题，是城乡二元结构下形成的农村和城市对风险的区划标准不同导致风险治理和保险服务的需求分裂问题，以及区域差异、阶层差异下的保险需求分裂和政策多元的挑战问题。中国保险业需要深入研究中国保险业区域发展的现状及影响因素，这对实现中国保险业区域均衡发展，进而实现社会全面、协调和可持续发展具有重要的理论和现实意义。

（五）保险的进化问题

保险的进化问题，是科技进步带来的风险变异、服务异化与保险产业升级的理论与实践创新准则等问题。信息技术正悄然改变着世界，与之相伴的是风险在变异中演进。作为风险管理行业，保险业与新科技融合更新，走在了时代的前端。作为与信息、数据有着天然联系的保险业，技术的发展颠覆了风险的诸多规律，给保险业带来了巨大的影响，其中至关重要的是经济社会诸要素的高维化与风险变异。在科技丛林法则风口上，中国保险业需要重构风险管理逻辑，需要重新思考保险的逻辑。

（六）保险的治理问题

保险的治理问题，是经济社会风险演化中的保险伦理、博弈优化与道德治理等问题。在风险无处不在的当今世界，保险公司、保险中介和投保人构成一个集群，共同治理面临的各种风险，在群内进行专业分工合作与适度竞争，获取合作优势，共同实现保险的风险治理、价值创造和资源配置职能。

（七）保险的融合问题

保险的融合问题，是保险学科、学术、话语等发展与保险业乃至国民经济发展融合的关系问题。中国保险业要聚焦当前世界形势和热点问题，加快构建中国特色保险学学科的学术体系和话语体系，推动国际学术理论中国化、中国发展经验学理化、中国保险学话语国际化，努力产出“中国特色、世界水准”的原创性科研成果，服务新时代经济建设。

（八）保险的包容问题

保险的包容问题，是保险发展的时代共性与个性的关系问题。共性指不同事物的普遍性质；个性指某一事物区别于其他事物的特殊性质。共性和个性是一切事物固有的本性，每一事物既有共性又有个性。共性决定事物的基本性质；个性揭示事物之间的差异性。个性体现并丰富着共性。共性是绝对的、无条件的，个性是相对的、有条件的。共性只能在个性中存在。任何共性只能大致包括个性，任何个性不能完全被包括在共性之中。共性和个性在一定条件下会相互转化。当前中国保险业发展面临的问题有“共性”更有“个性”。所以，要对症下药，遵循“共性”，抓住“个性”，中国保险的改革发展才能达到预期的效果。

（九）保险的创新问题

保险的创新问题，是保险发展传承与自主原创的关系问题。我们需要思考保险经济学的范式创新，使保险域观经济学得以建立和发展。而且，中国所面临的需要解决的保险发展问题，也对保险经济学范式创新提出了紧迫性要求。中国保险经济学的升华可以有两个主要的突破方向：攀登保险经济学的高地山巅（实际上，在40多年里读懂500年的保险历史，看透500年的保险真谛，是一件颇有难度的事情），以及开拓保险经济学范式变革的创新蓝海，都是中国保险经济学发展需要努力的方向。而对于中国保险业的互助共济使命而言，后一个努力方向恐怕更具现实紧迫性，也更可能做出重大学术贡献。

（十）保险的理论问题

保险的理论问题，是中国话语与融合、创新和丰富世界保险理论体系的关系与发展路径问题。党的十八大以来，习近平总书记高度重视中国话语体系建设，围绕新时代中国话语是什么、为什么、怎么样、怎么建，提出了一系列具有原创性、开创性、时代性的重大思想观点，形成了一整套逻辑严密、内涵丰富的重要论述。

中国保险业理论创新要置于“中国特色社会主义理论引领贯穿中国保险学学科的知识体系研究”这个话题中来思考；从中国保险学学科体系、学术体系、话语体系、发展体系和市场体系等方面来思考中国保险的变革与发展；关键在于形成说明中国风险观和保险学的“说明书”，建立解释中国风险观与保险学的“解释学”，给世界提供研究中国风险观和保险学的基础知识和方法的“方法论”，让世界认识中国保险业和保险市场创新与发展的“实践课”。

三、如何成就“好保险”

面向2035年，在历史的标尺上，中国保险业需要思考如何推进保险演进，未来15年中国保险业将会发生巨变……中国保险业已站在一个新的历史起点。在中国经济由高速增长向高质量发展转型的过程中，中国保险发展的使命不再是进一步扩大规模，而是要建立起能够以更低的金融中介成本有效服务人民、服务国家的好保险。

如何成就“好保险”？我们需要新的金融发展模式。这不仅要求我们果断革新保险企业的商业模式和它们所提供的保险产品和服务，改变保险市场的形态以及保险监管体系，更要求我们升级保险思维，重新回归千百年来形成的正确认知上来，坚守常识，在保险演进过程中涌现出的普世规律面前保持敬畏。

如何成就“好保险”？我们需要思考并解决“金融的十大断裂点”和“保险的十大断裂点”，通过理论研究和保险供给侧结构性改革去修复这些断裂点，定义风险保障之美、健康服务之美和财富管理之美的“好保险”，塑造风险治理之美、价值创造之美和资源配置之美的“好保险”，展现向上、向善、向美好的“好保险”，这些构成了重塑我们这个时代中国保险的核心要义。

如何成就“好保险”？我们需要一起发现保险的眼前苟且和它蕴含的诗与远方，通过理性分析的视角去还原保险的初衷和本意，并以此为基础，重新定义并构建新一代的中国保险体系，找到“重塑美好保险”的中国表达、中国方案和中国道路。

重塑中国保险体系（下）：如何发展新时代保险体系

一、重塑美好保险的思路

“重塑中国保险体系（上）：好保险与坏保险”指出：“新时代中国保险发展需要提高作为金融中介的效率，降低中介成本。”“重塑中国保险体系（中）：中国保险的十大断裂点”指出：“新时代中国保险发展需要思考并解决‘金融的十大断裂点’和‘保险的十大断裂点’。”如此，中国保险的未来会更好吗？保险无疑将继续演进。但是，除了形式上的精彩纷呈、概念上的推陈出新、思想上的天马行空和实践上的大开大合，走向未来的保险能否破解“金融发展之谜”？怎样才能让未来的保险演进不再是一个“熵”增的过程？

保险世界里汇聚了这个世界最聪明的头脑（包括精算师，但是笔者隐约感到对于保险业来说，总精算师不如首席经济学家重要。如果总精算师不能成为首席经济学家，也许会被新时代保险抛弃），保险领域的各类创新更是层出不穷，为什么作为衡量好保险的最重要指标——金融中介成本——却固执地保持在一个非常高的水平上呢？保险发展除了给保险业带来远超出市场竞争所能容忍的高利润之外（笔者在《金融力量：银行保险证券信托，谁最暴利？》一文中论证了在银行业、保险业、证券业中，过去20年利润率最高的是保险业，如图5-9所示），它的社会价值和更大的意义在哪里？

世事变幻。经历了70多年发展的新中国保险，如今进入了新一轮的“形成—演进—融合—蜕变—再形成”周期。目前，中国保险业尚处于一种非均衡状态，所以我们看到保险市场竞争加剧，最终中国保险业会达到一个均衡状态，这个过程可能需要5年、10年甚至20年。

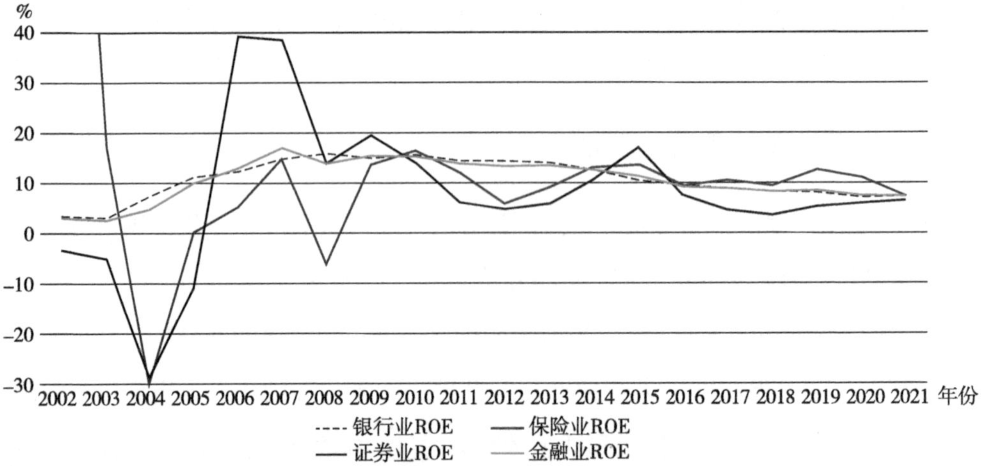

图 5–9　中国金融业过去 20 年的 ROE 对比

如何发展新时代保险体系？正如前文笔者所言，它是一个保险控制循环，包括四个过程：开启保险新方式、定义保险新方式、创新保险新方式、开创保险新未来。本书简化为“定义”和“开创”两个过程。

二、定义我们这个时代的中国保险

定义我们这个时代的中国保险必须目标明确。新时代中国保险发展需要提高作为“金融中介”的效率，降低中介成本（保险作为金融中介的成本）。这一发展取向对应的应该是一个规模更合适、结构更合理的中国保险。

新时代中国保险体系的变革与发展，其目标在于通过更合理的机构（包括产寿比例、保障型寿险和投资型寿险比例等），有效的风险防范和化解机制，不断扩大的保险服务覆盖面，更强大的风险保险、健康服务和财富管理能力，提高中国保险的运行效率，助力中国经济的高质量发展和中国社会的可持续发展。

根治中国保险体系的痼疾，推动保险作为“金融”的转型，建设中国“好保险”，必须围绕降低金融中介成本这一根本目标，并聚焦中国金融的十大断裂点和中国保险的十大断裂点。这些断裂点的存在为在我们这个时代建设“好保险”指出了可行的路径。

破解这些问题不会一蹴而就。中国保险业过去40多年的发展经验告诉我们，中国保险发展模式从来就不是一个固定不变的概念或思维框架，它是一个随时间的变化而不断变化的思想探索和时间探索的集成。所以，我们也许无法定义我们这个时代的中国保险，但是我们能做的是去厘清趋势脉络，提升保险认知，改变保险思维，升华战略智慧。

三、开创我们这个时代的中国保险

中国保险业过去20年，一方面是平均成本超过25%（产生一块钱保费的平均成本），另一方面是年化ROE超过10%，这暗示着中国保险业正变成一个封闭的系统，享受着制度红利。保险演进，是否已经变成了一个熵增过程？

熵值不断增加的演进过程需要干预。中国保险业演进需要新的发展理念和发展路径，否则，花费了大量社会资源推动形成的保险体系，很难成为“我们热爱的保险”。驱动保险不断演进的保险创新和不断涌现的保险思想能否引导保险实践回归“好保险”这一方向，将直接决定2035年的保险是“好保险”还是“坏保险”。

展望2035年，中国GDP总量预计将突破200万亿元，中国金融业总资产将从2021年的382万亿元增加到800万亿元；按照2021年保险业总资产占比6.5%测算，中国保险业总资产也将突破50万亿元。伴随着中国经济总量的变化，中国保险业资产规模有巨大的增长空间。

面对2035年的中国保险大图景，中国保险业的未来会更美好吗？我们可以通过更长的时间来创想未来保险和重塑美好保险，但是会发现眼前的苟且和满地鸡毛根本无法给这个时代的保险进行定性！我们是选择张皇失措、狼奔豕突，还是选择击节高歌、策马扬鞭、重新出发？关于未来保险的答案其实隐藏在现在。

第六篇　突破保险边界

不识庐山真面目，只缘身在此山中。

——《题西林壁》（宋·苏轼）

突破保险边界，是“创想未来保险”“重塑美好保险”的延续。有危机，才有转机；感受到边界，才能打破边界。正如尼采在《人性的，太人性的》一书所言：“从大洋深处眺望海岸，你也许能第一次看到海岸的全貌；再度靠近海岸时，你就强于那些从未离开过海岸的人，你能更全面地了解海岸。”

创想未来保险，我们需要的并不是规模更大的保险，而是更好的保险。回顾过去70年、40年、20年中国保险业的发展，中国保险无法用“好保险”来形容，所以我们要重塑美好保险，要重塑我们这个时代的保险。

重塑美好保险，其主题是如何才能实现“中国好保险”，要解决中国保险面临的信任危机，更要解决中国保险作为“金融中介”存在的价值。

突破保险边界，中国保险业的演进已经变成了一个熵增的过程，“边界”也无形中被固化。为突破保险边界，就需要中断这个熵增过程，“干预”是必须的！援引热力学第二定理解释，按照熵增规律，如果不在适当的时候加以干预，现在的保险就会变成一个混乱的系统。

“横看成岭侧成峰，远近高低各不同。不识庐山真面目，只缘身在此山中。”（宋·苏轼《题西林壁》）为什么我们不能辨认清楚保险的“好与坏”？为什么我们不能逾越保险的“边界”？只因我们身在保险之中，所看到的总是保险的局部。只有突破保险边界，才能擘画保险蓝图。长跑运动中有“极点”概念，意即跑步中会出现呼吸困难、情绪低落、全身乏力等状况，但在熬过临界点之后，跑步者将迎来“第二次呼吸”，感受到前所未有的轻松。很多时候，我们常在抵达边界前就选择了放弃。在保险的边界上敢于突破、奋勇前行，我们才能越过一个又一个“极点”，收获不一样的风景。

“探索未来金融，突破保险边界”，过去10年，保险不断演进、变革，但是没有重塑一个“好保险”。未来取决于我们的现在，对于保险的下一个10年，无论是向左走还是向右走，都要突破保险边界，但是保险的边界又在何处？

“保险边界在哪里？”，中国保险业在发展过程中将面临社会和经济运转体系的四道边界：法律法规的边界、金融中介成本（交易成本）的边界、财政和金融的边界、风险融资杠杆率（金融杠杆率）的边界。

“保险边界如何突破？”，保险业要在思想上不断“破冰”、行动上不断“突围”，以创新打破“壁垒”、用前瞻突破“边界”，为实现保险业可持续、高质量、自适应发展提供驱动未来的新动能。为此，笔者在设定突破约束（十大原则与十大戒律）的基础上，尝试从认知（明辨确定性与不确定性）、理念（从初心出发到理性再出发）、思维（有瑕疵没问题）、定位（向左走还是向右走）、模式（从存量走向流量）、行动（从概念走向落地）、文化（内耗陷阱与组织变革）等方面进行辩证性的分析，探讨如何突破保险边界。

“认知突破：明辨确定性与不确定性”，2022年，我们干了两件事：一是为了一个确定的结果劳民伤财，二是为了一个确定的结果贻误时机。前者把“确定”假想为“不确定”，后者把“不确定”空想为“确定”。2022年，我们失去了“2022”；2023年，我们能收获“2023”吗？

“理念突破：从初心出发到理性再出发”说：“我们已经走得太远，以至于忘记了为什么而出发。”不管初心是否从“牌照价值”出发，理性都要求我们要从“公司价值”再出发。

“思维突破：有瑕疵没问题”，回顾2022年，中国保险业所有的努力都在处理“瑕疵”，而没有想办法解决“问题”，结果是问题越来越多，瑕疵也被掩盖。展望未来，中国保险业需要的是容忍“瑕疵”的存在，要把主要精力放在解决“问题”上，实现“有瑕疵没问题”。

“定位突破：向左走还是向右走”，回顾中国保险业的发展，我们习惯了“向左走，向右走”，习惯得有点莫名其妙，习惯得丧失了分辨能力，结果在2022年迷路了……展望中国保险业的未来，无论是选择“向左走”还是“向右走”，都不应该忘记“目的地”，更不应该忘记“向左走，向右走”都是为了踏上“万里征途”，2023年正在拉开序幕……

“模式突破：从存量走向流量”，保险能否实现风险流量化而不是存量化，这是当前保险业需要考虑的问题，即现代保险能否从“蓄水池”走向“流量蓄水池”，乃至“流量池”的未来保险。

“行动突破：从概念走向落地”，近年来，中国保险业也从来不缺少“概念”，但鲜有“落地”，从“概念”到“落地”到底有多远？展望未来，中国保险业需要“基于现实，超越现实，反哺现实”的概念（创新）和落地（产能）。“基于现实，超越现实”如不能“反哺现实”，则会成为悬浮于现实、脱离现实、遮蔽现实的伪概念。因此，中国保险业不需要用“概念”来讲故事，而需要“基于现实，超越现实，反哺现实”的产品服务创新。

“文化突破：内耗陷阱与组织变革”，内耗，可以让一个国家灭亡；同样地，内耗，也会使一个组织人心涣散，直至走向覆灭。内耗，其本义是机器或其他装置本身所消耗的没有对外做功的能量；从企业管理的角度来看，内耗主要表现为三种：一是躺平对躺赢的藐视，二是内卷对外卷的嘲讽，三是内爆对外爆的不屑。

探索未来金融，突破保险边界

一、引言

“突破保险边界”，我们曾经寄希望于保险科技，曾经创想保险科技是保险企业重生的原动力，但是这两年保险科技却是不断自问：自己到底死在哪里？

显然，保险科技已经不再风生水起，同时整个保险业的发展好像也触碰到天花板——整个保险体系到底需要什么？思考过后，也许摆在我们面前的最终决定：向左走，向风险回归，通过数字科技去做保险与风险的连接；向右走，向资管迈进，通过投资管理去做保险与财富的连接。

为什么不向中间走，因为中间已经非常拥堵，在当前保险周期下此路已经不通。向左走和向右走，都面临如何突破保险边界这个问题。

二、突破保险边界

从1979年2月中国人民银行做出恢复保险业务的决定至今，中国已跃居为仅次于美国的全球第二大保险国。中国保险业40多年的江湖阔步与岁月跌宕，演绎出的是一段与改革旋律完全共振共鸣的曼妙协奏，激荡出的是一首与开放音符交融合拍的悦耳颂歌。

回顾过去40年，中国保险业是曼妙协奏、悦耳颂歌；回顾过去10年，中国保险业好像变得呕哑嘲哳、难以入耳。为什么？这10年到底发生了什么？或者说是这10年中国保险业到底承载了什么？

思考1：这10年，中国保险业监管问题何在？

偿付能力、公司治理、市场行为监管是现代保险监管框架的三个支柱，其中偿付能力监管是核心。我们的“偿二代”已在全球与美国RBC标准和欧盟的第二代偿付能力监管体系形成了三足鼎立的局面。除了“三支柱”保险监管框架之外，保险监管部门还提出了政府监管、企业内控、行业自律和社会监督“四位一体”的风险防范体系，以及风险防范的“五道防线”：以公司治理和内控为基础、以偿付能力监管为核心、以现场检查为重要手段、以资金运用监管为关键环节、以保险保障基金为屏障。

“三支柱”“四位一体”和“五道防线”的建立标志着一个较为完整的现代保险监管框架初步形成。显然，回顾过去10年，中国保险业监管的成效是不显著的。我们需要思考中国保险业监管体系到底在什么地方出了问题，是偿付能力监管的问题，还是公司治理监管的问题，抑或是市场行为监管的问题。

思考2：这10年，中国保险业的表现又如何？

回顾过去10年，无论是从保险监管还是市场发展来看，都可谓乏善可陈。这些问题不再一一展开，笔者暂且罗列出来，后面再逐步展开分析。

（1）这10年，保险监管政策频出，我们思考过其到底是治标呢还是治本呢？

（2）这10年，保险业为什么被神圣化和妖魔化？

（3）这10年，以监管套利为出发点的保险创新大行其市，这是谁的责任？

（4）这10年，保险业变得越来越不透明，透明的是“好孩子”，为什么“坏孩子”可以被豁免？

（5）这10年，保险监管部门接管或托管了多家保险公司，接管或托管的成效又如何呢？谁来对接管或托管的成效负责呢？

（6）这10年，从“金融中介”的角度来看保险，到底是“好保险”还是

“坏保险”？

（7）这10年，保险发展之谜在于运动式创新，从万能险到百万医疗、“P2P+意外险”、“险+药”、保证保险、互联网保险、“惠民保”等，何时创新不再是运动式的？

（8）这10年，保险市场的“锚”在哪里？为什么一个市场体系里既有监管规则下的保险又有监管规则之外的保险？

（9）这10年，保险主体的“壳”为什么有价值？这里面寻租行为是否已经被刺破？

（10）这10年，保险业的出路在何处？这包括大多数公司如何解决生存问题，这些公司是怎样失去活力的？

这10年，保险不断演进、变革，但是没有重塑一个“好保险”。未来取决于我们的现在，对于保险的下一个10年，无论是向左走还是向右走，都要突破保险边界，但是保险的边界又在何处？

保险边界在哪里？

一、金融的边界

“突破保险边界”，保险的边界在哪里？这个问题也许需要回答，也许不需要回答。

保险的边界在哪里？金融的边界又在哪里？这是长期存在的问题，就是金融的界限划在哪里：货币市场和信贷市场的界限在什么地方；货币政策和财政政策的界限在哪里；公有部门和私有部门的界限在哪里。这是非常传统的问题，从亚当·斯密（Adam Smith）开始就有这样的问题。这也是中国所面临的问题，也是中国保险业所面临的问题。

金融边界理论的命题，主要有三个方向：一是基于金融与实体经济的关系提出的；二是基于金融的本质提出的；三是基于金融发展理论的完整性提出的。金融边界理论问题是一个古老而又全新的重大前沿性问题，理论界对这个问题的研究是滞后的，但又是无法回避的。

《金融边界理论初探》一文指出，金融边界理论的实质与核心是金融相对于实体经济发展具有约束边界；约束边界具有客观限定性、质与量的规定性、层次性、动态性和模糊性等特征。

金融边界的内涵，从质的规定性是指金融发展的适度性，即金融发展要以能够满足实体经济发展对金融最大限度的需求为约束边界；从量的规定性是指金融工具的价值及其价值运动的约束边界，这一约束边界受实体经济产出的潜在的可能性边界（PPF）约束。

金融边界的体系，包括三大边界问题：法人边界、监管边界、立法边界。解决三大边界问题的关键在于：厘清政策立法与监管机构的权责边界，协调和平衡各方诉求；厘清监管部门之间的权责边界，提升监管协调有效性；厘清监管机构与金融机构的权责边界，完善宏观审慎监管体系。

遵循金融边界理论，实现金融资源配置的最优效率，从根本上防范金融危机需要重新审视实体经济与虚拟经济的基本关系，要促进实体经济与虚拟经济的和谐发展，必须坚守“实体经济更实，虚拟经济不虚”的铁律。所谓实体经济更实，就是实体经济的发展必须更坚实、更牢固、更强大，切忌实体经济虚化、弱化、空壳化；所谓虚拟经济不虚，就是虚拟经济的发展不膨胀，不泡沫化，不浮肿，不漂浮化，要适度。也就是虚拟经济的发展必须建立在实体经济基础之上，并且植根、依从、服从、服务于实体经济，而不能自我扩张、自我实现和自我循环。

二、保险的边界

现代保险是现代社会运转体系中重要的组成部分，其在构建个体（居民）与企业、企业与社会、个体（居民）与政府、企业与政府、政府与社会之间的联系过程中发生着不可替代的作用。因此，中国保险业在发展过程中将面临社会和经济运转体系的四道边界：法律法规的边界、金融中介成本（交易成本）的边界、财政和金融的边界、风险融资杠杆率（金融杠杆率）边界。

第一道边界：法律法规的边界。《保险法》通过定义“保险”概念明确了保险的法律法规边界。

保险，是指投保人根据合同约定，向保险人支付保险费，保险人对于合同约定的可能发生的事故因其发生所造成的财产损失承担赔偿保险金责任，或者当被保险人死亡、伤残、疾病或者达到合同约定的年龄、期限等条件时承担给付保险金责任的商业保险行为。

第二道边界：金融中介成本（交易成本）的边界。保险作为一种“金融中介”的本质决定了其交易成本边界。

金融是什么？本质上就是“中介”，将资金供给方和资金需求方连接在一起。同样，保险也是“中介”，一种“金融中介”，将风险融资供给方和风险融资需求方连接在一起。

过去10年，中国金融业的平均成本（金融中介成本）是5%，保险业的平均成本又是多少呢？我们可以通过“产生一块钱保险资产的平均成本”和“产生一块钱保费的平均成本”来衡量保险的金融中介成本。2014—2021年，中国保险业作为“金融中介”的平均成本：产生一块钱保险资产的平均成本为42%，产生一块钱保费的平均成本25%，这远远高于金融业中的银行业、证券业。

保险作为一种“金融中介”，其成本到底应该控制在多少？这不仅决定了保险业态的竞争效率，也决定了保险价值的创造能力。因此，保险要主动突破交易成本的边界，不断筑牢保险存在必要性的边界，而不是固守保险存在可行性的边界。

第三道边界：财政和金融的边界。保险作为国民经济体系的重要组成部分决定了其财政和金融边界。

保险是金融体系的重要组成部分，它对促进改革、保障经济、稳定社会、造福人民具有重要的作用。近年来，中国保险业在融入国家重大战略、服务国民经济转型、完善社会保障体系、构建防灾减灾体系、服务国家治理体系和治理能力现代化等方面取得了重要成果，为服务经济社会发展大局和保障人民美好生活做出了贡献。

从财政的边界来看，国家通过财政积极推进保险业的发展，以农业保险为例，自2007年中央财政实施农业保险保费补贴政策以来，我国农业保险工作逐步发展，取得积极成效；2020年，全国各级财政共承担保费补贴603亿元，占2020年农险保费815亿元的74%。显然，农业保险的发展已经离不开财政支持，因此财政资金使用的效率成为农业保险发展的关键，如果不能处理好财政与保险效率的边界问题，农业保险也将失去其应有的价值。

从金融的边界来看，银行业、证券业和保险业作为金融的三大业态，近年来呈现出不断融合态势，都在围绕“生、老、病、死、残”进行产品创新。银行业、证券业和保险业交叉的业务领域在“生”和“老”，即帮助客户“保值增值”或“积蓄养老”。寿险公司发展短期的储蓄/理财保险，提供的功能与银行业、证券业大同小异，无疑是在同一个领域对资金的竞争，保险在这些业务领域有没有竞争优势。除了“生”和“老”之外，“病、死、残”才是保险公司独有的业务领域。保险公司需要通过综合“生、老、病、死、残”来树立自己的边界，否则就会像今天的养老金融改革一样。养老一个是保险具有绝对优势的业务领域，最后却演变成养老金融的一种形式，结果又回到在“生”和“老”上与银行业、证券业进行竞争。

第四道边界：风险融资杠杆率（金融杠杆率）边界。保险作为风险管理技术之一决定了其保险杠杆率边界。

我们可以使用金融杠杆倍数（总资产/净资产）和资本覆盖系数（净资产/总负债）来简单分析不同金融业态的杠杆率，可以看出保险业的金融杠杆率低于银行业，高于证券业（见表6–1）。相比于银行业、证券业，保险业作为风险管理者、风险承担者和投资者的统一，要想提高风险融资杠杆率，只能从“风险管理者”上着手。

表 6–1　2021 年中国金融业杠杆倍数和资本覆盖系数

项目	金融杠杆倍数	资本覆盖系数（%）
金融业	10.8	10.2
银行业	11.7	9.4
保险业	8.5	13.3
证券业	4.2	31.6

保险的边界更多地体现在“风险管理者”上，因此保险机构要在“风险管理者”上下功夫，积极寻求商业模式的变化和革新。随着中国经济社会的发展，风险社会的四种风控模式决定了保险未来发展方向：数字化的风险管理者、生态圈的风险管理者、专业领域的风险管理者、细分市场的风险管理者。

同时，保险机构作为风险管理者要融入国家发展大局，助推中国多层次风险管理体系的建立，包括多层次灾害治理体系、多层次养老保障体系、多层次医疗保障体系、多层次扶贫救助体系等，为中国式现代化发展贡献力量。

保险边界如何突破?

一、突破保险边界的路径

中国保险业在发展过程中面临社会和经济运转体系的四道边界：法律法规的边界、金融中介成本（交易成本）的边界、财政和金融的边界、风险融资杠杆率

（金融杠杆率）边界。这些边界该如何突破?

今天，中国保险业的演进已经变成了一个熵增的过程，“边界”也无形中被固化了。为突破保险边界，就需要中断这个熵增过程，“干预”（不断思考什么是好保险，并采取行动去建设好保险）是必须的！援引热力学第二定理解释，按照熵增规律，如果不在适当的时候加以干预，现在的保险就会变成一个混乱的系统。

“干预”有两种方式：一种是非主动的，以成本高昂的破产、接管、监管甚至金融危机形式出现，最终从废墟中重新开始；另一种是主动的，一些人或机构在特定时间点，去思考究竟什么样的保险是好的或坏的，从而主动干预保险演进过程，促使其回到为风险治理、价值创造、资源配置的本质上来。

显然，非主动的干预是从外突破保险边界，主动的干预是从内突破保险边界。我们知道：“鸡蛋从外打破是食物，从内突破是生命；人生从外打破是压力，从内突破是成长；行业从外打破是淘汰，从内突破是未来。”因此，突破保险边界不是目的，而是为了驱动保险未来。

二、从外突破保险边界

从外突破保险边界，就是要以规则高筑“围墙”，用原则突破“边界”。回顾过去20年中国保险业监管历程，所暴露的问题主要是因为没有厘清规则和原则的区别。保险监管规则是指采取一定的结构形式具体规定保险主体的法律权利、法律义务以及相应的法律后果的行为规范。保险监管原则是指在一定监管体系中作为监管规则的指导思想，基本或本原的、综合的、稳定的原理和准则。监管原则和监管规则同为监管规范，但它们在内容的明确性、适用范围、适用方式和作用上存在明显的区别。

规则是“应该做”的规范，原则是“应该是”的规范。“应该做”是说规则是直接针对人的行为，直接告诉有关主体应该做什么。“应该是”是说原则不直接针对人的行为，而是直接针对规则，规定了规则应该是什么，规则应该符合原则。

从宏观的保险业、中观的保险机构，到微观的保险人，每年每月每天都在讲实现某个目标，比如保险深度、保险密度、保险金额、偿付能力、保费收入、投资收益、营业利润，但很少关心实现目标手段的合法性问题、合规性问题、经济性问题。无论是保险监管者，还是保险被监管者，面对保险存在的问题，都假设规则已经正当，这也正是我们所看到的保险乱象的起因，保险监管者和保险被监管者为了实现目标可以采取任何手段。

我们知道，保险的监管者和被监管者，都是风险的管理者。作为风险管理者，需要遵守风险管理原则，即风险所有权原则。按照风险所有权原则，任何一种风险都与利益相关。在风险所有权中，客观上存在风险的制造者、风险的受害者、风险的受益者和风险的管理者。只有划清四者之间的界限，明确相互之间的权责，才能够做到对症下药，防范化解重大风险。既要管理好被监管者的经营风险，也要管理好监管者的监管风险；既要管理好近期的保险风险，也要管理好长期的保险风险。

“规则乃一时之需，原则才长久适用。”任何一种现象的存在都有其原因，保险也不例外。梳理保险乱象不难发现，导致保险乱象的原因是复杂的，既有主观原因，也有客观原因；既有历史原因，也有现实原因；既有外部环境变化的原因，也有保险市场内部矛盾的原因；等等。为了实现“风险要防住、发展要稳住、资产要安全”的目标，当前需要继续以规则来高筑特定领域的“围墙”，同时要用原则来突破多数领域的“边界”。

三、从内突破保险边界

从内突破保险边界，就是要以创新打破“壁垒”，用前瞻突破“边界”。一个人要成长，最重要的是什么？敢于打破“壁垒”。对保险业来说，同样也是如此。通过创新体制机制，打破保险边界“壁垒”，就能够达到“1+1>2”的效果，这正是保险业发展的“破题之要”。

从内突破保险边界，是一种突破式变革，是一种持续且彻底的变化，由一种大不稳定性的输入，通过小适应的逐渐积累，最终形成一种新的模式。从微观属性驱动到中观结构形成，再从中观结构组织到宏观规律涌现，保险变革受到多种因素影响。突破保险边界，就是要从保险自发地涌现及逐渐积累形成的保险新模式的正负向反馈来拉大保险边界，最后使保险产生系统性的变革。

中国保险业是具有整体性、均衡性（有序性）、全面性（关联性）和动态性的复杂系统（complex system），是具有开放性、复杂性、涌现性、层次性、巨量性的开放复杂巨系统（open complex giant system）。因此，从内突破保险边界是一个“涌现”的过程，是一种从低层次到高层次的过渡，是在微观主体（保险机构）进化的基础上，宏观系统（保险业）在性能和机构上的突变，在这一过程中从旧质中可以产生新质。

最早提出“涌现”概念的是英国心理学家、生物学家和哲学家摩根，他在1923年出版的《涌现式的进化》中写道：“尽管看上去多少都有点跳跃，但涌现的最佳诠释是，它是事件发展过程中方向上的质变，是关键的转折点。”1988年，美国圣达菲研究院科学家约翰·霍兰教授在《涌现：从混沌到有序》一书中全面对“涌现”进行了论述。“涌现”应用到“从内突破保险边界”，大致包括十个阶段：

阶段之一：闭环。结合公司的实际情况，找到公司可复制的最小闭环。

阶段之二：内核。针对公司每一个最小闭环，找到驱动其循环的基本内核，不断地进行迭代，进而提升最小闭环的潜力。

阶段之三：循环。最小闭环和基本内核是认知公司的基本单元，接下来就是要进行决策、行动、复盘和重启。

阶段之四：增长。同步建立公司最小化试错闭环（假设），找到关键增长点（验证），分阶段发布（执行）。

阶段之五：切换。公司现有的最小闭环和建立的最小化试错闭环，一个是公司默认的“自动模式”，一个是公司创新的“主动模式”，要适时在两种模式之间进行切换。

阶段之六：单利。明确公司的短期赛道，保持公司经营的独立性与稳健性。

阶段之七：复利。寻找公司的长期赛道，培养公司快速整合资源的能力。

阶段之八：愿景。黑格尔曾言：“一个民族有一些关注天空的人，他们才有希望；一个民族只是关心脚下的事情，注定没有未来。”同样，保险公司也需要“低头拉车，抬头看路”，需要有一个明确的愿景，至于战术可以是随机的，毕竟“条条大路通罗马”。

阶段之九：涌现。公司每一个可复制的最小闭环都是一个“个体”，这些不同的“个体”在基本内核的驱动下形成一个新的整体，创造“整体大于局部之和”的价值。

阶段之十：突破。《有限的游戏和无限的游戏》一书写道，有限的游戏是为了赢，赢得一场战役、比赛，赢得一个头衔，赢得一些财富，但无限的游戏是为了延续。因此，突破保险边界，并不是为了赢，而是为了在“破界”的过程中通过创新实现变革和成长。

有危机，才有转机；感受到边界，才能打破边界。今天，新技术正在悄无声息地改变着身边每一个人的生活方式，新技术带来更高效、更直觉、更沉浸的心流内容，形成不可阻挡的代差势能，这要求保险产品服务相应产生迭代，要求保险机构实现涌现式进化。笔者尝试从认知（明辨确定性与不确定性）、理念（从初心出发到理性再出发）、思维（有瑕疵没问题）、定位（向左走还是向右走）、模式（从存量走向流量）、行动（从概念走向落地）、文化（内耗陷阱与组织变革）等方面进行辩证性的分析，探讨如何突破保险边界。

综上，保险业要在思想上不断“破冰”、行动上不断“突围”，以创新打破“壁垒”、用前瞻突破“边界”，为实现保险业可持续、高质量、自适应发展提供驱动未来的新动能。

四、突破保险边界的约束

有很多的事物，看似是“确定”，其实却是“不确定”。也有很多的事物，看似是“不确定”，其实却是“确定”。

有很多的事物，看似是“是”，其实却是“非”。也有很多的事物，看似是“非”，其实却是“是”。

回顾2022年，中国经济、中国金融、中国保险等一直徘徊在“确定与不确定”“是与非”之间，一种似是而非、似非而是的中间态。

展望未来，我们需要“十大原则”来厘清确定和不确定，需要“十大戒律”来分清是与非，如此才能走出似是而非、似非而是的中间态。

（一）突破保险边界的约束：十大原则

《长期主义》一书提出“赢在现在，赢在未来”的十大原则：原则一，清除认知惰性；原则二，规划今天和未来；原则三，清除业务上的严重威胁；原则四，聚焦流程；原则五，打造高绩效文化；原则六，找到并留住正确的领导者；原则七，增长为要；原则八，升级业务组合；原则九，应对衰退；原则十：做好领导交接。

这十大原则对中国保险业的启示不言而喻，比如“清除认知惰性”，正如笔者对“巴菲特的保险公司是他的现金奶牛，为什么在中国没办法复制像巴菲特那样的保险+投资的模式呢？”这个问题的回答。

为什么“巴菲特的保险+”在中国行不通，主要原因如下：

一是没有学懂。我们更多关注的是沃伦·巴菲特，而不是伯克希尔·哈撒韦公司，所以才有了复制巴菲特“保险+投资”的模式。我们研究伯克希尔公司就会发现，它是一家完全市场化的公司，确保其成功的是一套完整的治理体系。另外，伯克希尔公司的主营业务并非保险。以2021年为例，保险贡献的可运用资金不足总资产的10%，贡献的利润更少，仅为6.2%。

二是没有学会。在巴菲特“保险+投资”模式中“保险”不是“提款机”，我们部分保险公司把保险当成了“提款机”，认为保险是“万能”的，完全偏离了“保险+投资”模式中的“投资”规则。虽然伯克希尔最近几年的ROE都在20%以上，但是其投资还是非常保守的，公司主要的资产还是配资在长期国债上。另外，其所投资的权益类项目也主要是蓝筹股和高科技股，特别是旗下的保险公司并不是巴菲特的“提款机”，而是有一整套保险资金运用机制。

三是没有学过。“巴菲特的保险+”更多的是概念，或者说是超级IP，但是背后的逻辑我们从来没有学过。伯克希尔公司创建于1956年，“巴菲特的保险+”不是一天形成的，更不是一时形成的，我们只关注了今天的伯克希尔，而没有关注成长过程中的伯克希尔；同样，中国保险业虽然已居全球第二，但是我们并没有认真学习总结世界保险业走过的路。这些就注定了“巴菲特的保险+”在中国走不通，但是其原因不在于“巴菲特的保险+”，而在于我们没有学过这种模式，更别提学会、学懂这种模式了。

这十大原则对中国保险业的影响极为深远。再如笔者对“为什么阳光保险还要选择上市？上市对阳光保险的意义又何在？”这些问题的回答。

2022年12月9日，阳光保险（06963.HK）正式在港挂牌上市。根据已上市保险公司的市净率和市盈率，当前选择上市融资并非好的时机。

在上市仪式上，阳光保险董事长张维功说，“阳光的上市，是资本市场为阳光准备的一场，可以说是公司收获的最好的‘成人礼’”，“踏入了国际资本市场、成为了全球化公众公司，这极有助于拓宽国际视野、增强发展动力”。显然，上市对于阳光保险完善金融集团控股布局、增强公司资本实力、提高业务承保能力，以及优化公司股权结构、完善公司治理结构具有重要的意义。

一是完善金融控股布局。目前阳光保险集团拥有财产保险、人寿保险、信用保证保险、资产管理、医疗健康等多家专业子公司，与国际知名保险集团相比，阳光保险需要进一步优化金融控股布局，以便为消费者提供综合化金融服务，同时通过发挥金融控股集团的协同作用来提升公司竞争力。

二是增强公司资本实力。从保险公司增强资本实力的方式来看，无非是引入战略投资者、上市融资及发行资本补充工具。在当前市场环境下，引入战略投资者和发行资本补充工具都受到一定的限制，再加上最近三年阳光保险核心偿付能力充足率三连降，因此急需通过上市来补充公司资本金，以满足偿付能力监管的要求。

三是提高业务承保能力。公司资本实力增强后，公司抗风险能力及最大承保能力也随之增强，在当前保险市场竞争日趋白热化的形势下，阳光保险急需通过上市来提高业务承保能力，并增强公司核心竞争力及持续发展能力。

四是优化公司股权结构。阳光保险的股权结构一致比较分散，通过上市可以进一步分散公司股权结构，减少和规范关联交易，有利于公司的独立经营和专业化发展。

五是完善公司治理结构。从满足上市的核心要求“主营业务突出；具备核心竞争力；具备持续发展的能力；有效避免同业竞争；减少和规范关联交易；独立经营，运作规范”来看，上市可以借助资本市场的作用机制来完善公司治理结构，有利于进一步提升阳光保险的独立性和规范经营。

也许，这“十大原则”讲得未必全都准确，但在任何时候，我们都要有一套行动原则或准则，不能妄想成为“企业家”，而是回头看的时候发现自己已经成为“企业家”，正如“谥号”是后人按其生平事迹进行评定后给予或褒或贬评价的文字。

（二）突破保险边界的约束：十大戒律

《似非而是》一书提出“似非而是”的十大戒律：戒律之一，人都是毫无逻辑、不讲道理、以自我为中心的，但还是要爱他们；戒律之二，你如果行善事，人们会说你必定是出于自私的隐秘动机，但还是要行善事；戒律之三，你如果成功，得到的会是假朋友和真敌人，但还是要成功；戒律之四，你今天所行的善事，明天就会被人忘记，但还是要行善事；戒律之五，坦诚待人使你容易受到伤害，但还是要坦诚待人；戒律之六，思想最博大的最大的人，可能会被头脑最狭隘的最小的人击倒，但还是要志存高远；戒律之七，人们喜欢无名小卒，却只追随大人物，但还是要为几个无名小卒而斗争；戒律之八，你穷数年之功建设起来的东西可能在一夜之间就被毁掉，但还是要建设；戒律之九，人们的确需要帮助，但当你真的帮助他们的时候，他们可能会攻击你，但还是要帮助他人；戒律之十，当你把最宝贵的东西献给世界时，你会被反咬一口，但还是要把最宝贵的东西献给世界。

也许，这十大戒律讲得未必全都准确，但在任何时候，“爱”没有错，“善”没有错，“奋斗”和“奉献”更没有错。而且“爱”也能“生爱”，“善”也能“引善”，您说对吗？

这十大戒律对中国保险业的启示不言而喻，正如前文“重塑美好保险”所言，何谓美好保险？美好保险是风险保障之美、健康服务之美和财富管理之美，是风险治理之美、价值创造之美和资源配置之美，是向上、向善、向美好的保险。

这十大戒律对中国保险业的影响极为深远，中国保险业要走向“世界保险中央”，需要向上、向善、向美好的力量，需要向上而生，向善而为，向美好而行！新时代催生了新商业文明，进而又催生了新金融文明，保险企业要秉持“向上、向善、向美好”的理念，在谋求保险业可持续、高质量发展的同时，真正诠释中国保险业的“向上而生，向善而为，向美好而行！”。

认知突破：明辨确定性与不确定性

一、认知突破

2022年，我们干了两件事：一是为了一个确定的结果劳民伤财，二是为了一个确定的结果贻误时机。前者把“确定”假想为“不确定”，后者把“不确定”空想为“确定”。2022年，我们失去了“2022”；2023年，我们能收获“2023”吗?

党的二十大胜利闭幕，中央经济工作会议隆重召开，2022年好像就剩一个“收尾”了。此时，对于大多数保险公司来说，2022年“尾”并不好“收”。为什么？为什么会这样？如何才能不这样?

关于这些问题，也许《长期主义》这本书已经给出了答案。为此，笔者又重新读了一遍这本关于霍尼韦尔（Honeywell）的书，其中的很多观点都可以套到当今中国保险业。大多数保险公司每个季度末都在为了结账而忙碌，如果有100个分支机构，每个机构都在忙着“做假账结账”，那这个公司最后的财务数据还能看吗？

2022年如何“收尾”笔者不想赘述，我们还是思考一下如何迎接2023年——如何贯彻落实6×12的长期主义。

二、六项关键战略举措

面向未来，迎接2023年，首要任务是落实六项关键战略举措：

（1）利润。寻找公司的盈亏平衡点，并改善盈亏平衡的分布。

（2）增长。关注保费、客户、产品和技术等。

（3）生产力。建设投资能力、承保能力、理赔能力等，与增长齐头并进。

（4）现金。改善运营资本，获得高质量收益。

（5）人才。留住最优秀的人才，以正确的方式组织和激励他们。

（6）赋能器。通过科技赋能、数字赋能等打造专属的“武器”。

三、十二项关键行动准则

面向未来，为了更好地落实六项关键战略举措，要坚守十二项关键行动准则。

（1）聚焦客户和利润。为客户提供优质保险服务，正确获取利润。

（2）专业运营和增长。为运营锻造快捷服务能力，积极寻求增长。

（3）创新产品和生产力。为产品提供多维保障，稳步提升生产力。

（4）整合技术和赋能器。为技术布局未来空间，科学打造赋能器。

（5）结果导向与拥护变革。始终履行承诺，推动公司的持续性变革。

（6）促进团队合作与实现多样性。从整个团队的角度定义成功，并保持团队的多样性。

（7）成为技术专家。具备专业领域能力并能够做出成绩。

（8）有效领导与成就他人。像领导者一样思考，成为榜样；鼓励同事、下属走向卓越。

（9）整体思考与有效沟通。依据现有数据，通过直觉、经验和判断等，做出超越基本认知范围的更全面的决定；及时、简单、周到地向他人提供信息。

（10）具备全球思维。从所有相关角度看待业务，从集聚价值链角度看待保险业。

（11）拥有自我认知。理解你的行为以及它如何影响周围的人。

（12）明智地冒险。为了获得更好的汇报，我们必须承担更大的风险，但也必须更明智地冒险。

实施6×12，目的是关注短期业绩（确定的事，确定地做）和布局长期发展（不确定的事，尽可能确定地做）。

理念突破：从初心出发到理性再出发

一、理念突破

纪伯伦（Kahlil Gibran）在《先知》一书中写道："我们已经走得太远，以至于忘记了为什么而出发。"一切向前走，不能忘记走过的路；走得再远、走到再光辉的未来，也不能忘记走过的过去，不能忘记为什么出发。

显然，很多保险公司已经忘记了"为什么而出发"，忘记了初心，也迷失了自己。

"为什么而出发"，也许初心并不"高尚"，为了"牌照价值"而出发，结果忽视了"公司价值"。今天，"牌照价值"已经回归理性，为什么保险公司的股东们还没有回归"公司价值"的理性？

二、从“牌照价值”出发

金融牌照的价值源于“金融力量”。伴随着1992年10月成立的中国证监会、1998年11成立的中国保监会、2003年4月成立的中国银监会，以及2018年4月中国保监会与中国银监会合并成立的中国银保监会，中国的金融业发生了翻天覆地的变化。

2001年12月，当世界贸易组织（WTO）向中国敞开大门时，中国金融业进入了快速发展阶段，伴随而来的是资本对金融牌照趋之若鹜，特别是保险牌照，主要是保险资金成本低、规模大，可以利用保险资金反哺实业发展。时至今日，保险牌照还是各路资本眼中的“香饽饽”吗？

保险牌照具有的独特资本投资价值被资本重新认识，这也注定了保险风险的积累，注定了保险牌照价值的缩水。过去20多年，资本只盯着保险牌照的价值，以至于忘记了保险的“公司价值”。

“当潮水退去的时候，才知道谁在裸泳。”大环境顺风顺水的时候，表现得很好的保险公司，在低谷期，仔细一看竟然是在“裸泳”，原来里面一塌糊涂。

涨潮的时候，保险公司的股东们为了“牌照价值”斗得不亦乐乎，根本没有股东关心公司是不是在裸泳，只认为自己是幸运的傻瓜。

退潮的今天，保险公司的股东们还没有发现公司已经在裸泳，还在抱着“牌照价值”自欺欺人。

如何避免成为“裸泳”者？保险公司的股东们需要放弃“牌照价值”，要真正关注“公司价值”。

三、从“公司价值”再出发

价值，从认识论上来说，是指客体能够满足主体需要的效益关系，是表示客体的属性和功能与主体需要间的一种效用、效益或效应关系的哲学范畴。关于价值的本质，存在多种观点："抽象说""奥妙说""关系说""本性说""情感说""意义说""需要说""属性说""效用说""主体性说""态度说"等。以上这些观点从不同角度、不同程度上反映出价值的某些外部或内部特性，但都有其片面性，均不能全面反映价值的哲学本质。

如果说对于价值的本质有不同的观点，但是关于具体保险公司的价值创造的定义就相对统一。价值创造是指保险公司供应满足目标客户需要的产品或服务的一系列业务活动及其成本结构，保险公司的经营主旨在于为股东和客户创造持久的价值。

保险业是经营"未来"的行业，保险合同（寿险）的保险期间往往长达数十年之久，一张保单的利润实现和内含价值创造都依赖对未来条件的假设，"条件假设—评估体系—评估结果"就成为保险业评估的一般范式，也决定了保险公司利源结构和内含价值构成的实现过程。因此，保险公司的价值并不仅仅局限于对公司各项资产的评估，而是一种对公司资产综合体的整体的、动态的价值评估。

保险公司价值公式可表示为：公司价值＝各项资产的评估价值之和－各项负债的评估价值之和＋商誉价值。

保险公司价值的影响因素包括承保利润率和投资收益率；资本成本；增长率；可持续增长率；等等。这些因素构成了经济增加值、内含价值、市场价值等指标的基础。

"公司价值"涵盖了"牌照价值"，保险公司的股东们是时候回归价值思考，是时候改变原有的思维方式了。正如阿尔伯特·爱因斯坦所说："我们所创造的世界是我们思考的过程。要改变世界，必须改变我们的思维方式。"

从初心出发到理性再出发，需要重新认识保险的价值，其不是"牌照价值"，而是"公司价值"。回归"公司价值"只需要三步：

第一步，了解保险公司的"321"：三个目标是盈利、价值和偿付能力；两个驱动是承保和投资；一个平衡是收益与风险（如图6–1所示）。

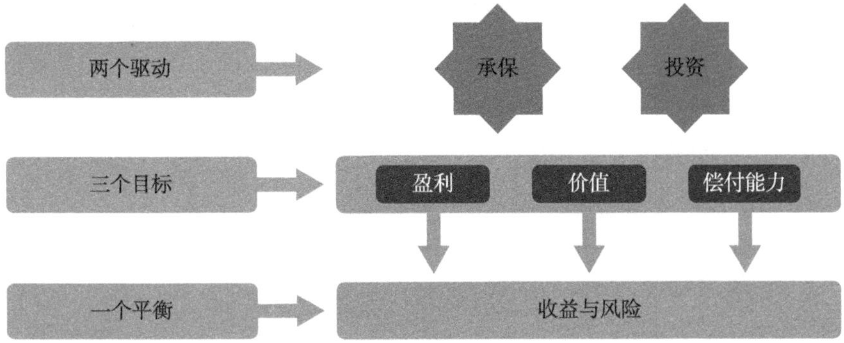

图 6–1　保险公司经营的“321”

第二步，将盈利、价值和偿付能力目标转化为经营策略，主要涉及承保端、投资端、资产负债管理和财务目标管理，并将概念化的经营策略转化为量化管理手段。

第三步，构建公司的价值管理体系，价值考核是价值管理的有力工具，而价值管理贯穿整个运营过程，关注公司的长期经营表现，避免公司高层人员的短期行为，有利于公司的长远发展（如图6–2所示）。

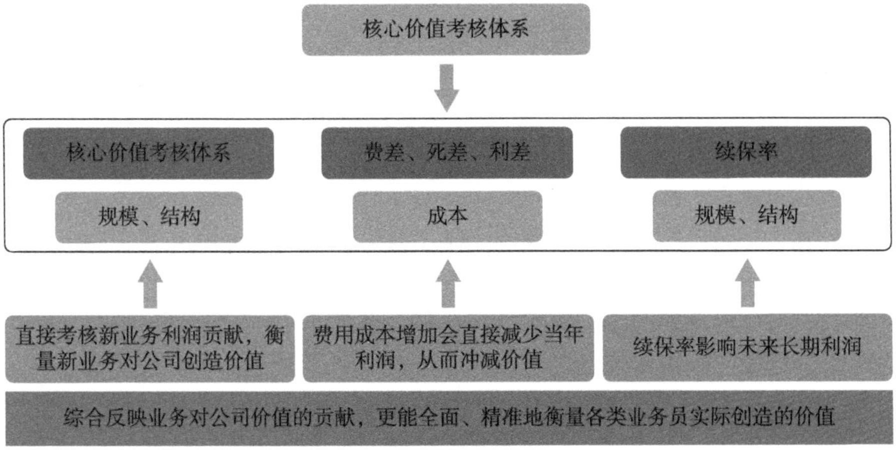

图 6–2　保险公司的价值管理体系

“我们已经走得太远，以至于忘记了为什么而出发。”不管初心是否是从“牌照价值”出发，理性都要求我们要从“公司价值”再出发。

思维突破：有瑕疵没问题

一、思维突破

“有瑕疵没问题”，这是笔者五年前就某公司发展问题请教一个朋友时他给出的答案。五年过去了，中国保险业面对的“问题”越来越多，但我们却想当然地认为这是“瑕疵”，显然我们没有真正理解这句话的意思。

瑕疵，本指玉的疵病，喻微小的缺点；问题，是指需要解决的矛盾、疑难，甚至是麻烦、事故等。可见，瑕疵不同于问题，有瑕疵不一定有问题，但有问题一定有瑕疵。

回顾2022年，中国保险业所有的努力都在处理“瑕疵”，而没有想办法解决“问题”，结果是问题越来越多，瑕疵也被掩盖；展望未来，中国保险业需要的是容忍“瑕疵”的存在，要把主要精力放在解决“问题”上，实现“有瑕疵没问题”。

二、有瑕疵有问题

2022年12月15日至16日召开的中央经济工作会议指出，当前我国经济恢复的基础尚不牢固，需求收缩、供给冲击、预期转弱三重压力仍然较大，外部环境动荡不安，给我国经济带来的影响加深。在此背景下，中国保险业历史上积累的一些风险和矛盾正在水落石出，对保险业形势要客观认识、理性看待，对存在问题要开准药方，及时解决。

《我们热爱的金融》一书指出，影响中国金融成为好金融的十大断裂点：低投资资本收益率、收入分配不平等、人口老龄化、城市人口布局不合理、高杠杆及隐身其后的“金融过渡发展”、衰退的企业资产负债表、金融资源的低效配置、金融拟制背景下金融机构的道德风险、缺乏给资产定价的“锚”、宏观政策边际效应的不断弱化。

关于“金融的十大断裂点”在保险业的映射，笔者不再详述，因为除了这十大断裂点之外，中国保险业还面临保险特有的十大断裂点：保险的国情问题、保险的使命问题、保险的立场问题、保险的异化问题、保险的进化问题、保险的治理问题、保险的融合问题、保险的包容问题、保险的创新问题、保险的理论问题等（内容详见笔者所著的《保险思政课》）。

“金融的十大断裂点”和“保险的十大断裂点”，映射到2022年的中国保险业，并将照进2023年的中国保险业。

结合2022年中国寿险业的发展状况，下面给出了中国寿险业当前需要思考并解决的十大问题：

问题1：中国寿险业保费增速全面放缓，现金流风险与日俱增！

问题2：中国寿险业资金运用穿透后指向衰退产业，金融风险的传染效应正在强化，要警惕偿付能力监管的失效！

问题3：中国寿险业资金运用收益下行，利差率风险正在酝酿发酵！

问题4：中国寿险业的资本喜好度在下降，未来净资产增长速度将放缓，抗风险能力值得被关注！

问题5：中国寿险业盈利能力虽然领跑其他金融业，但如果拆开来看却令人担忧！

问题6：中国寿险业的盈利主力是个人代理人业务，随着知识经济智能进化时代的到来，消费者开始觉醒，个人代理人业务的利润正在被蚕食！

问题7：中国寿险业的半壁江山是银行保险业务，随着消费者开始适应银行互联网业务，银行保险业务成为明日黄花！

问题8：中国寿险业的新起之秀是互联网保险业务，随着人身保险互联网新规的施行，互联网保险将会大幅缩水！

问题9：中国寿险业真正的未来在养老保险或养老金融，过去20年徘徊不前，能不能找到方向就在当前！

问题10：中国寿险业因疫情放大了其价值，但是未知的风险也在放大！

结合2022年中国产险业的发展状况，下面给出了中国产险业当前需要思考并解决的十大问题：

问题1：中国产险业保费增速全面放缓，现金流风险与日俱增！

问题2：中国产险业资金运用穿透后指向衰退产业，金融风险的传染效应正在强化，要警惕偿付能力监管的失效！

问题3：中国产险业资金运用收益开始下行，靠投资拉动承保的商业模式已不可行！

问题4：中国产险业的资本喜好度在下降，未来净资产增长速度有所放缓，抗风险能力值得被关注！

问题5：中国产险业盈利能力虽然领跑其他金融业，但如果拆开来看却令人担忧！

问题6：中国产险业的盈利主力是政策性业务和严监管业务，随着财政支出效率的提升及市场化开放的呼声越来越高，靠政府和监管进行套利的机会正在减少，产险业务的利润正在被蚕食！

问题7：中国产险业的半壁江山是车险业务，随着消费者对车险风险的认知意识的提高，传统车险成为明日黄花！

问题8：中国产险业的新起之秀是互联网意健险业务，随着互联网新规及普惠保险的施行，互联网意健险将会大幅缩水！

问题9：中国产险业真正的未来在新兴风险，过去20多年一直徘徊不前，能不能找到方向就在当前！

问题10：中国产险业因疫情放大了其价值，但是未知的风险也在放大！

十大问题背后隐含的正是保险业面临的四大风险：一是传统风险（包括保险风险、市场风险、信用风险、流动性风险等）；二是经营风险（包括公司治理风险、经营激进风险等）；三是宏观环境风险（包括经济下行、资本市场波动、金融泡沫等）；四是全球风险的传染、传递。基于十大问题面临的风险，中国保险业安全问题的风险源头如下：最大的不确定性（金融危机）、最大的风险源（投资业务）、重大的危险源（承保业务）和重大的隐患源（保险机构）。

三、有瑕疵没问题

“金融的十大断裂点”和“保险的十大断裂点”背后是“中国寿险业的十大问题”及“中国产险业的十大问题”，当前，这些问题好像都没有得到解决。既然如此，我们首先要守住中国保险业的底线，要有“底线思维”：

一是要面对事实，当前最大的事实就是经济发展的“超级不确定性”。

二是接受出现的最差情况，并在这种最差情况下能够活下来；从长远看，这其实反而可能会造成最好的结果。

三是意识到一旦公司处于底线的位置上，公司唯一能做的事只有：向上！

四是底线有其一定的限度，意识到跨越这个限度必然会产生一定的危害。

其次，在“底线”之上，为了给我们赢得时间和空间，面对这些问题首要业务是做好“十大保证”，确保做到：

（1）保证公司上下对于风险认知的统一；

（2）保证公司销售和客服的正常运行；

（3）保证资本充足和充足的流动性；

（4）保证资金运用的安全和流动；

（5）保证人员的稳定和公司的稳定；

（6）保证相关利益方的利益；

（7）保证公司运用成本的压缩；

（8）保证风险管理举措得到落实；

（9）保证公司在“危”中找到“机”；

（10）保证公司战略调整的未来适应性。

最后，让我们切记“每一次深度危机都会留下一个故事，这是指向未来的叙述”。世界在不断地变化，经济在不断地下行，金融市场在不断地动荡……不确定性在不断地进化。研究得越多，发现需要解决的问题就越多，当前我们需要不断思考、不断反省、不断总结、不断提高，但首要任务是运用“底线思维”做好“十大保证”，让问题能在发展中得到解决。

面向未来，中国保险业真正需要的是“有瑕疵没问题”，而不是“有瑕疵有问题”。

定位突破：向左走还是向右走

一、定位突破

《向左走，向右走》是几米创作的漫画，讲述了一个发生在城市，只可能发生在城市的、关于追寻的故事。

她住在城市郊区一栋旧公寓大楼里，每次出门，不管去哪里，总是习惯性地先向左走。

他住在城市郊区一栋旧公寓大楼里，每次出门，不管去哪里，总是习惯性地先向右走。

他从不曾遇见她。

但是……

迷宫般的城市，让人习惯看相同的景物，走相同的路线，到同样的目的地；习惯让人的生活不再变。习惯让人有种莫名的安全感，却又有种莫名的寂寞。而你永远不知道，你的习惯会让你错过什么。

回顾中国保险业的发展，我们习惯了“向左走，向右走”，习惯得有点莫名其妙，习惯地丧失了分辨能力，结果在2022年迷路了……

展望中国保险业的未来，无论是选择“向左走”还是“向右走”，都不应该忘记“目的地”，更不应忘记“向左走，向右走”都是为了踏上“万里征途”，2023年正在拉开序幕……

二、产险，向左走还是向右走？

从全球保险业来看，秉承两大理论：海派和山派理论。海派理论源于地中海地区，以劳合社为主要代表，在管理策略上尤为强调保险是金融的一支，注重公司未来的现金流，指出公司的利润主要来源于对公司资金的有效运用；山派理论以德国保险公司为主要代表，认为保险公司更应遵循基尔特制度，提倡互助精神和共同分担，强调保险是一种责任分担，保险公司应在责任分担中追求利润，因而公司利润应主要来源于承保利润。

从海派和山派理论的分歧及中国产险业过去20年的发展来看，中国产险业一直信奉海派理论。但是，未来20年，中国产险业需要考虑一下山派理论了。

对于中国产险业来说，最后无论是选择“海派”还是“山派”，无论是“向左走”还是“向右走”，都要寻找保险经营的“商业秘诀”，也是保险机构“基业长青”的关键，大致的流程如下：筛选赛道（了解趋势）、匹配能力（了解自我）、分散聚焦（了解保险）、动态轮动（了解变化）。其中蕴藏三大原则：保险与风险的均衡、资产与负债的持衡、聚焦与整合的平衡。

三、寿险，向左走还是向右走?

从保险经营规律来看，驱动保险经营需要两个轮子：保险承保业务（承保业务）与保险资金运用业务（投资业务）。而承保业务和投资业务并重是现代保险业的重要特征。其中，保险业务是保险风险管理价值的体现，资金运用业务是保险投资管理价值的体现，二者构成了保险价值的基础。

过去20多年，我们人为地赋予了保险很多功能，但所有的一切从本质上（内核）就是风险管理和投资，表现在（表征）促进经济增长和社会发展，仅此而已。

从投资和承保两个驱动的分歧及中国寿险业过去20多年的发展来看，中国寿险业一直信奉“投资驱动”。未来20年，中国寿险业需要考虑一下“承保驱动”了，但“投资驱动”仍将是主要的动能。

对于中国寿险业来说，最后无论是选择“投资驱动”还是“承保驱动”，无论是“向左走”还是“向右走”，都要寻找保险经营的“商业秘诀”，也是保险机构“基业长青”的关键，大致的流程如下：筛选赛道（了解趋势）、匹配能力（了解自我）、分散聚焦（了解保险）、动态轮动（了解变化）。其中蕴藏着三大原则：保险与风险的均衡、资产与负债的持衡、聚焦与整合的平衡。

四、互联网保险，向左走还是向右走？

中国保险行业协会发布的《2022年上半年互联网财产保险发展分析报告》显示，2022年上半年，共计78家产险公司开展互联网业务，累计保费收入530.4亿元，同比下降1.4%。这一结果完全在预料之中，因为自2021年以来互联网保险发展进入瓶颈期，一是参与机构数量减少，二是保费增幅放缓，三是发展模式模糊。展望未来，互联网保险到底应该向左走还是向右走？向左走，互联网是“渠道”，互联网保险是“互联网渠道保险”；向右走，互联网是“创新”，互联网保险是“互联网保险产品及服务”。

互联网保险，无论是“向左走”还是“向右走”，都绕不开保险经营的基本要素：产品和服务、渠道、客户，以及支撑这三个要素的科技（互联网技术、大数据技术）。回顾过去十年互联网保险的发展，大致可以将其分为两个阶段：2018年以前，主要是通过互联网技术赋能保险产品及服务，更多的是优化服务体验、设计碎片化产品等；2018年至今，主要是通过大数据技术赋能保险渠道及客户，赋能渠道有效获客，赋能客户刺激需求。显然，这两个阶段都已经验证失败了，没有找到互联网保险的定位，互联网保险已经不是“向左走”还是“向右走”的问题，而是应该“向上走”。

向上是一种态度，更是一种力量。对于互联网保险来说，“向上”意味着“思维的持续迭代，知识的持续更新，专业的持续打磨”，意味着“向下扎根、向上生长”。

“向下扎根”，重新认识“互联网+保险”，互联网保险本质还是保险，同时其又是矛盾的对立统一体。互联网要能创新，很活跃，思维很开放，但是保险要内敛、稳定、安全。这是互联网保险应该有的状态，“互联网+保险”需要技巧，而且需要有一定的境界。2018年以来的大数据赋能逐步走向极端，互联网保险依靠所谓的“引流、留存、转化、复购、裂变”的逻辑，不仅偏离了保险，更失去了互联网。“向下扎根”是互联网保险发展的基础，否则就成了“皮之不存，毛将焉附”。

“向上生产”，重新认识“保险+互联网”，从互联网保险（Internet Insurance）转到保险互联网（Internet of Insurance），是在新一代数字科技和智能科技支撑和引领下，以数据为关键要素，以价值释放为核心，以数据赋能为主线，对保险产业链上下游的全要素进行数字化升级、数据化转型和智能化再造的过程（如图6–3所示）。

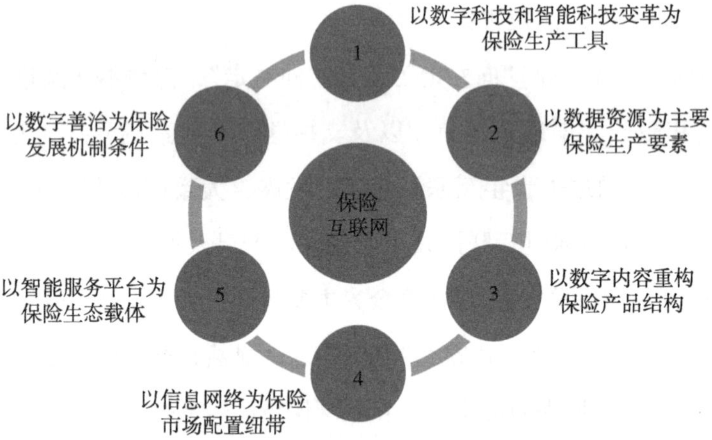

图 6–3　保险互联网的定义要素

互联网与保险相结合的保险互联网，将成为保险数字化和数字化保险的一部分，这将不仅是传统保险的一次技术升级，更会是一种新的参与形式。在这种参与中，我们更需要关注交易结构、交易协议和内容的变化，以及保险权利契约结构的改变，而不应只局限于交易技术的升级。保险互联网不是简单的“互联网技术的保险”，而应是“基于互联网思想的保险”。更远一点说，从行为主体和参与形式的角度来理解，甚至以保险权利去中心化的角度来思考和展望，保险互联网将具有更丰富的内涵，展现出更多的普惠保险、民主保险和可持续保险意义，远远超过技术的层面。

保险互联网无疑更加贴合保险创新的时代要求，既可为保险带来更加广阔的视野，又可使互联网精神在保险中得到切实的指向，进而使客户立体地理解保险的点线面体：点，研发有技术的产品；线，提供有价值的服务；面，搭建有内容的平台；体，打造有连接的生态。

从互联网保险到保险互联网，保险业对于互联网在保险中的应用和尝试也在不断地深化，互联网对于保险来说从最初作为信息推送的营销手段，不断深化，逐步形成了由点成线、由线成面、由面成体的体系化认知。这个认知过程大体可以分为初体验、再认知、持续深化、形成共识四个阶段，这四个阶段构成了互联网保险的第一个认知周期——“互联网+保险”下的互联网保险。目前，互联网保险的认知开始步入第二个周期——“保险+互联网”下的保险互联网，尚处于第二个周期的第一个阶段，即形成共识之后的再认识阶段。

互联网保险“向上走”关键是“向下扎根、向上生长”，这需要我们重新思考互联网保险的研究态（认知—假说—理论）、科技派（科技—知识—文明）、数据观（引爆点—连接线—智能面）、未来体（陷阱—突围—思考），基于此探索互联网保险新风口、洞悉互联网保险新风向、鉴观互联网保险新风色、掀起互联网保险新风暴，并借助这股新风势推动互联网保险迈向保险互联网。

模式突破：从存量走向流量

一、模式突破

存量和流量是国民经济核算体系中记录经济信息的两种基本形式。存量是指在一定时点上测算的量，如某一时点的资产和负债的状况或持有的资产和负债。

流量是按一定时期测算的量，反映一定时期内经济价值的产生、转换、交换、转移或消失，它涉及机构单位的资产负债的物量、构成或价值的变化。

存量具有时点特征，流量具有时期特征。有存量一定有流量与之对应，但有流量并非一定有存量与之对应。

2021年，我国保险业实现保费收入4.49万亿元，这是2021年的流量；2021年末，我国保险业总资产共计24.89万亿元，这是2021年末的存量。2000—2021年，我国保险业共实现保费收入39.79万亿元，这是流量，远远大于存量。

过去20年，大多数公司都在关注保费收入这个流量，却对总资产、净资产、在保风险等存量关注甚少，结果就是“狗熊掰棒子”。2021年，我国保险业提供保险金额12146.20万亿元，这是流量；2021年末，我国保险业的在保风险超过6000万亿元，这是存量。

显然，2021年末的在保风险存量远远大于保险业的总资产，保险能否实现风险流量化而不是存量化，这是当前保险业需要考虑的问题，即现代保险能否从“蓄水池”走向“流量蓄水池”，乃至“流量池”的未来保险。

二、存量与流量，从金融的风险学说谈起

金融经历了从融通资金到信用创造，再到转移风险的过程。现代金融的核心功能是配置风险。金融不能消灭风险，它只能是转移风险，分散风险。金融的发展趋势是提升金融体系配置风险的功能，使风险流量化。因此，金融是一种分散风险、转移风险的机制，它的核心功能是为整个经济体系创造一种动态化的风险传递机能。正如吴晓求在《金融的过去、现在和未来》一文所言：“现代金融最本质的内涵是转移风险。”

任何经济活动都是有风险的。无论是在以传统商业银行为主体的金融架构下，还是在以资本市场为核心的金融架构下，抑或是在以风险经营为主业的保险

框架下，经济体系中的风险都会通过各种渠道转变为金融风险，这些风险最终都有可能蔓延到金融体系中来，所以，金融机构都把防范风险当成头等大事。在商业银行占主体的金融体系中，人们特别是商业银行家和中央银行等都试图把风险堵在金融体系之外。这样堵的结果，有时候会出现一种极端的形态——经济的严重衰退或所谓的经济危机。

所谓金融是一种转移风险的机制，是指现代金融必须创造出一种功能，使整个经济体系的风险可以通过金融体系来转移，从而使得风险处于流动的状态。换句话说，如果一种金融体系能够使经济体系的风险流量化而不是存量化，那么，这种金融体系就是安全的、健康的、有效率的。存量化的风险有可能侵蚀金融体系的机体，从而严重恶化金融体系的功能。

现代金融最核心的功能就是要创造出一种能够使风险流量化的机制。在今天，作为指导原则，我们不能再按照"蓄水池"理论来构建我们的金融体系，因为，"蓄水池"式的金融体系无法转移风险，而只能使风险沉淀。任何经济活动都要通过转移风险来分散风险，而不能把风险集中在一个特定的重要部位。

保险作为风险管理者、风险承担者和投资者的统一体，更多的是按照"蓄水池"来经营风险。保险并不能消灭风险，它只能分散风险、转移风险。在今天，保险也要思考如何创造出一种能够使风险流量化的机制，这也许是保险科技的价值所在；借助保险科技创造出一种转移风险、分散风险的机制，使保险风险流量化，要像浩浩荡荡的长江之水一样。至于流到哪里去了，我们不要去追究，我们唯一可以做的是让它流得通畅，中途不要被堵住。

三、存量与流量，从保险的金融风险学说谈起

从保险的理论学说来看，保险金融说又称保险相互金融说，所有的经济活动都是通过货币收支来体现的。保险作为保障社会经济稳定的措施，也需要以调整

货币收支为目的。所以，保险是金融的重要组成部分，是以发生偶然性时间为条件的相互金融机构。这一学说认为，保险与金融一样，是一种互助合作基础上的金融机构，它起着资金融通的作用。客观上，现代保险也可以被认为是货币的供求关系。

从金融的风险学说来看，显然保险不是一种简单的“货币供求关系”，而是“风险转移机制”。所以，保险金融说，本质上应该是保险金融风险说。保险是一种转移风险的金融机制，是未来保险（也称新保险，具体见笔者所著的《保险科技：框架与实践》一书）必须创造出的一种功能，使整个经济社会的风险可以通过保险体系来转移，从而使得风险处于流动的状态。换句话说，未来保险最本质的变革是实现风险流量化而不是存量化。

那么，如何实现保险经营的风险流量化而不是存量化，这正是保险科技需要思考和解决的问题。所以，保险科技的理论属性可以从保险的金融风险学说进行梳理——保险科技，最核心的功能就是实现保险风险流量化而不是存量化，让现代保险从“蓄水池”走向“流量蓄水池”乃至“流量池”的未来保险。

如果我们沿着这个思路，就会得出一些重要的结论。这些结论完全有别于原来约定俗成的观念。之所以说保险的“储蓄池”模式正在慢慢地走向衰落，是有其必然性的，这种趋势是谁也阻挡不了的。我们必须改革保险现有的内部结构，才能使其迸发出新的生机。如果完全承袭原来的“储蓄池”结构，那么保险这种金融中介是缺乏竞争力的，因为这种保险活动没有实现保险机构自身风险的真正转移。从这个意义上说，中国保险业需要借助保险科技进行彻底的变革，从“蓄水池”走向“流量蓄水池”乃至“流量池”，否则就没有出路。

四、存量与流量，以农业保险为例

近年来，农业保险领域开始重视“3S”（遥感技术RS、地理信息系统GIS和全球定位系统GPS的统称）、人工智能、区块链、云计算、大数据、5G、物联网等保险科技的应用，并渗透到农业保险的业务流程和经营场景中。保险科技，在农业保险经营、风险管理、产品研发及费率厘定等方面发挥了巨大的作用。例如，“3S”技术在精准承保、过程跟踪以及快速理赔、核损准确等方面推动了农业保险经营的标准化，并且降低了农业保险经营成本；区块链、物联网等技术提升了农业风险管理技术，降低了意外事故造成的损失；人工智能、大数据等技术的使用，扩大了产品可保范围，提升了农业保险在农业中的渗透率和覆盖度，推动了农业保险的高质量发展和价值创造。

2021年，我国农业保险（除特别说明之外，农业泛指农林牧渔业）为农业生产提供风险保障4.72万亿元，占全国农业总产值14.70万亿元的32.11%，占农业增加8.31万亿元的56.80%。从这两个指标来看，农业保险似乎已为农业提供了充足的保障，但从实际经验来看，农业保险提供的风险保障存在虚高的现象。另外，2021年，我国农业保险保费规模976亿元，约合155亿美元，居全球首位，占农业增加值83085.5亿元（约合12300亿美元）的1.26%。同期，美国农业保险保费收入约为143亿美元，约占农业增加值2380亿美元的6.01%。随着农业风险的全球化，全球农业保险所提供的实质性保障也具有可比性，显然当前中国农业保险的保费充足度较低，相应地，多提供的保障也是不实的。综上，相比于欧美等发达国家，我国农业保险的广度和深度都有待提高，需要持续推进农业保险“扩面”“增品”“提标”，完善农业的风险保障机制。

农业保险的“扩面”“增品”“提标”，是为了推进农业高质量发展。农业高质量发展是实施乡村振兴战略的重要支撑，是建设现代农业强国的必由之路，也是实现农业保险高质量发展的必然选择。为此，农业保险要助力农业实现产品质量高、产业效益高、生产效率高、经营者素质高、市场竞争力高、农民收入高，要在推动农业高质量发展中实现自身的高质量发展。显然，农业保险要从“六高”入手，离不开保险科技的赋能、助能和产能。

（1）针对产品质量高，农业保险要从保成本、保收入逐步转到关注保险标的覆盖面和保障程度。通过农业保险产品供给的覆盖面广以及保障程度高，进而推动农业产品质量提高。提高农业保险的覆盖面和保障程度离不开保险科技的助能，通过科技可以变不可保风险为可保风险，还可以降低风险发生概率，进而提高农业保险的可获性。如基于人工智能技术，可开发生猪的“人脸”识别，进而实现生猪的“可承保”和保险公司的“愿承保”。

（2）针对产业效益高，农业保险应加强专业的风险管理技能，对农业生产中发生意外事故所造成的损失进行保障，这不仅有利于提升农民在农业生产中的积极性和持续性，还有利于提升农业产业效益。依靠区块链、物联网等技术，可实现农业经营过程中的风险可识别、可监控，进而可降低农业保险费率或提高保障程度，解决当前农业保险风险保障虚高的现象。

（3）针对生产效率高，农业保险需加强内在机理研究，通过运行机制中生产要素配置的传导，促进农业生产效率的提升。农业保险对生产要素配置的传导机制，可提升农产品的质量安全，可激励农户的生产行为、投资行为、消费行为等，可防范农村环境污染，并可在防贫返贫等方面产生影响和发挥作用。依靠大数据等技术，可以更好地实现农业风险评价，提高农业保险产品研发的效率，提升农业保险费率的精准度，提高农业保险扶持政策的实施效果。

（4）针对经营者素质高，农业保险要紧跟国家农业政策部署开展业务，提供风险理论知识、信息宣传和配套服务，尤其是金融和风险相关知识的普及，促进经营者素质得到提高。另外，通过保险科技手段，不仅可以实现对农业经营者的教育培训，还可以建立农业经营效益评价机制，切实发挥农业保险的正向激励作用。

（5）针对市场竞争力高，农业保险应提升农业生产中风险管理方面的参与率，发挥风险保障的作用，巩固农业生产的产量和质量发展，从而提升农业市场竞争力。依靠区块链、物联网等技术，保险公司可以在农业保险经营过程中同时帮助农户建立农产品可追溯系统，进而提高农产品的市场竞争力。

（6）针对农民收入高，农业保险通过保险产品供给的充足性和多样性，对农民在农业生产中出现的天气灾害、意外等引发的损失进行保障，从而有利于农民收入的稳定和提升。显然，农业保险供给的多样性和充足性，离不开保险科技的支持。

综上，农业保险要从“六高”入手，助力农业“产品质量高”，农业保险应持续扩大保险标的覆盖面，扩充保障程度；助力农业“生产效益高”，农业保险要不断提升风险保障管理能力；助力农业“生产效率高”，农业保险需加强农业保险机理的研究；助力农业“经营者素质高”，保险公司做好风险理论知识的宣传和配套服务；助力农业“市场竞争力”，农业保险要重视在农业生产中的参与率；实现“农民收入高”，农业保险要结合风险损失对应农业保险产品供给，提供多样性和充足性的保障。农业保险通过“成人达己”的逻辑，围绕实现“六高”，借助保险科技，在农业高质量发展中实现自身的高质量发展。

未来，保险科技将会在农业保险领域发挥更大的作用，其也将赋能农业保险实现农业风险流量化而不是存量化，让现代农业保险从“蓄水池”走向“流量蓄水池”，乃至“流量池”的未来农业保险。

行动突破：从概念走向落地

一、行动突破

当一个新兴的概念开始出现的时候，人们总是会拼命靠近，以期借助这个新概念来找到新的发展机会。很多“概念”是资本市场上讲故事的缘起，但在落地阶段大多数成为“败走麦城”的缘灭。

近年来，中国保险业也从来不缺少“概念”，但鲜有“落地”，从“概念”到“落地”到底有多远？展望未来，中国保险业需要“基于现实、超越现实、反哺现实”的概念（创新）和落地（产能）。

“基于现实、超越现实”如不能“反哺现实”，则会成为悬浮于现实、脱离现实、遮蔽现实的伪概念。因此，中国保险业不需要用“概念”来讲故事，而需要“基于现实、超越现实、反哺现实”的产品服务创新。

二、从“概念”走向“落地”，以保险科技为例

随着科技的发展，金融中的身份、账户、数据、货币、风险和竞争等所呈现的形态和管理方式不断演变，但这些基本概念却一直成立，并构成理解金融科技的“基本点”。从身份、账户、数据、货币、风险和竞争等基本概念出发，我们可以建构金融科技及其监管框架，并揭示金融科技创新发展的内在逻辑。

同样，对于保险科技的概念和落地，我们首先需要“穿透”保险科技的各种新商业模式、应用、流程和产品等，识别出保险科技发展中的“不变量”。

“不变量”是研究金融创新（保险创新）的关键。把握住“不变量”，就能从纷繁复杂的金融创新活动中看到演化逻辑，既更好理解现状，又有效预判未来。经济学家兹维·博迪（Zvi Bodie）和罗伯特·莫顿（Robert C. Merton）提出了金融的6项基本功能：支付和清结算、聚集资源和股权细分、跨越时间和空间转移资源、管理风险、提供信息，以及解决激励问题。博迪和莫顿认为，金融功能比金融机构更稳定，金融机构的形式取决于它们执行的金融功能。金融功能是一个重要的“不变量”，这正是功能性金融监管（基于金融体系基本功能而设计的更具连续性和一致性，并能实施跨产品、跨机构、跨市场协调的监管）的理论基础。这6项基本金融功能，对理解保险科技及其监管也是适用的。

保险作为风险管理者、风险承担者和投资者的统一体，其主要职能是风险治理、价值创造和资源配置，具体到保险科技，其4大基本职能为风险治理、承保与理赔（支付与清结算）、信息处理和资源配置。沿着这个思路深入保险基础设施层面，保险科技涉及互联网和区块链等对风险治理的影响，区块链和数字货币等对承保与理赔（支付与清结算）的影响，数据要素和隐私保护等对保险信息处理和保险竞争的影响，科技对保险活动组织形式的影响以及由此造成的监管挑战。

因此，对于保险科技的概念与落地，我们需要的是识别出保险科技的"不变量"，并在落地中尽量控制保险科技的"变量"。

三、从"概念"走向"落地"，以保险下沉市场为例

2022年，党中央、国务院就促进经济稳定增长、努力实现2022年目标出台了若干措施，其中最重要的就是充分激发消费潜力，稳定和扩大居民消费，进一步提振消费信心，强力释放被疫情抑制和冻结的消费需求。从扩大内需的具体政策部署来看，包括有效启动农村市场，多用改革办法扩大消费，加快推进信息网络等新型基础设施建设，等等。这意味着，包括农村、中小城市及村镇在内的下沉市场消费潜力将进一步被激发。

国家统计局公布的数据显示，除去一、二线城市的3.9亿人，三线以下城市、县镇与农村的人口规模将近10亿人——这是一个堪比美国总人口三倍的数字。如此巨大的人口基数彰显着下沉市场所蕴含的巨大潜力。所以，当前下沉市场不仅是新一轮消费升级的主战场，也是保险业角逐的新战场。

（一）下沉市场

"下沉"从来不是新名词，互联网的诞生天然就带有共享、下沉和普惠的属性。当一个新兴的概念开始出现的时候，人们总是会拼命靠近，以期借助这个新

概念找到新的发展机会，下沉市场概念的兴起同样是在这样的背景下诞生的。

下沉市场是指三线以下城市、县镇与农村地区的市场，其基本特征是范围广而散、服务成本更高。随着经济发展和城镇化进程不断推进，下沉城市的基础设施、商业配套日益完善，下沉市场用户规模庞大，存在巨大红利。同时，随着互联网覆盖率的提高和移动互联网的持续下沉，向下渗透成为互联网企业扩大用户增量、拓展市场机会的重要方向。

当流量见顶成为一种趋势的时候，下沉市场无疑是一片丰沛的流量沃土。正因为如此，我们才会看到有如此多的人开始积极拥抱下沉市场。在一、二线城市的发展红利已见顶的时刻，通过拥抱下沉市场的方式的确可以暂时缓解发展压力，但是，如果只是把下沉市场看成一个概念，无法找到切入下沉市场的方式和方法，所谓的拥抱下沉市场或许就只是一个概念而已。纵观下沉市场，这个新的掘金之地，其人群的消费特征主要包括：

（1）对同质化产品，他们期待极致的性价比。收入水平的高低直接决定了用户的消费力，三线及以下城市的居民收入相对较低，因此，下沉用户收入水平普遍低于非下沉用户，从而导致他们对于现金奖励和价格优惠等都非常敏感，“物美价廉”更符合他们真实的生活状态。因此，具有高性价比的商品更容易被下沉人群接受（如9块9包邮、拼团、一元购等）。

（2）对价格敏感，但同样追求品质消费。下沉市场消费者虽然关注价格，但价格绝非下沉市场消费者关注的唯一指标。当下小镇青年崛起，生活压力较小的三、四线城市反而消费意愿会比一、二线城市强很多，他们具有超越收入的消费能力（如买更泛、花更多、剁更勤、拼升级）。

鉴于下沉市场人群的消费特征，我们看到保险业并未真正在下沉市场生根发芽，有的仅仅是浅尝辄止而已。但是可喜的是，自2013年以来，互联网保险的快速发展已经提升了保险掘金下沉市场的能力。

（二）互联网保险提升了保险掘金下沉市场的能力

传统保险业务依赖对分销渠道的经营，业务线上化深度不足。除了销售渠道对线下分支机构和代理渠道的依赖以外，保全、定损、核赔和赔付等职能也大量下沉，这部分的业务线上化和用户自助化的程度较低，导致用户体验远低于其他行业所培育的预期，甚至会逐步迁移至更为快捷的互联网创新渠道。互联网保险这几年正在悄悄地改变我们所认知的传统保险业，并提升了保险掘金下沉市场的能力。

（1）互联网保险提高了消费者保险意识。保险意识薄弱的普遍性意味着大量的潜在刚性需求等待被唤醒，互联网保险以其低成本优势已经成为大众保险教育的新入口，同时也衍生出多种类型的普及工具，如内容平台。

（2）互联网保险深挖了用户需求。随着互联网保险的兴起，大量保险公司聚焦产品创新，虽然有时不乏“奇葩险”，但是大多数互联网保险产品具备碎片化和小额化两大特征，这正是我们所谓的“长尾市场”。

（3）互联网保险降低了保险成本。互联网具备边际成本趋近于零的特征，这意味着互联网保险的服务成本仍然具备极大的压缩空间，其前提是庞大的用户基础、较高的交互频次和去人工化服务，互联网保险的成本优势已经开始显现。

（4）互联网保险连接了保险数据。对保险业来说，大数据技术的应用是提高风险管理效率的最主要武器，对降低成本、提高效率具备难以估量的作用。针对优质用户提供定制化保险方案，降低人工服务成本，提高边际收益，是大量保险机构的美好想象，但这建立在大量的用户数据积累之上，互联网保险在数据的获取和积累上已经取得了实质性突破。

（5）互联网保险提高了运营效率。互联网保险正在突破传统保险公司的组织结构制约，转向业务流程的线上化及对大数据的应用，这些为保险公司提高运营效率提供了切入点，也构建了互联网保险的核心竞争力基础。

综上，互联网保险所带来的五大变化，正好契合了下沉市场人群的消费特征：极致的性价比和高品质的消费观。

（三）保险下沉市场，如何从“概念”走向“落地”

随着互联网覆盖率的提高和移动互联网的持续下沉，向下渗透成为互联网保险以及保险业扩大用户增量、拓展市场机会的重要途径。但是如果用一、二线城市的模式生搬硬套到下沉市场，非但无法奏效，可能还会“败走麦城”。

进入下沉市场，除了要拼商业模式、拼资本、拼速度，也要拼各种社会关系、拼圈层经营、拼私域流量，还要适应各种规则、各种习俗等。下沉市场人群“极致的性价比和高品质的消费观”特征决定了其习惯于线下传统模式，看重短期效果，产品不好会立刻放弃，并且会“一传十、十传百”，信赖专家或其他具有权威性的介绍，针对这样的特性，保险公司需要从以下几个方面着手。

（1）操作层面。足够简单、足够新颖，相较于好看复杂的页面设置，下沉市场消费者更愿意看最直接的内容。

（2）产品层面。足够简单、足够直接，相较于复杂的、综合性的产品，下沉市场消费者更愿意看简单的产品。

（3）内容层面。给出清楚的结果预判，比如投保就能获得某项保障，并能预防某种风险，或就能获得某项服务。

（4）价格层面。低价、补贴、打赏、礼物等方式都会为下沉市场消费者带来刺激和兴奋点，同时也是带来流量的重要方式。

（5）专业层面。专家和推介层面要优秀但更要接地气，符合下沉市场消费者的认知，能否获取消费者的好感是成功的关键。

（6）推进层面。要基于“先测试再下沉”的策略，拓展下沉市场，并要抓住下沉市场的核心特征。下沉市场是一个非常宽泛的概念，三线城市的下沉和乡镇的下沉有质的区别。

下沉市场，能否成为保险的盛宴，关键是从“概念”走向“落地”，关键是从操作、产品、内容、价格、专业、推进等个层面深入下沉市场，进而挖掘下沉市场消费者的思维方式、认知习惯、消费爱好，再映射到各种场景里去寻找保险掘金的机会。

文化突破：内耗陷阱与组织变革

一、文化突破

《三国演义》中的曹魏、蜀汉、孙吴，最容易被忽视的一方当属孙吴。尽管孙吴政权有着完备的军事防御体系，但孙权及其后人并未居安思危，而是近乎疯狂地内耗。“你方唱罢，我方登场”，在这漫长的内斗中，消耗国力，丧失民心，最终灭亡。

2022年，对于很多保险公司来说，正在演绎“你方唱罢，我方登场”的内斗大戏，消耗财力，丧失民心，最终灭亡近在咫尺。

2023年，希望这些保险公司尽早摆脱“内斗内行，外斗外行”的怪圈，真正回归“保险”回归“理性”，不要和“钱”有仇。

二、内耗陷阱

内耗，可以让一个国家灭亡；同样地，内耗，也会使一个组织人心涣散，直至走向覆灭。内耗，其本意是机器或其他装置本身所消耗的没有对外做功的能量。从企业管理的角度来看，内耗主要表现为三种：一是躺平对躺赢的藐视，二是内卷对外卷的嘲讽，三是内爆对外爆的不屑。

（1）躺平与躺赢。《道德经》言："夫唯不争，故天下莫能与之争。"无欲则刚，躺平者自己定义了个性化的成功，不为别人设定的成功忙碌。无论组织推行什么计划，部分职员内心都毫无波澜，对此不会有任何反应或者反抗，都是表示顺从；其结果是努力的人"躺着就赢了"，部分职员选择躺平之后蔑视躺赢。

躺平，是一种精神内耗或心理内耗，因为人在自我控制中需要消耗心理资源，当资源不足时，人就处于一种所谓内耗的状态。内耗的长期存在就会让人感到疲惫。这种疲惫并非身体劳累导致，而是一种心理上的主观感受，是个体在心理方面损耗导致的一种状态。精神内耗，必然导致人们的精神世界里有躺平与躺赢两个小人，这两个小人观点不同、理念不同，因此吵得不可开交，不断相互拉扯。在这个过程中，人的心理资源就会被消耗。

（2）内卷与外卷。过去20年中国保险业取得了快速发展，但其发展模式既没有办法稳定下来，也没有办法转变为新的形态，而只能不断地在保险业内部进行变革，并且变得越来越复杂；已经演变成了保险企业之间非理性的竞争或"被自愿"竞争，保险企业同业间竞相付出更多费用、更低费率等以争夺有限保险资源，从而导致整个行业"收益成本比"持续下降。保险业当前急需停止内卷，转向外卷，向外拓展新的保险资源，而不是一味地内卷并嘲讽外卷。

内卷，是人与人之间竞争导致的能量消耗，这种消耗有体力内耗和精神内耗，所以内卷比躺平的影响更大。保险机构发展进入瓶颈期，职员之间竞相付出更多努力以争夺有限资源，从而导致个体"收益努力比"下降，结果是努力的"通货膨胀"，最后胜出的只会是少数，这必然导致每个人都感觉身心疲惫。

（3）内爆与外爆。中国保险业经过20年的发展，现在正在经历内向的爆炸（内爆），一个直接而严重的后果是整个产业停滞不前；此时，我们看到保险业周边的一些新业态（风险减量管理、保险科技、健康科学）正在外爆，保险业急需从内爆转向外爆。外爆与内爆相互影响，保险业的内爆阻滞，外爆就发展，如果不能及时调整方向，一味地内爆只会导致保险市场空间进一步被压缩。

对于保险人来说，无论是躺平还是躺赢、内卷还是外卷、内爆还是外爆，这些都是“内耗”的表现。为了这个行业的发展，都应该避免陷入“内耗陷阱”。之所以会产生这种“病态”的内耗，主要的原因包括：

一是企业文化未得到有效落地，主要表现在各级管理者责任意识不强，企业管理体系较为松散、队伍凝聚力不高、管理举措执行力度有限。

二是企业未建立可持续发展的核心竞争优势，主要表现在各级管理者管控意识、服务意识薄弱，特别是保险企业总部管控能力、指导能力、执行力不强；经营管理体系不健全，管理模式粗放，管理制度科学性、系统性、规范性不足；政策差异性缺位，运营效率、管理效能有待较大提升；人力资源管理体系不健全，人才的培训、储备明显不足，激励约束机制不健全，核心人才缺乏，关键人员的培养机制尚未建立。

三是成本管理特别是人力成本管理问题相当突出，主要表现在各级领导特别是部分机构领导缺乏人力成本管控意识，没有有效的解决方案。

三、组织变革

为了避免内耗陷阱的产生，对于企业来说要抓好以下几项工作。

第一，要把执行力建设作为企业管理的一个薄弱环节抓紧弥补。保险企业总公司对分支机构管理存在集中不到位，分支机构对总公司的管理制度存在执行不落地的突出问题。因此，要提高保险企业系统的文化执行水平，杜绝各把一方、各自为政的现象。

执行力，是指贯彻战略意图，完成预定目标的操作能力；是把企业战略、规划转化为效益、成果的关键。执行力包括完成任务的意愿，完成任务的能力，完成任务的程度。对于保险人而言执行力就是战斗力，对保险企业而言执行力就是经营能力。而衡量执行力的标准，对保险人而言是按时、按质、按量完成自己的工作任务；对保险企业而言就是在预定的时间内完成企业的战略目标。因此，为了避免内耗陷阱的产生，从执行力的角度来看，它不仅是保险人的事情，更是保险企业的事情，所谓“一个巴掌拍不响”，要避免陷入内耗陷阱，需要双管齐下。

第二，要把完善考核体系作为公司管理的一个主要经济杠杆来进一步精细化。建立健全考核体系，目的是打通执行力建设的“最后一公里”。考核通常也称为业绩考评或“考绩”，是对企业中每个职员所承担的工作，应用各种科学的定性和定量的方法，对职员行为的实际效果及其对企业的贡献或价值进行考核和评价。考核是企业人力资源管理的重要内容，更是企业执行力建设的手段之一。考核是现代组织不可或缺的管理工具，有效的绩效考核，不仅能确定每位员工对组织的贡献或不足，更可在整体上对人力资源的管理提供决定性的评估资料，从而可以改善组织的反馈机能，提高员工的工作绩效，更可鼓舞士气，也可作为公平合理地酬赏员工的依据。

第三，要把强化问责制度作为企业管理的一项基本建设来夯实。问责制度包括业务追究制度、任职评价制度，包括保险企业各级机构每一个岗位的任职评价、业务追究。要完善问责制度和奖惩制度，没有这些制度，没有这些措施到位，内耗问题不会得到有效解决。

如果说考核体系是为了更好地约束职员的行为，那么问责机制则是为了约束管理者的行为。问责机制说到底是一个谁来问责的问题，是一个向谁负责的问题。最近几年保险业所暴露出的“股权之争”“治理之伤”“财务之乱”等问题，说到底就是没有清晰的问责机制，其结果就是管理层间的内耗、股东间的内耗，甚至保险业态、保险主体之间的内耗。

“读懂中国保险”，是为了“擘画保险蓝图，重塑美好保险”。为此，我们要从现在出发，因为“在时间的大钟上，只有两个字：现在”（莎士比亚）。从现在出发，站在没有标识的十字路口，中国保险业将以什么样的方式开启未来之路？又该如何理解迎面而来的这个时代的历史意义？正如海子在《夏天的太阳》一诗中写道："你来人间一趟，你要看看太阳；和你的心上人，一起走在街上；了解她，也要了解太阳。"在太阳下长大的我们必须明白，是时代选择了中国保险，将它的今天和明天与中国保险。中国保险需要了解这个时代，了解它的钻石与铁锈、伟大与卑微；中国保险需要去定义这个时代的"未来保险"，去竭尽全力打一场实现"好保险"的战役，争取实现中国保险历史一种新的可能性。

《读懂中国保险》，至此已结束，但是中国保险的研究还没有结束，正如阿尔伯特·爱因斯坦在《我的世界观》所说的那样："科学决不是也永远不会是一本写完了的书。每一项重大成就都会带来新的问题。任何一个发展随着时间的推移都会出现新的严重的困难。"

参考文献

一、参考的相关书籍

[1] 李晓林，陈辉. 保险思政课[M]. 北京：中国经济出版社，2021.

[2] 陈辉. 数说保险[M]. 北京：中国经济出版社，2020.

[3] 陈辉. 漫谈保险[M]. 北京：中国经济出版社，2020.

[4] 陈辉. 闲叙保险[M]. 北京：中国经济出版社，2020.

[5] 陈辉. 中国保险业可持续发展报告（2020）[M]. 北京：中国经济出版社，2020.

[6] 陈辉，董洪斌. 中国保险业可持续发展报告（2021）[M]. 北京：中国经济出版社，2021.

[7] 陈辉，董洪斌. 中国保险业可持续发展报告（2022）[M]. 北京：中国经济出版社，2022.

[8] 陈辉. 金融科技：框架与实践[M]. 北京：中国经济出版社，2018.

[9] 陈辉. 监管科技：框架与实践[M]. 北京：中国经济出版社，2019.

[10] 陈辉. 互联网保险：框架与实践[M]. 北京：中国经济出版社，2021.

[11] 陈辉，鲁阳. 保险科技：框架与实践[M]. 北京：中国经济出版社，2021.

[12] 蔡昉. 读懂中国经济[M]. 北京：中信出版社，2017.

[13] 黄益平，王勋. 读懂中国金融：金融改革的经济学分析[M]. 北京：人民日报出版社，2022.

[14] 任泽平，曹志楠. 金融模式[M]. 北京：中译出版社，2022.

[15] 刘俏. 我们热爱的金融[M]. 北京：机械工业出版社，2020.

[16] 高德威（Dave Cote）. 长期主义[M]. 崔传刚，译. 北京：中信出版社，2021.
[17] 肯特・基思（Kent M. Keith）. 似非而是[M]. 雷格，译. 北京：中信出版社，2002.

二、参考的相关文章

[18] 李稻葵. 中国金融业的三大超前和未来发展趋势[J]. 金融经济，2017，467（17）：17–18.
[19] 陈辉. 保险业“十三五”回顾与“十四五”前瞻[J]. 中国保险，2021（1）：20–26.
[20] 陈辉. 保险业“十四五”规划前瞻：高质量保险与可持续保险[J]. 上海保险，2021（1）：44–47.
[21] 陈辉. 保险科技的价值：赋能、增能和产能[J]. 中国保险，2022（4）：14–17.
[22] 商敬国. 保险业发展稳健前行[J]. 中国金融，2022（3）：27–28.
[23] 杨秀萍，白钦先. 金融边界理论初探[J]. 金融评论，2015，7（6）：91–108，126.

三、参考的其他资料

[24] 公众号：小城不小（iyangcai）和央财国际研究院（eyangcai）。
[25] 中国政府网，www.gov.cn。
[26] 中国人民银行网站，www.pbc.gov.cn。
[27] 中国银行保险监管管理委员会网站，www.cbrc.gov.cn。
[28] 中国证券业监督管理委员会网站，www.csrc.gov.cn。
[29] 国家数据，http：// data.stats.gov.cn。

后 记

2020年，根据中央财经大学建设世界一流大学（学科）方案要求以及“打造具有一流影响力的中国财经高端智库”的宏伟蓝图，中国精算研究院联合中国金融科技研究中心等机构组建了“中国与世界保险研究工作组”（CCWI），并启动了“中国与世界保险”研究及《中国与世界保险观察》撰写工作。

2022年，为推动“中国与世界保险”研究成果的实践，中央财经大学中国精算科技实验室主任陈辉博士受聘诺亚荣耀保险经纪顾问，担任“荣耀行业观察”策划和主编。一年多来，“荣耀行业观察”致力于从“读懂中国经济、读懂中国金融、读懂中国保险”等维度推动“中国与世界保险”研究工作，致力于开创保险服务中国式现代化新局面。

《读懂中国保险》，致力于解决当前对中国保险前景的误判，澄清当前对中国保险观察的错误方法和偏颇理论，以此拨开当前对中国保险的悲观论调，重新看到中国保险前景的一片光明。

《读懂中国保险》，是“中国与世界保险观察书系”规划内容，已出版《保险思政课》《中国保险业可持续发展报告（2020）》《中国保险业可持续发展报告（2021）》《中国保险业可持续发展报告（2022）》等书。2023年，拟基于“荣耀行业观察”研究内容出版《瞭望世界保险》，打开瞭望世界保险的窗口，擘画中国保险新蓝图。

《读懂中国保险》的顺利出版离不开诺亚荣耀保险经纪的帮助，感谢诺亚荣耀保险经纪执行董事黄朝晞先生的支持，感谢诺亚荣耀保险经纪钱琨女士的辛苦工作；本书的出版离不开中国经济出版社的鼎力支持，感谢中国经济出版社的每一位工作人员，感谢他们的真知灼见和辛苦工作，特别是张梦初女士，她是一位非常优秀的策划和编辑，感谢她做的每一件事。

最后，让我们一起读懂中国保险、读懂中国金融、读懂中国经济、读懂中国明天。